◎北京教育系统部分单位编纂出版的年鉴

◎审定稿件

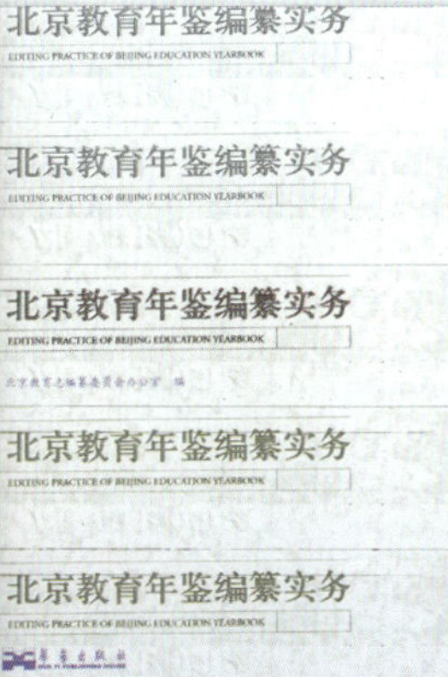

◎《北京教育年鉴编纂实务》

◎北京教育年鉴工作会议

北京工业大学年鉴

《北京工业大学年鉴》创刊于2004年，至2016年已连续出版12卷，累计1005万字。曾获第四届全国年鉴编校质量检查评比一等奖、第五届全国年鉴编校质量检查评比特等奖、首届北京市年鉴综合质量评比（教育类年鉴）特等奖等荣誉。

《北京工业大学年鉴》是全面、系统、真实记述北京工业大学党的建设、教学科研、学科建设、人才培养、队伍建设、学校管理、对外合作交流、校园文化等方面的重要活动、所取得的经验成果等情况的年度资料性文献，是北京工业大学发展概况的历史记载。供全校各个部门及校外有关单位了解和研究学校现状与发展情况时参考使用。

年鉴编辑工作研讨会

年鉴编辑部工作署会

2004-2015卷（内为漆皮纸精装）

2004-2015卷年鉴封面

年鉴以文章和条目为基本载体，条目为主。设有新闻图片、学校概述、特载与专文、文件与规章、党政重要会议、机构与队伍、教育教学、科研与开发、“211工程”、校学术委员会、国际及港澳台交流与合作、管理与服务、党建和思想政治工作、学院与教学部、大事记、人物、毕业生名单、表彰与奖励、学校事业发展统计数据、媒体报道等栏目，并附索引。

《北京工业大学年鉴》编辑工作坚持在编委会领导下，编辑部负责日常运行的工作体制。编委会由学校党政领导及有关职能部处负责人组成，对全书的编辑负总责，审核年鉴编辑指导思想、框架设计、编辑方案，指导编辑部开展工作。编辑部由主编、执行主编、副主编、责任编辑、编辑组成，党委书记任主编。编辑部办公室设在学校办公室，负责年鉴的框架设计，确定撰稿人、组稿、编辑、图片采集、出版等工作。

获第四届全国年鉴编校质量检查评比一等奖

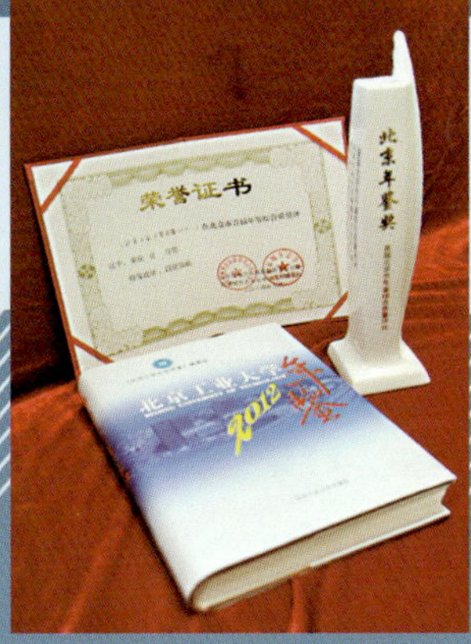

获北京市年鉴综合质量评比教育类年鉴特等奖

获第五届全国年鉴编校质量检查评比特等奖

《北京工业大学年鉴》编辑部：
地址：北京市朝阳区平乐园100号
电话：010-67391774
邮编：100124
E-mail：nianjian@bjut.edu.cn

《中国信息产业年鉴》

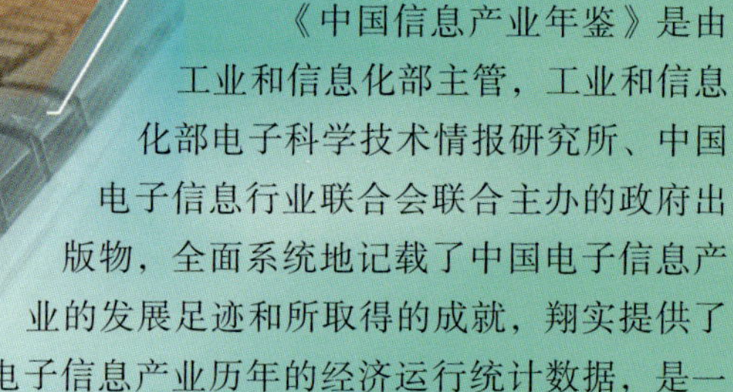

《中国信息产业年鉴》是由工业和信息化部主管，工业和信息化部电子科学技术情报研究所、中国电子信息行业联合会联合主办的政府出版物，全面系统地记载了中国电子信息产业的发展足迹和所取得的成就，翔实提供了电子信息产业历年的经济运行统计数据，是一部集纪史性、实效性、权威性与专业性于一体的大型工具书。

《中国信息产业年鉴》原名《中国电子工业年鉴》，创刊于1986年，至今已连续出版了30卷。随着中国电子信息产业的发展变化，2006年曾更名为《中国信息产业年鉴》（电子卷），2009年更名为《中国信息产业年鉴》。

《中国信息产业年鉴》曾先后获得国家优秀科技信息成果奖、国防科技信息服务成果奖、全国年鉴编纂出版质量综合评比一等奖、特等奖等多项荣誉，在电子信息行业和年鉴学术界都具有较高的知名度和广泛的影响力。

《天津年鉴》简介

《天津年鉴》是由天津市人民政府主管、天津年鉴社主办的大型综合性年刊。1986年创刊时为《天津经济年鉴》，2000年更名为《天津年鉴》。2015年，是《天津年鉴》创刊30周年。30年来，《天津年鉴》始终围绕中心，服务大局，把社会效益放在首位，坚持正确舆论导向，准确把握政策动向，弘扬主旋律，传播正能量，遵循“全新特实精”的编辑方针，全面、系统、准确地记述天津市经济社会发展情况，为社会各界及海内外人士提供基本资料。《天津年鉴》连续多年被评为天津市一级期刊，荣获第五届全国年鉴编纂出版质量评比综合特等奖，是全国优秀年鉴之一。

30周年光盘合集2

2015天津年鉴

30周年光盘合集1

获奖证书

南海年鉴社：网络年鉴建设的积极践行者

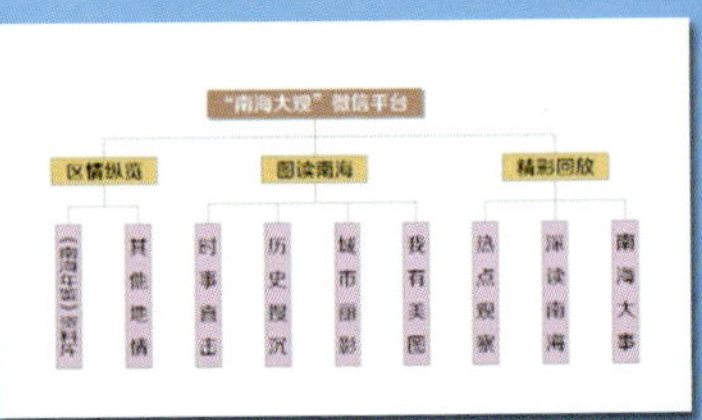

“南海大观”微信公众平台设置3大版块、9个栏目

2015年11月，中国版协年鉴工委正式确定《南海年鉴》为全国7家网络年鉴试点建设单位之一，《南海年鉴》成为目前全国地州区县年鉴唯一一家开展网络年鉴试点建设的单位。

经过充分研讨，南海年鉴社决定以微信公众平台为切入口开展网络年鉴试点的建设。南海年鉴微信公众平台（“南海大观”）定位为权威区情信息服务平台，立足于南海年鉴社拥有的丰富地情资源和图片资料，通过共时开发南海现时区情资料，二次开发《南海年鉴》历史资料及其他地情资料，以手机客户终端为平台发布官方权威地情信息。

2016年4月21日，“南海大观”微信公众平台在第十七次全国地州区县年鉴年会上正式上线试运行

2016年4月21日，“南海大观”在第十七次全国地州区县年鉴年会上正式试运行，中国版协年鉴工作委员会主任许家康为“南海大观”开启上线仪式，并给予“精心设计、精心施工；横空出世、引领风尚”的高度评价。截至6月底，“南海大观”共推送了12期内容，推送文章56篇、图片430张。

2016年6月8日，广东省方志办年鉴处有关领导赴南海听取“南海大观”建设演示汇报

《张家港年鉴》

“张家港史志”
微信公众号

《张家港年鉴》创刊于1996年，是张家港市委党史地方志办公室负责逐年编纂的地方综合性年鉴。张家港市委史志办始终坚持“服务当代、服务经济、服务社会”的编辑理念，恪守“科学、严谨、优质、满意”的质量方针，努力把年鉴打造成地方文化精品。1999年，举行《张家港年鉴》公开悬赏抓差错活动，此举被评为1999年度年鉴界十件大事之一。2001年，全国首家导入ISO 9001：2000质量管理体系于编纂工作全过程。2004年起，《张家港年鉴》采用全彩印刷，并制作电子光盘。2014年起，创新版面设计，突出新媒体建设。2016年，《张家港年鉴》在注重规范基础上继续有所创新，突出“争当‘强富美高’新江苏建设排头兵”这一宣传主题，写好《聚焦“810”工程》《聚焦身边榜样汪明如》专题文章，刊载新一届党代会和“十三五”规划，全书基础信息资料更完善、各经济产业内容更具体。

《张家港年鉴》连续荣获中国出版工作者协会中国年鉴奖、中国地方志系统年鉴评比特等奖、全国年鉴编纂出版质量评比特等奖等28项国家级和省级荣誉，并实现全国年鉴编校质量特等奖“七连冠”。

年鉴业务研讨

年鉴“六进工程”

奖杯

奖杯

奖杯

历年出版的《张家港年鉴》

天津市科技史志编修办公室

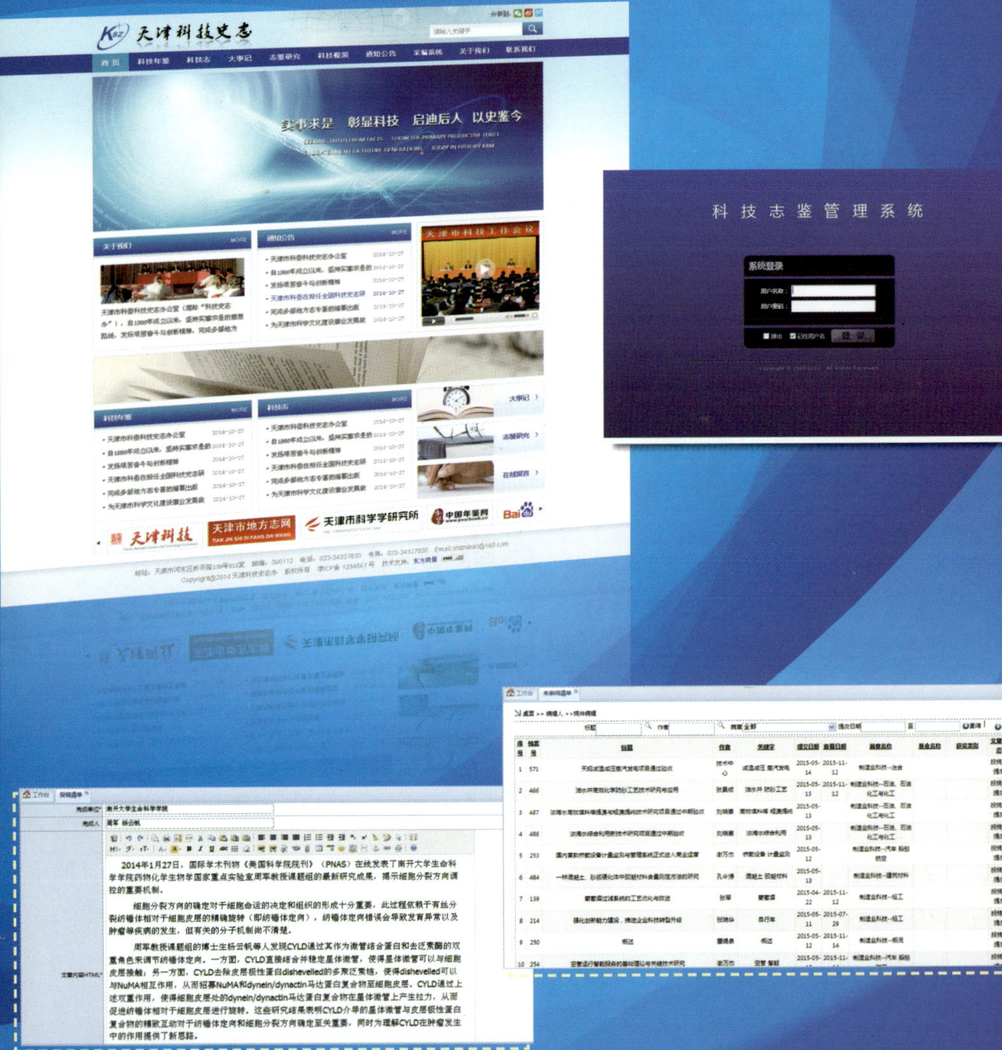

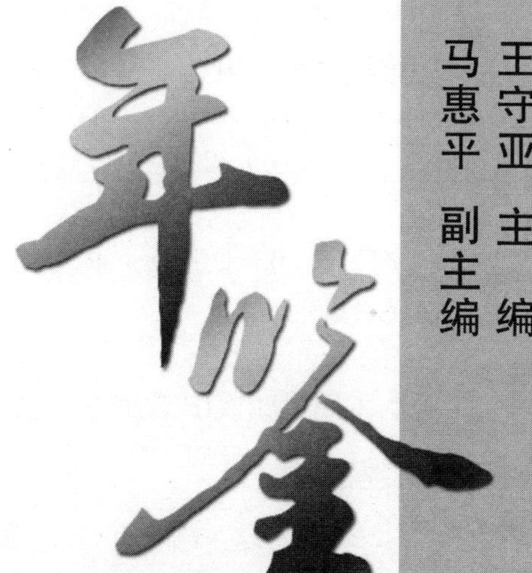

年鉴论坛

（第七辑）

王守亚 主编
马惠平 副主编

中国农业出版社

图书在版编目（CIP）数据

年鉴论坛．第7辑/王守亚主编．—北京：中国农业出版社，2016.12

ISBN 978-7-109-22217-5

Ⅰ．①年… Ⅱ．①王… Ⅲ．①年鉴—编辑工作—文集 Ⅳ．①G237.4-53

中国版本图书馆CIP数据核字（2016）第241381号

中国农业出版社出版
（北京市朝阳区麦子店街18号楼）
（邮政编码 100125）
责任编辑 汪子涵

中国农业出版社印刷厂印刷 新华书店北京发行所发行
2016年12月第1版 2016年12月北京第1次印刷

开本：880mm×1230mm 1/32 印张：8.5 插页：4
字数：230千字
定价：36.00元

年鉴论坛（第七辑）

目　　录

年鉴研讨会主题报告

互联网与年鉴

年　鉴　研　究

年鉴编纂工作探索

年 鉴 史

征 文 启 事

论年鉴编纂出版转型*

——以地方综合性年鉴为例

中国版协年鉴工作委员会主任　许家康

内容提要： 当前，年鉴内容选择和出版方式与经济社会发展不相适应的矛盾十分突出，年鉴编纂出版转型、创新发展成为年鉴界面临的迫切任务。作者以地方综合性年鉴为例，从如下两个方面论述年鉴的转型：编纂转型，是要从记录和宣扬政绩转向全面记录社会现实，其中的关键是减少宣传味，增强客观性和实用性；出版转型，是要从传统出版转向数字出版。作者不但阐明了年鉴由传统出版向数字出版转型的必然性，还描绘出年鉴数字出版的路线图。

关键词： 年鉴编纂；年鉴创新；年鉴转型；数字出版；在线年鉴

年鉴界最早讨论年鉴转型的文章，就我所见，主要有如下两篇：一篇是李乐云、杨锦霞在 2000 年第 4 期《年鉴信息与研究》上发表的《论社会的转型与年鉴的转型》。该文认为，由于年鉴开创之初的历史条件，不可避免地带有计划经济色彩，但至今仍用计划经济的模式和思想来编纂年鉴并要求它为社会主义市场经济服务，则难以吸引读者。随着社会的转型，年鉴也应该转型，应该重新定位，调整编纂方针，创新栏目和内容，以适应社会需求①。另

* 题注：第二十五次全国城市年鉴研讨会主旨发言（2015 年 9 月 16 日）。

一篇是孙关龙在2001年首届年鉴高级研讨班的演讲，孙先生在演讲中谈到：我国年鉴大都是按计划经济模式创办的，现在我们国家正在转型，转向社会主义市场经济，年鉴也必须转型，转型的关键是创新[②]。这两篇文章提出的年鉴转型思想，不论是当时还是现在，都是真知灼见。从地方综合性年鉴的编纂出版现状来看，年鉴内容选择和出版方式与经济社会发展不相适应的矛盾越来越突出，年鉴编纂出版转型、创新发展的任务越来越紧迫。因此，很有必要重拾这个话题，与大家共同做一番探讨。

一、编纂转型：从记录和宣扬政绩转向全面记录社会现实

编纂转型即年鉴功能定位和内容选择转型。因此，需要从如下两个方面作一些分析。

（一）地方综合性年鉴≠“政府年鉴”≠“官书”

年鉴的经典定义是：“一种汇集年度重要时事、文献和统计资料，按年度连续出版的工具书[③]。”年鉴的资料性工具书属性，举世公认，毋庸置疑。地方综合性年鉴也是全面反映对应地域基本情况的年度资料性工具书。其内容特点：一是地方性，以地方基本情况及相关信息为记述对象；二是综合性，内容涉及地方的自然、政治、经济、文化、社会等所有领域。其功能定位是：通过全面记录社会现实为社会各界了解和研究本地方提供基本资料。而所谓“政府年鉴”，是指着重记录政府工作、政府行为的年度出版物；其功能定位，是通过宣扬政绩，为政府有效施政服务。所谓“官书”，是指旧时由官方编修或刊行的书，也指旧时官府的文书[④]。“旧时”，说明“官书”是一个过时的概念，它同当今时代的年鉴根本不是一回事，将年鉴称为“官书”或等同于“官书”，明显不合时宜。

我国现有公开出版、正常出版的地方综合性年鉴1 300多种，约占全国公开出版、正常出版年鉴总数的1/3。其中，省级年鉴30多种，市级年鉴300多种，县级年鉴900多种。在如此众多的地方

综合性年鉴中，至今还没有哪一种正式声明是“官书”，或者正式定位为“政府年鉴”，可是在编纂实践中，自觉不自觉地将地方综合性年鉴作为“政府年鉴”或“官书”来编却大有人在。许多地方综合性年鉴不但常常以“官书”自诩，而且不断地向“政府年鉴”的功能定位靠拢，具体表现在如下几个方面。

1. 地方领导人“高大上”形象非常突出。相当多的地方综合性年鉴都在卷首辟有彩图专栏，用于反映地方的新发展、新变化，聚焦年度大事，这无可厚非。但不少地方年鉴往往在彩图专辑的前面精心安排地方党政负责人集体亮相，有的年鉴把当地党政一把手的照片放得很大，排得很前，毫不掩饰编者的献媚之心；有的年鉴刊出的地方领导人照片“一个也不能少”，虽然个个光彩照人，其实俗不可耐。

2. 领导机关工作报告和领导人讲话排在显要位置。相当多的地方综合性年鉴都把地方党委工作报告、政府工作报告等收入“特载”，将地方领导人讲话和其他权威人士言论收入“特辑”，排在全书主体内容的前面。不少年鉴还把地方性法规规章和政策性文件靠前安排。

3. 相当多的篇幅围绕党政领导人做文章。有的城市年鉴在“市委”栏目里一口气为市委书记设立七八个工作性条目，在“政府”栏目里对市长年内的5次考察调研分别设立5个条目。在“大事记”专栏所记的200多件大事中，书记、市长的活动占了五六十件。

4. 多数栏目着重记述党政机关各部门的日常事务。有的年鉴一百五六十个分目，其中带有“工作”二字的不少于20%，工作性条目更是数以百计。这些分目、条目着重记述部门日常工作也就顺理成章。有些栏目名称虽然没有“工作”二字，但通常也以部门的日常事务和工作成绩为主要内容。

5. 非官方举办的事业很难得到反映。在相当多的地方综合性年鉴中，民间组织、民办非企业单位、民营经济、民间融资、民间帮扶、志愿服务、民间艺术、传统体育等，基本上没有系统记述，有的年鉴甚至连一个事例、一个统计数字也没有。改革开放以来平头百姓创造的许多新行业、新业态，例如容纳千千万万民众就业谋生的美发美容、保健按摩、网店、快递、快餐、农家乐、球馆、歌舞厅等，多数地方年鉴就没有完整资料，甚至没有任何记述。

6. 对社会的反映极不充分。许多地方综合性年鉴都辟有“社会”部类，但这个部类并没有以构成当今社会的不同人群为记述对象，也没有真正反映社会团体、社会阶层、社会民生、社会福利、社会灾难和社会问题。不少年鉴的“社会”部类，虽然设有“妇女·儿童”“青年”“老年”“残疾人”“少数民族”等分目，但其内容基本上还是记述妇女儿童工作、青年工作、老干部工作、残疾人工作以及民族工作，很少有或根本没有反映这些不同人群生存状态及基本情况的完整资料。为每一座城市的繁荣发展都做出巨大贡献的千百万农民工及其他流动人口，在大多数城市年鉴中也查不到有关他们的任何资料，好像城市中根本就没有这样一个庞大人群存在。

7. “负面信息正面报道”。即为了追求所谓“正效应”而故意“隐恶扬善”，其实主要是为了顾全地方及当地领导人的面子。许多地方综合性年鉴对当地的工作失误、环境污染、安全事故、群体性事件、官员腐败等负面信息，常常采取回避态度。有些年鉴虽然不完全回避，但在相关条目中，总是大谈领导机关的应对措施，做出的种种努力，而对事件或问题本身则轻描淡写、点到为止。有的年鉴甚至对自然灾害也坚持“正面报道”，只反映抗灾救灾工作，不提供自然灾害的完整资料。

以上种种做法，如果出在“政府年鉴”或“官书”，尚可以理解。但如果出在地方综合性年鉴，读者是难以理解、难以接受的。地方综合性年鉴作为年度资料性工具书，资料性是它的第一属性，提供切实有用的信息资料是它的第一要务，全面记录社会现实并为现实服务是它的基本功能。作为地方社会现实的一面镜子，地方综合性年鉴的内容选择和安排，应当紧扣社会现实、紧扣时代脉搏、紧扣社会前进的步伐，应当贴近实际、贴近生活、贴近群众，应当关注社会民生，反映民众的呼声，回应民众的关切。而不能一股脑儿地将年鉴办成只为少数人服务的“官书”“史册”，编成党政机关的记事本和领导干部的功劳簿。

随着时代的进步，官书式、史册式、功劳簿式的年鉴是不会有读者，不会有前途的。地方综合性年鉴的编纂必须转型。

（二）编纂转型的关键是减少宣传味，增强客观性和实用性

鉴于地方综合性年鉴官书气、宣传味太重，客观性、实用性不足，而这些通病在很大程度上皆源于年鉴内容选择和编辑加工的偏颇。因此，编纂转型应当在以下几个方面有所改进，有所突破。

1. 对年鉴基本内容的选择和安排作适当调整。根据前述地方综合性年鉴内容结构普遍存在的突出问题，调整的重点应该是：

（1）解决基本内容残缺不全的问题。年鉴的基本内容按其具体作用来划分，一般分为综合情况、动态信息、辅助资料、检索系统四大部分。综合情况即地方概况或概貌，是年鉴对应领域基本情况的综合概括，是年鉴基本内容不可或缺的组成部分，但有的地方综合性年鉴始终没有设置综合情况部类，给读者从宏观上了解和把握地方的基本情况造成很大困难。统计资料在地方综合性年鉴中也是不可缺少的重要内容，但有的地方综合性年鉴没有“统计资料”专栏，或者虽有专栏但收入的表格很少，综合性不强，与年鉴的对应范围很不相称，未能建立起完整的经济社会发展指标体系。索引是快速查考年鉴内容资料的检索手段，是工具书必备的工具，但相当多的地方年鉴没有编制索引，检索系统不完备。凡此种种，都是不可忽视的体例缺陷，应想办法加以弥补。

（2）解决内容选择畸轻畸重的问题。地方综合性年鉴内容选择畸轻畸重的突出问题：一是综合情况部类篇幅太小、栏目不多、内容单薄、综合性不强，而所辖行政区域概况内容芜杂，篇幅大得离谱。有的城市年鉴全市概况两三万字，而所辖区县概况有七八万字；有的省级年鉴全省概况三四万字，而所辖市县概况有三四十万字，明显畸轻畸重。二是政治类栏目篇幅过大，社会及社会事业类栏目篇幅过小。许多地方综合性年鉴政治类栏目篇幅有一二十万字，而社会及社会事业类栏目的总篇幅只有四五万字，其中社会部类的篇幅不到 1 万字。两相对比，十分悬殊。三是工作事务性选题过多过滥，人物选题不受重视。许多地方综合性年鉴只见工作不见人，只见事情不见人。有的年鉴虽然设有“人物”部类，但选题单一，内容单薄，形同虚设。上述内容选择畸轻畸重的问题，应当通过调整设计，创新选题选材原则和标准，加强体例协调和内容结构平衡管理等办法，努力加以化解。

（3）解决基本内容排序不顺的问题。年鉴基本内容的编排，通常是先排综合情况，接着排动态信息，然后排辅助资料。这是因为人们要了解一个地方的情况，总是由综合到专项，从全面到具体。上述三大部分内容的安排，是符合人们的这一认识规律的。但相当多的地方综合性年鉴在综合情况的前面设置“特载”“特辑”“专记”等栏目，分别刊载领导机关和领导人的重要讲话、工作报告、专题文章等。有的年鉴还将“大事记”“法规规章”等也凌驾于综合情况之上，造成综合情况的头上压着四五个一级栏目上百个页码的资料，读者翻半天还找不到综合情况。这显然是不得体的，应当加以调整。

领导讲话及其他权威人士言论、领导机关工作报告和公报文告等文献资料虽然很重要，但收入年鉴之后，其文献性质和功能已经发生一些变化。以政府工作报告为例，行政领导在人民代表大会上报告，会后第一时间在党报政报上发表，其文献性质和功能是有区别的：前者是提请人大代表审议，并请政协委员提出意见；后者是晒晒上年政府工作成绩，提出新一年工作打算，帮助干部群众认清形势，指导当前工作，规范政府行为。同样道理，当过了一年半载，政府工作报告被收入年鉴的时候，其文献性质和功能又会发生微妙变化，突出的表现是规范性、指导性减弱，而资料性、参考性增强。因此，尽管政府工作报告十分重要，但一旦收入年鉴之后，也会成为辅助性的参考资料。既然如此，就没有必要非得靠前安排。我们都知道，数量众多的地方志，不论是新方志还是旧方志，基本上没有将官方文件排在书前的。流传久远的诗词、歌赋、散文等，通常以艺文志的形式，置于书中或书后；十分重要的官方文告等，一般收入书后的附录。在基本内容安排方面，年鉴人还需要进一步解放思想，增强年鉴意识和政治自信。

2. 以基础信息和大事要闻作为记述重点。2012年在第13次全国省级年鉴研讨会的主题报告中，笔者曾提出这样一个公式：年鉴的记述重点＝基础信息＋大事要闻[5]。所谓“基础信息”，是读者了解年鉴对应领域必须掌握的基本资料；所谓“大事要闻”，是年度重大事件、重要新闻。

要突出年鉴的记述重点，基础信息务必求全。如何求全？首先，要充实综合情况的内容，对地方的地理位置、土地面积、气候、资源、环境、行政区划、建置沿革、民族、宗教、人口、语言、历史文化遗存等基础信息做系统的说明。其次，规范部门、行业和所辖行政区域概况的写作，将必须开列的基础信息列入条目内容要素规范，确保各地、各部门、各行各业的基本情况及相关基础信息得到全面反映。再次，建立健全基本指标体系。这个指标体系横要到边，竖要到底，并且尽可能做到纵横可比。基本指标在综合情况和动态信息各部类中要结合条目内容做出说明，在“统计资料”专栏中要系统地反映。

要突出年鉴的记述重点，大事要闻必须强化反映。首先，需要有“年度感知力”，即年度信息资料的判断能力，善于择大而记，择要而录[6]。其次，要突出反映社会热点，回应民众关切；深度解读社会热门话题，积累读者普遍关注的资料。社会热门话题是年鉴中永恒的主题，永远的重点。再次，尽量减少日常工作、日常事务的记述。工作事务性选题过多过滥，年复一年的日常工作、日常事务、例行会议、例行活动的篇幅过大，不但将大量的有效信息淹没其中，而且对年鉴的记述重点也会造成很大的冲击。减少日常工作事务和例行会议、活动的记述，将能有效地突出年鉴的记述重点和内容重点。

3. 以提供可查可用资料为编辑加工基本原则。可查，即要求提高年鉴内容资料的检索性；可用，即要求提高年鉴内容资料的实用性。如何才能做到可查可用？首先，必须从读者的阅读检索愿望出发，按照读者对信息资料的关注程度选题选材，尽量选收读者普遍关注、检索频率相对较高的题材，将根本不会有人查考、不会有人问津的题材排除出去。其次，要尊重读者的检索心理和检索习惯。凡入选题材都应当尽量让读者想得起来，知道从年鉴中来查找并比较容易查找到。这就要合理编排内容，规范栏目和条目标引，并注重行文的通俗、简明、顺畅。再次，要善于加工和整合资料。加工、整合的基本方法：一是梳理。对有记述程序要求的稿件，要按规范性要求进行梳理、调整；对没有记述程序要求的稿件，先按内容要素规范进行梳理，然后分层次记述。二是制表。对地方、部门、行业概况中涉及的繁复数字，尽可能列表反映。某些重要基础数据，如固定资产投资、地区生产总值及构成、财政收入变化、实际利用外资、消费品零售总额、消费价格指数等，应当整理成纵横可比的资料，用表格或示意图的形式进行反映。三是链接。对某些需要深度解读的内容资料和某些必须交代的背景信息，如果条目释文不便于记述，可以作资料链接。例如：某些历经多年完成的重大建设项目，在条目对其做记述时，可以链接项目建设大事年表或进度表；某些重要展会的专记条目，可以链接历届展会基本情况一览表；某些环境污染治理的专记条目，可以链接环境污染典型事故资料；抗灾救灾专记条目可以链接重大自然灾害灾情资料；食品安全检查专记条目可以链接检查结果公报；房地产销售专记条目可以链接国内 70 个大中城市或省内主要城市房价一览表等。表格、示意图和链接资料是年鉴不可或缺的二次文献，具有篇幅小而信息量大、编排灵活又方便检索的特点，大量使用表格、示意图和链接资料，可以增大年鉴的有效信息容量，提高年鉴内容的检索性和实用性。

4. 突破“负面信息正面报道”的框框，敢于客观纪实。“负面信息正面报道”是过去特定历史时期国内主流传媒的习惯做法。但随着改革开放领域的扩大和国家现代化进程的加快，特别是网络普及之后，主流传媒的这一习惯做法已经悄然改变。今天的中国，任何一个地方或行业如有大事发生，不论是好事还是坏事、美事还是丑事，只要涉及面广，影响较大，相关部门都会及时举行新闻发布会，向公众通报事件真相，披露相关信息；媒体也会如实报道、全面报道、跟踪报道。在这种情况下，年鉴再死守“负面信息正面报道”的教条，就明显落后于时代，也完全说不过去。年鉴是纪实性资料工具书。年鉴的纪实性，要求年鉴实话实说；不能做到实话实说的年鉴内容是苍白的，没有借鉴意义的。因此，年鉴比传媒更有理由如实记述负面信息，而没有理由对负面信息采取回避态度，或者犹抱琵琶半遮面，羞羞答答、遮遮掩掩、弯来绕去，让年鉴失信于民、失信于史，严重损害它的权威性。客观纪实关乎年鉴的质量和信用，我们应当以客观纪实为突破口，促进年鉴的编纂转型与内容创新。

首先，要敢于坚持年鉴的选题选材原则和标准。我们都知道，媒体追求新闻价值，年鉴追求资料价值。年鉴选题选材以有较大社会影响和存查价值为原则、为标准，而不能以编纂者或权势人物是否喜欢为原则、为标准。只要是具有较大社会影响和存查价值，又不涉及国家机密、不威胁国家安全、不影响社会稳定的信息资料，不论是正面的还是负面的，年鉴都可以收录，应当收录。

其次，要适当调整栏目设置和条目内容要素规范，让负面信息也有栖身之所。比方说：在政治部类开辟一个“违纪通报”分目，专门收录纪检监察部门通报的党员、干部违反政治纪律、组织纪律、廉政纪律的典型案例。在政法（法制）部类设置一个“案例”分目，收录刑事、民事、商事典型案件。在社会部类设置一个“灾害事故”分目，集中提供重大自然灾害和人为灾难的完整资料。对于像天津港“8·12”特别重大火灾爆炸事故这样的人为灾难，当地年鉴就应该在动态信息的前面特设一个专栏，将事件真相、处置过程及调查处理结果等和盘托出，以回应国人关切，并让后人引以为戒。在“人物”部类，也应适当调整体例设计，改变只收正面人物不收反面人物，在正面人物中又只收领导干部和模范人物的做法，使其内容选择与地方综合性年鉴的功能定位和选题范围相一致，兼收并容业界精英、社会贤达及三教九流。在多讲一些百姓故事的同时，对年度内骇人听闻的腐败分子、暴恐分子、江洋大盗、诈骗高手等反面人物也要有所记述（可作为新闻人物或其他人物收入），以体现年鉴的综合性、客观性。

第三，对政绩、业绩要客观记述并注意留有余地。时下轻浮浅薄之风十分盛行，不少人三分靠干、七分靠吹而平步青云，借年鉴一角进行自我吹嘘也成了另一种“新常态”。年鉴人在处理涉及政绩、业绩的文稿时，要独具慧眼，看是花架子、形象工程，还是真有效益、惠及百姓的实事好事；是表面文章、虚假繁荣，还是实实在在、全面协调的发展。还要注意有一说一、有二说二，事情说完，立刻打住，千万不要妄加评论，更不能吹捧。现在不少地方的一些发展规划、重大建设项目，根本经不起时间考验。2016 年夏季，全国各地有上百个城市暴雨成灾，市区一片汪洋，网民戏说到市里看“海”。这是天灾不可抗拒吗？应该说，大多数不是。问题主要出在城市规划和建设，加上有些地方领导好大喜功，资金不足也要办大事，于是人们看得见的马路、广场修得大之又大，而人们看不见的排水管道修得小之又小，整个地下管网完全不适应城市迅速扩大的需要。因此，下暴雨到市里看“海”也就不足为怪。由此可见，对政绩、业绩的记述如果不保持清醒头脑，不注意留有余地，一味歌功颂德，年鉴的信用也就将逐渐丧失。这样的年鉴，除了能够满足某些人的虚荣心之外，不可能有太大的作用。

综上所述，编纂转型不但需要调整年鉴的功能定位，而且应当在内容选择和安排、编辑加工原则和手法等方面努力创新。年鉴的编纂转型，只有通过内容创新才能实现；而年鉴的内容创新，将会有效促进其编纂转型。

二、出版转型：从传统出版转向数字出版

（一）年鉴由传统出版向数字出版转型是大势所趋

所谓“传统出版”，是指已有上千年历史的纸质图书印刷出版方式。所谓“数字出版”，是指利用数字技术进行内容编辑加工，

并通过网络传播数字内容产品的一种新型出版方式。其主要特征是内容生产数字化、管理过程数字化、产品形态数字化、传播渠道网络化。

从目前全国出版行业的情况看，传统出版正在向数字出版快速转型。其中原因：一是网络的快速普及。在2013年国务院出台的《“宽带中国”战略实施方案》的强力推动下，到2014年年底，全国互联网固定宽带用户已增至2亿户，移动宽带用户达到5.8亿户，互联网上网人数6.49亿，互联网普及率达到47.9%。预计到2020年，宽带网络将全面覆盖城乡，互联网普及率将超过70%。二是大众阅读方式快速转向数字阅读。随着网络的普及，新闻网站、数字杂志、手机报纸等新媒体悄然兴起，在线阅读、手机阅读、手持阅读器阅读等数字化阅读方式逐渐普及。《2014年新闻出版产业分析报告》披露的数据表明：2014年全国各媒介综合阅读率为78.6%，比上年提高1.9个百分点。其中国民图书阅读率为58%，比上年提高0.2个百分点，国民数字化阅读方式接触率58.1%，提高8个百分点；数字化阅读方式开始超过传统阅读方式所占比例⑦。以上两大因素，有力地促使数字出版迅猛发展。2014年全国数字出版营业收入3 387.7亿元，比2013年增长33.4%，比2010年增长2.2倍⑦。国际管理咨询公司预测，到2017年，美国电子书产值将超过82亿美元，占全美图书市场总规模的50.9%。国内专家预测，中国电子书所占市场份额超过纸质书的时间拐点大约在2020年。在这样的大背景下，作为出版业和信息产业的一个组成部分，年鉴出版不可能置身度外，年鉴由传统出版向数字出版转型是势所必然⑧。

（二）年鉴数字出版的优势

与传统单一纸质图书出版相比较，年鉴数字出版具有很大的优势。

1. 有利于年鉴及时出版。年鉴的数字出版，最终要开发出一种全新样态的在线年鉴，让年鉴的编纂方法、表现形式充分体现数字时代技术变革所带来的革命性变化。在线年鉴的特点，除了编纂和利用具有良好互动性之外，就是能够在最短时间内及时报道年度最新动态[9]。编纂者可以将经过严格核实和加工整理的最新情况及相关资料，逐月、逐季分批上网发布；到了年末，再经过梳理、筛选、调整，即可构成完整的年度性资料，成为全新样态的网络版在线年鉴。传统年鉴由于出版周期较长，内容资料往往滞后一年左右的时间才能与读者见面，而在线年鉴则可以将其缩短至几天或一两个月。即使还需要继续出版纸质版、电子版年鉴，由于有了网络版在线年鉴作基础，其出版周期也将会大为缩短。

2. 有利于增强年鉴的实用性。由于在线年鉴具有良好的互动性，编纂者完全可以根据读者的实际需要，收集和提供专题资料，满足读者的个性化需求。也完全可以通过“大数据”分析读者的浏览、检索痕迹，掌握读者的检索需求、检索心理和检索习惯，有针对性地采取应对措施，创新栏目，调整内容结构，更好地适应读者的实际需要。此外，还可以利用在线年鉴强大的跨媒体链接功能，丰富年鉴的内容及其表现形式，增强年鉴的资料性、实用性。例如：报道政府新闻发布会，可以链接会议的视频资料；报道旅游节庆活动，可以链接开幕式、闭幕式实况及节庆期间一些生动有趣的花絮；介绍一部音乐作品，可以链接作品演唱的音频或视频资料等。这样，年鉴就将别开生面：不但图文并茂，而且有声有色；不但具有鉴赏性，而且更为实用。

3. 有利于盘活年鉴内容资源。年鉴数字化之后，自然会积累起相当丰富的数字资源，加上原有书本型年鉴扫描加入，每一种年鉴都可以建成拥有数千万字内容资源的数字库。年鉴数字库不但可以支持网络化的全文检索，而且可以根据用户需求，提供专题性、个性化的咨询服务。例如，为用户提供历年大事记、多年气候变化、当地工业化进程等专题资料，满足他们的查询需求。这样，本来束之高阁、尘封已久的年鉴内容资源就能够得到有效的开发利用。

4. 能够实现产品多样化。年鉴数字出版并不排除传统纸质年鉴印刷出版，两者是可以长期兼容的；而数字化的年鉴电子版和网络版又是孪生兄弟，自然会促进年鉴产品多样化。再加上年鉴数字库的开发利用，又将形成一些新产品。这样，年鉴出版就将会出现纸质年鉴、电子版年鉴、在线年鉴、年鉴数字库衍生产品并存的新局面。各种年鉴产品任由读者各取所需，不但能够最大限度地满足市场需求，而且能够实现读者最大化。

5. 能够有效地节省投入。在地方综合性年鉴编纂单位已经建立数字化工作平台的基础上，年鉴由传统出版转向数字出版并不需要太多的投资，也不需要增加人手；当然，编纂人员的知识和技能迫切需要更新，才能适应数字化出版的需要。在数字时代，纸质年鉴越来越成为奢侈品；相对而言，电子版、网络版年鉴可谓物美价廉。如果有一天地方政府紧缩开支，不允许纸质年鉴免费赠阅，那么，少印或停印纸质年鉴节省下来的经费，用于年鉴的数字出版将绰绰有余。

当然，数字出版也并非没有任何问题，最令人头疼的是版权难以维护，这是数字出版最大的制约因素。好在目前公开出版的地方综合性年鉴几乎是清一色的公益性年鉴，有人盗版、拷贝还不至于危及年鉴的生存发展。

（三）年鉴数字出版的主要步骤（路线图）

第一步：建立数字化工作平台。即在编纂单位建立基于内部局域网的辅助编辑、管理办公系统，实现年鉴组稿、编辑、审稿、排版、文稿传输和管理等工作环节的数字化。这一步，大多数地方年鉴编纂单位已经完成。

第二步：建立年鉴网站。作为面向社会的窗口，年鉴网站应当具备与读者交流互动、对作者队伍实行网络化管理、宣传推介年鉴产品、承载（发布）在线年鉴等功能。一部分地方年鉴通过建立独立网站或在主管部门网站设立网页，这一步已经走了出去。

第三步：建立年鉴内容资源数字库。即以数字化方式整合和管理已经出版的年鉴内容资源，并以数字化方式对其进行开发利用。一些创办多年的地方年鉴，通过举办出版 20 周年或 30 周年纪念活动，将历年年鉴整合制成数字化光盘，这一步也已经走了出去。

第四步：推出在线年鉴。在线年鉴又称网络年鉴，广义指一切通过互联网可以利用的年鉴。狭义指编纂和利用具有互动性的年鉴。年鉴编纂者提供体例规范、框架、样条等，作者按体例要求和技术格式规范撰稿供稿，读者在检索阅读过程中也可以发表自己的见解、做出自己的补充，从而实现年鉴编纂和利用一体化。为了走好走稳这一步，当务之急是先行试点，探索在线年鉴的体例、框架、编纂方法和技术路线，总结出几种可复制、可推广的运作模式，然后通过示范效应，引领在线年鉴发展。

总而言之，“现代信息技术和网络技术的发展，虽在一定程度上压缩了传统书本型年鉴的生存发展空间，但同时又为年鉴的数字化、网络化发展开辟了新的天地[10]。”年鉴从传统出版转向数字出版既是大势所趋，也是年鉴编纂出版事业持续繁荣的希望所在。

参考资料：

①李乐云，杨锦霞：《论社会的转型与年鉴的转型》，《年鉴信息与研究》2000年第4期。

②孙关龙：《创新，21世纪中国年鉴持续发展的根本途径》，《年鉴信息与研究》2001年第3期。

③《中国大百科全书》第2版第16～559页，中国大百科全书出版社，2009。

④中国社会科学院语言研究所词典编辑室：《现代汉语词典》第6版第479页，商务印书馆，2013。

⑤许家康：《论年鉴的记述重点》，《年鉴论坛（第四辑）》，长城出版社，2013。

⑥曲宗生：《谈谈年鉴编辑的“年度感知力”》，《年鉴论坛（第三辑）》，中国税务出版社，2012。

⑦国家新闻出版广电总局：“2014年新闻出版产业分析报告（摘要版）”，国家新闻出版广电总局，2015。

⑧⑨李国新：《年鉴发展的挑战与前瞻》，《年鉴论坛（第五辑）》，长城出版社，2015。

⑩许家康：《年鉴编纂入门与创新》第193页，线装书局，2006。

论年鉴的功能及作用

——第十七次全国地州区县年鉴研讨会主题报告

中国版协年鉴工作委员会副主任　莫秀吉

（2016 年 4 月 21 日）

内容提要：作者认为，年鉴的功能作用问题是年鉴学基本理论和年鉴编纂实践中的重要问题。本文从理论与实践两个方面较为深入地探讨了如何更好地增强年鉴的功能作用。

关键词：年鉴学；年鉴功能；年鉴作用

改革开放以来，中国的年鉴事业蓬勃发展，成绩突出、作用显著。2015 年 8 月 25 日，国务院办公厅印发《全国地方志事业发展规划纲要（2015—2020 年）》，明确修志编鉴是地方志事业的主业，提出要大力推进地方综合年鉴工作，重视军事、武警及其他各类专业志鉴的编纂工作。全国年鉴事业迎来重要发展机遇。年鉴的功能作用问题是年鉴学基本理论和年鉴编纂实践中的重要课题。在新的发展形势下，年鉴的功能作用问题愈显突出。如何从理论上深化对年鉴功能作用的认识，从而在实践中更好地增强年鉴的功能作用，事关年鉴事业发展大局。

一、年鉴功能诸说

按照《辞海》的解释，功能，与“结构”相对。指有特定结构的事物或系统在内部与外部的联系与关系中表现出来的特性和能力。也就是说，“功能”是事物对人们生产生活和社会发展所产生的功效、效能，是事物的使用价值、存在意义。30 多年来，国内年鉴界对年鉴功能作过专门探讨，结合广州年鉴社社长阳晓儒的整理结果[①]，代表性看法可归纳为以下5种：

第一种观点认为年鉴与地方志一样，主要功能是“资治、存史、教化”。如湖南省地方志编纂委员会彭峰认为：“年鉴的主要功能就是‘资治、存史、教化’[②]。”山西省《河津市年鉴》主编史改玲认为：“年鉴，是集资料、信息、知识为一体，记载当年本地政治、经济、文化等方面情况的大型资料性工具书。它不但可以起到存史、教化的作用，更重要的是可以资政鉴世，为当地经济和社会发展提供全方位的信息服务[③]。”

第二种观点认为年鉴的主要功能是为现时服务。如中国出版协会年鉴工作委员会（以下简称中国版协年鉴工委员）副主任兼学术委员会主任孙关龙认为：“年鉴作为工具书主要是供人们检索，主要为现时服务，当然不排斥具有存史、资政等，但是存史、资政是其外延功能，不是核心功能……在国外，年鉴的功能就是现时功能，强调‘新、快、准’，为现实服务，为社会服务。存史、资政的功能是进入中国这个史学国家后，才发掘出来的。故而讲年鉴的功能要注意的是不能本末倒置[④]。”广州年鉴社社长阳晓儒也认为，“年鉴的主要功能是为现时服务……至于年鉴的资政、存史、教化等功能都不是年鉴的主要功能，而是由年鉴为现时服务的主要功能衍生出来的附属功能[⑤]。”

第三种观点以西安市地方志办公室年鉴处处长、《西安年鉴》编辑部主任崔义萍为代表，认为年鉴“最基本的功能不外乎两个，一是年鉴为现实服务的功能；二是年鉴的存史功能[⑥]。”

第四种观点则主张年鉴具有多种功能。中国版协年鉴工委会主任许家康提出，年鉴的基本功能包括反映年度情况、积累实用资料、提供相关信息等3个方面[⑦]。肖东发和邵荣霞合著的《实用年鉴学》一书认为：“由于年鉴具有多功能性和多视角性，内容覆盖社会生活的方方面面，所以它具有强大的传播功能，不是‘存史、资政、教化’几个字就能概括的。”他们认为年鉴具有提供时事动态信息，提供重要的法规文献及其线索，提供逐年可比的统计数据资料，提供实用性指南、便览性资料，提供综述、回溯及预测性资料5个方面的功能[8]。常州市方志办金明德将年鉴功能分成时间性功能、空间性功能和使用性功能三大类。时间性功能即年度性和时效性。空间性功能指地方性、行业性等限制范围。使用性功能是从年鉴“派什么用场”的角度来考察的一类功效。地方综合年鉴的使用性功能包括：公报性，展示性，真实性，信息性，服务性，便览性，历史性，新闻性，探索性，俱进性10个方面[9]。《福州年鉴》编辑部黄铭认为：“年鉴的基础功能是作为工具书供人查阅，然而年鉴的功能并不仅限于此。年鉴的功能应该具有多样性，还具有存史、资政、服务修志、宣传、鉴戒、激励等多种功能[10]。”

第五种观点以《绍兴年鉴》编辑部副主任李登科为代表，认为地方综合年鉴的核心功能应进一步收缩到——提供可供开发的内容客观、组织科学、取舍得当的信息源，即成为上一年度区域内公共信息的整合平台。地方综合年鉴的核心功能是整合上一年度的区域公共信息，在保存重要史料的同时，为进一步开发利用提供基本素材[11]。

通过以上对国内年鉴界关于年鉴功能代表性观点的梳理，可以看出，人们对年鉴功能的观点各持己见，还没有形成统一的认识。争鸣主要围绕存史还是服务现时这个焦点展开。由于年鉴多数由地方志部门组织编纂，年鉴工作是地方志工作的重要组成部分，部分年鉴工作者将年鉴的功能等同于地方志的功能，认为年鉴的功能是存史、资政、教化，将年鉴编纂看作是方志编修的资料积累环节。突出年鉴服务现时功能的论者，倾向于把年鉴作为工具书看待，要求年鉴的检索性、实用性、时效性，在服务现实经济社会发展中找到存在的价值和逐年编纂出版的意义，因而认为存史功能不是年鉴的主要功能。为调和这一主要矛盾，有论者提出了年鉴同时具有现实服务功能和存史功能，或是年鉴具有多种功能。年鉴功能被扩大化、泛化。在多种观点的争论中，许家康等论者跳出是服务现实还是存史的流行分析框架，试图从年鉴性质出发认识年鉴的基础功能，提出年鉴的功能是反映年度情况、积累实用资料、提供相关信息，或是整合上一年度的区域公共信息等观点。这种探讨为研究认识年鉴功能提供了新的路径。

二、对年鉴功能的再认识

对年鉴功能的研究出现多种观点，是从不同角度观察分析问题的结果。要研究年鉴的功能，还是要回到年鉴的本质中来，抓住其本质特征，着眼于其最基本的功能。

（一）年鉴的功能取决于年鉴的性质

年鉴的功能，即年鉴所具有的特性和能力，是由其性质决定的。年鉴，一种汇集年度重要时事、文献和统计资料，按年度连续出版的工具书[12]。从这一定义出发，年鉴的性质有年度性、资料性、工具性。所谓年度性，就是年鉴内容资料选题选材以“年”为限，逐年反映事物的发展变化。资料性是年鉴区别于其他出版物的显著标志，表现为年鉴资料内容丰富、类型齐全、准确可靠。年鉴的工具性主要表现为年鉴内容资料富有检索意义，而且十分方便查考。根据年鉴的定义和性质，年鉴的功能可表述为：汇集和提供权威、系统的年度信息资料。这一功能的内涵，包括了以下 4 点。

1. 年鉴汇集和提供信息资料。年鉴是资料性工具书，最基本的功能是汇集和提供信息资料。提供切实有用的信息资料是年鉴的第一要务，这些信息资料包括领导决策、学者研究、普通读者释疑解惑所需要的资料。就地方综合年鉴而言，正如张子忠所论述：“地方综合年鉴作为总揽地情之权威性资讯工具书刊的根本属性，要求它以实现资讯最大化、最优化为目的，向党政机关、企事业单位和社会相关层面读者快捷地提供管用、好使的各有关方面资讯，并在这方面成为社会各界无出其右的权威性出版物……至于年鉴由于资讯管用、好使，而在存史、资政、利业等方面释放、发挥出来的直接与间接的功能作用，应该看作是它功能作用的衍生[13]。”

2. 年鉴汇集和提供年度信息资料。年鉴内容资料选题选材以“年”为限，上限是当年元旦，下限是同年 12 月 31 日，一般不作回溯和预测。以年为限反映事物，是年鉴资料的鲜明特征，符合自然界发展变化的周期性，符合经济社会发展实际，符合人们的认识和思维习惯。同时，年鉴的时效以年为单位，不同于网络媒体的即时性，或是传统报刊的日、月等反映时段。年鉴以年为反映时段，着重反映年度内的新情况、新事物、新发展、新知识、新成果、新观点、新趋势和新问题。

3. 年鉴汇集和提供权威的信息资料。从资料来源看，由于年鉴多为各级政府编纂，年鉴稿件大多由各级政府机关和有关主管部门提供，实际上是政府各部门向社会发布年度公报，具有很高的权威性。从资料内容看，不是超前反映，而是对客观事物发展结果的报告，具有客观实在性。从编纂出版流程看，年鉴编辑审稿过程起着对年鉴内容的“把关”作用。年鉴向社会提供的信息资料，都能做到事实无误，数据准确，指标规范，纵向和横向均可衔接、对比。

4. 年鉴汇集和提供系统的信息资料。信息要充分发挥作用，必须具有系统性，形成一个完整的整体。年鉴根据社会的需要，按照全书体例规范，有意识地对信息资料进行加工和整理，使信息资料从无序变为有序。如将原始信息进行筛选和取舍，升华为精细的信息资料；将分散的、零星的信息加以综合，变成系统的信息资料；将事物显示出来的信息现象进行抽象，提炼出反映事物本质的信息资料等。因而，年鉴信息是系统的、有机联系的，而不是零散的、碎片化的。

总之，年鉴内容的资料性、年度性、权威性、系统性等是年鉴的核心优势。这一优势是其他信息载体所不可替代和比拟的。

（二）年鉴的功能分原生功能和派生功能

年鉴的功能，有两个相互联系的不同层面，一个是它的原生功能，或称直接功能，另一个是它的派生功能，或称间接功能。所谓原生功能，是指由年鉴的性质所决定、“与生俱来”的一种功能；所谓派生功能，就是人们对它的原生功能开发利用，充分实现其使用价值所起的各种作用。年鉴就其本质而言，是一种年度信息资料工具书，人们编纂年鉴的直接目的，是为了汇集和提供权威、系统的年度信息资料。汇集和提供权威、系统的年度信息资料，就是年鉴的原生功能。

30 多年来，由于人们没有把年鉴的原生功能与派生功能区别开来，所以对年鉴功能各有各的说法，论述皆不相同。如果把开发年鉴的使用价值当作是年鉴的原生性功能，那么，年鉴的功能就不是十条八条，而会是成百上千条！但是，这样无助于对年鉴功能的科学界定，对实践也是有害的。做好年鉴编纂工作，应是从年鉴固有的性质功能出发，做强做大年鉴的原生功能，以增强年鉴生命力，为年鉴资源开发利用提供坚实的基础。

基于以上分析，年鉴为现时服务与资政、存史、教化功能都是年鉴的派生功能。年鉴为现时的读者所使用，发挥的是现时服务功能，为将来的读者所利用，发挥的是存史功能。有的论者认为为现时服务是主要功能或核心功能，资政、存史、教化是附属功能或外延功能，其实，资政、教化既可以是现时的资政、教化，也可以是后人利用年鉴资料进行资政、教化，区分只是年鉴汇集和提供权威、系统年度信息资料这一原生功能何时发挥作用的问题。将为现时服务定为主要功能或核心功能，将资政、存史、教化定为附属功能或外延功能并不妥当，且“为现时服务”这一提法还过于笼统宽泛。而“整合上一年度的区域公共信息”，只是地方综合年鉴的功能，对外延更广的“年鉴”来说，其功能应有更为贴切的表述。“反映年度情况、积累实用资料、提供相关信息”的功能，则是年鉴原生功能的具体表现。

三、年鉴的作用

功能和作用是两个既相互联系又相互区别的概念。功能是事物内部固有的效能，它是由事物内部要素结构所决定的，是一种内在于事物内部相对稳定独立的机制。而作用则不同，它是事物与外部环境发生关系时所产生的外部效应。一般来说，功能是作用产生的内部根据和前提基础，作用就是事物功能与客观需要相结合而产生的实际效能。结合以上对年鉴原生功能与派生功能的分析，我们甚至可以认为原生功能就是年鉴的功能，派生功能可划入年鉴作用的范畴。

与对年鉴功能的认识存在多种观点不同，年鉴界对年鉴作用的认识较为一致。《广西年鉴》副主编王斌早在1989年12月出版的专著《年鉴学浅说》中，就概括了年鉴5个方面的作用：为查找资料提供捷径，为制定政策和领导决策提供依据，为国内外经济交往提供信息，为上层建筑各领域提供信息，为后人积累资料⑭。在2000年5月出版的《实用年鉴学》一书中，肖东发、邵荣霞将年鉴的作用做了扩展，总结了年鉴7个方面的价值与作用：年鉴具有导向价值，可发挥决策参考和战略指南作用；年鉴具有媒介价值，可发挥横向联系和窗口的作用；年鉴具有学术价值，可发挥教育培训和科研参考作用；年鉴具有实用价值，可发挥生活顾问和社会服务作用；年鉴具有历史价值，可发挥传播文化和积累史料作用；年鉴具有情报价值，可发挥战术指导和技术顾问作用；年鉴具有鉴戒价值，可发挥惩前毖后和防微杜渐作用⑮。对年鉴作用最为简明扼要的概括，则是许家康提出的四大作用⑯。

窗口作用。年鉴是国家、地方、部门、行业和企事业单位对外宣传、与外界沟通的一个窗口。透过这个窗口，外界读者可以大致了解相关国家、地方、部门、行业或企事业单位的发展历史和现状，可以大体掌握年鉴对应领域的基本情况和基本资料。

传播作用。年鉴有传播信息的作用。年鉴一般都具有报道性，选题选材追求一年之新，及时报道年度内的新情况、新事物、新发展、新知识、新成果、新观点、新动态、新趋势和新问题，凡年度内的大事要闻都收入其中。年鉴和其他现代传媒相比，其传播功能除了在及时性和信息量方面稍为逊色外，其他方面诸如权威性、可靠性、检索性等则更胜一筹。

参考作用。年鉴是资料性工具书，它有极大的参考价值。收入年鉴的资料一般都经过严格筛选、精深加工和反复审核，可以直接用作参考或依据。

指南作用。年鉴一般都载有许多便览性、指南性资料，具有重要的指南作用。

2015 年 12 月，中共中央政治局常委、国务院总理李克强在对全国地方志系统先进模范座谈会作出的重要批示中，对地方志（包括年鉴）的作用做了最新的官方表述："方志流传绵延千载，贵在史识，重在致用。……直笔著信史，彰善引风气，为当代提供资政辅治之参考，为后世留下堪存堪鉴之记述。"

四、努力增强年鉴的功能作用

年鉴具有独特的功能作用，是年鉴存在的基础和价值所在。增强年鉴的功能作用，是年鉴事业的安身立命之本。年鉴功能作用决定年鉴要记什么，决定年鉴怎么记。年鉴内容结构的安排必须服从年鉴功能作用的需要。年鉴的功能既然是汇集和提供权威、系统的年度信息资料，并发挥着窗口作用、传播作用、参考作用和指南作用，那么，年鉴的框架结构、选题选材、内容记述、条目编写等都应该突出强化年鉴的功能作用。针对目前年鉴编纂实践中存在的突出问题，要发挥好年鉴的功能作用，应该从以下几个方面进行努力。

（一）内容记述全面得当

首先，内容记述要全面广泛。中国地方志指导小组《地方综合年鉴编纂出版规定（试行）》第七条明确：年鉴框架应涵盖年度内本行政区域的基本情况；第十三条明确：年鉴主要辑录反映本行政区域自然、政治、经济、文化、社会等方面的基本情况，以及与本行政区域密切相关的资料。据此，地方综合年鉴所记述的内容，既要有政治、经济、文化等方面的资料，也要有与人民生活息息相关的衣食住行等方面的信息；既要反映宏观决策，也要反映微观运作；既要为"官"服务，又要为"民"所用。目前，地方综合年鉴在全面性方面存在的突出问题是，内容记述存在缺门情况，尤其是非官方举办的事业很难得到反映[17]。在相当多的地方综合性年鉴中，民间组织、民办非企业单位、民营经济、民间融资、民间帮扶、志愿服务、民间艺术、传统体育等，基本上没有系统记述，有的年鉴甚至连一个事例、一个统计数字也没有。改革开放以来兴起的许多新行业、新业态，如租赁业、商务会展、社区服务、家政服务业、养老服务、健身美容、电子商务、网店、快递、快餐、农家乐、娱乐业、社会调查业、社会服务业等，多数地方年鉴没有完整资料，甚至没有任何记述。年鉴汇集信息资料的全面性、广泛性大打折扣，影响了汇集年度信息资料功能的发挥。针对这一问题，年鉴组稿要从资料的全面广泛要求出发，扩大信息资料来源渠道，突破官方单一供稿模式，在原有官方供稿模式的基础上，通过行业协会、学会、专家学者等供稿，甚至可以由年鉴编辑人员去收集信息、自撰稿件。如《深圳年鉴》通过网络进行信息资料的搜集和整理。2009 年卷从相关官网搜集资料 186 篇、18.96 万字，约占总字数的 13%，图片 30 余幅；2011 年卷从相关官网搜集资料 208 篇，21 万字，约占总字数的 13.5%，图片 60 余幅[18]。主动搜集网络资源成为传统组稿方式的一个有效补充。

其次，内容记述分量要切合实际。地方综合年鉴反映相应地域经济社会发展情况，各部类内容的比例要符合实际，充分、恰当地反映地情。不能平均用力，不分主次、轻重，更不能因为组稿原因，记述篇幅出现与实际相反的反转现象。如部分类目内容畸轻畸重。政治类栏目篇幅过大，社会及社会事业类栏目篇幅过小。许多地方综合年鉴政治类栏目篇幅有一二十万字，而社会及社会事业类栏目的总篇幅只有四五万字，其中社会部类的篇幅不到 1 万字[19]。有的年鉴“经济”类目“经济管理”部门的篇幅偏多，反映各行业发展变化的分目篇幅偏少。即使是反映行业的发展变化，也与实际有较大差距。一部地级市综合年鉴“工业”类目篇幅字数约6 000字，“商业”类目 1.54 万字，“农业”类目 1.56 万字，“旅游业·餐饮业”类目 1.68 万字。而该市当年第一产业增加值 19.19 亿元，第二产业增加值2 351.78亿元，第三产业增加值2 639.17亿元，三类产业比例为 0.4∶46.9∶52.7。在第二产业中，规模以上工业增加值1 733.12亿元。工业在经济结构中占有重要地位。与实际相对照，年鉴中“工业”类目的篇幅过于单薄。一部城区年鉴，“工业”

分目“概况”条目仅480字，而“驻区工业企业选介”分目收录的4家企业，字数少的1 000字，多的2 500字，记述全区工业情况的字数明显偏少。因此，年鉴编纂工作要加强对地情的研究，加大组稿力度，努力做到内容记述分量合理得当，提高信息资料价值，避免随意性。

（二）全书资料系统互联

年鉴不是单位工作总结的汇编，也不是各方面材料的简单堆砌，而是按照统一的体例规范编纂而成的工具书。一部地方综合年鉴是一个信息资料的整体。篇目与篇目之间，篇目内各分目之间有机联系，相互均衡、统一协调。作为逐年编纂的出版物，年鉴内容资料还具有连续可比性。全面、系统的信息资料，纵可比，横可鉴，比之单项的、零打碎敲的零星信息有着更大的价值。

在实际编纂工作中，一方面要统筹运用好不同体裁的资料，采取形式多样的记述方式吸引读者。事件、活动、工程、会议等用条目反映，会议的重要文献如政府工作报告等用一次文献收录，活动现场、工程项目的直观画面用图片反映，经济社会活动中的实用性指南性资料则采用表格等在附录中收载。做到各种形式的资料互相联系，各得其所，发挥出整体的最大效益。

另一方面，要用心构建和呈现记述内容的互联关系，形成年鉴资料的立体信息网络。如政治类目记述某项重大决策的制订出台，在经济、文化、社会等类目从不同领域反映政策实施的情况和效果；必要时将有关法规文件原文收录在“法规·文献”类目。善于采用“参见”将不同分目、条目的内容联系起来，如将表彰劳动模范的记事条目与“人物”类目收录的劳模建立“参见”关系，将“概览”类目中反映民族、宗教情况的条目与“民族事务”“宗教事务”分目的相关内容设立“参见”，将图片专辑的图文资料与正文的记述建立关联等。改变不同栏目、不同位置条目相关信息资料彼此分隔、各自为政的情况。此外，还可以通过设立“资料链接”的方式，反映与条目内容相关的知识性、延展性信息，增强年鉴的信息服务功能。

（三）基础信息丰富可比

根据中国版协年鉴工委会主任许家康的论述，基础信息是年鉴的记述重点之一。所谓“基础信息”，是读者了解年鉴对应范围基本情况必须掌握的重要资料，是读者进一步调查研究的基础和重要参照[20]。基础信息是认识事物的基础，对基础信息的全面、连续记载是年鉴资料性的重要体现，也是年鉴与新闻、网络媒体相比的优势所在。同时，忽视基础信息的提供将使年鉴记载的内容在很大程度上成为工作总结而缺乏应有的资料查检价值。目前存在的问题主要有：基础信息缺失，反映基础信息的指标记述存在随意性，不注意基础信息的稳定连续反映，影响纵向和横向的对比。

要增强年鉴的功能作用，应努力实现基础信息的丰富可比。一是建立基础信息的指标体系并保持稳定，构建年鉴的基本情况信息数据库。针对不同的反映对象，如人民团体、工业行业、所属行政区等，确定概况条目的内容要素规范，明确反映基础信息的核心指标，设计出写作模板，实行范式化写作，以实现信息的充分记述和相互间的统一规范。二是保持数据的连续性。特别是有关全局的数据、整体的数据、宏观的数据，一定要连续收录，逐年可比，反映事物发展变化的轨迹，实现年鉴系列数据的增值。

（四）有效信息高度密集

年鉴以汇集和提供权威、系统的年度信息资料为原生功能，理所当然要求有效信息的高度密集。所谓有效信息，就是具有社会历史价值，对读者有用的信息，读者有可能用得着的信息资料。根本无人问津的信息便是无效信息。在影响年鉴条目有效信息含量的诸多因素中，稳定性条目偏多、动态性条目偏少，综合事类性条目偏多、典型事件性条目偏少，以及年鉴条目的工作总结式写法等是较为普遍的问题。动态性条目偏少、典型事件性条目偏少，影响了条目选题的新颖性和信息资料的可用性。工作总结式写法侧重记工作过程、工作举措和工作成绩，经常少写或不写工作对象的情况。反映部门事务性工作（会议、检查、竞赛、宣传等活动）较多，而反映行（事）业发展及下属部门情况少。如“医疗卫生”反映卫生局工作多，反映卫生防疫、妇幼保健、医药科研项目和医院等内容少；“教育”反映教育部门工作多，反映学校情况少。记载政府部门开展的某项检查，多是制定了行动方案、印发了文件、召开了动员大会、出动了多少车辆、投入了多少人力、检查了多少地区等工作举措和工作成绩的记载，而读者最关心的检查中发现的存在问题、处理结果等往往没有记载，条目的资料价值和实用性大打折扣。

年鉴编纂要用适中的篇幅，收录、记载尽可能多的有效信息。一是多设年度动态性条目。如果条目选题多年不变，文字表述基本相同，只是换了新的数字而已，信息量就会大大减少。条目应突出事物年度发展变化，注重新颖性、典型性和特色性。要选录本地域内一年有影响的重大事件、重大活动以及各行各业、各领域有重大意义的新进展、新成果、新信息等内容设置条目。一般性的行业工作会议、日常工作及没有影响的事件则不宜设条目。二是灵活运用图表。将条目中部分系列性、对比性较强，且又比较集中的指标数据改用表格形式反映，可以大大节省篇幅，加大有效信息密度。三是采用条目体的写法。改变工作总结式写法，按照条目主题要求，尽可能提供关于主题的完整信息资料，不能以工作举措代替对工作对象自身信息资料的记述。

（五）问题和困难客观反映

目前，年鉴编纂对经济社会发展存在问题和困难的反映偏少或是甚至没有反映，影响了年鉴内容的全面客观性和年鉴的“镜鉴”作用。年鉴编纂要坚持辩证唯物主义和历史唯物主义的认识方法，直笔著信史，对客观事物进行全面、公正的反映。实事求是，一分为二，既反映成绩，也反映问题，既报喜，也报忧，真实反映事物的全貌，真正成为社会发展的一面镜子。不然，一本年鉴，一点问题也不反映，就会使人感到这本年鉴不真实，失去使用和保存价值。要加大对存在问题和困难的反映力度。一是在概况条目反映存在问题。各部门、各领域、各行业的概况条目，都应有反映存在问题和困难的内容。二是单设记事条目反映问题。三是通过资料链接反映社会热点事件。社会热点事件往往具有标志性、典型性，具有认知标本价值和研究价值。对社会热点事件的记载，会大大提高年鉴对现实社会的反映能力，增强年鉴的信息价值。

参考资料：

①⑤阳晓儒：《论年鉴的功能》，《中国地方志学会年鉴工作专业委员会第二届学术研讨会论文集》，社会科学文献出版社，2012。

②彭峰：《浅谈年鉴功能和政府职能的关系》，《年鉴信息与研究》1996 年第 2 期。

③史改玲：《浅谈年鉴的资政功能》，《年鉴信息与研究》1999 年第 4 期。

④孙关龙：《方志不能年鉴化　年鉴不能方志化》，《年鉴论坛（第二辑）》，中国农业出版社，2011。

⑥崔义萍：《论年鉴的存史功能》，《年鉴论坛（第一辑）》，中国林业出版社，2010。

⑦ ⑯许家康：《年鉴的功能作用和编写特点》，《许家康集》，2011。

⑧ ⑮肖东发，邵荣霞：《实用年鉴学》，中央文献出版社，2000。

⑨金明德：《论年鉴功能、体例和内容结构的改革》，《中国地方志》2006 年第 2 期。

⑩黄铭：《谈地方综合年鉴服务功能的扩展》，《中国地方志学会年鉴工作专业委员会第二届学术研讨会论文集》，社会科学文献出版社，2012。

⑪李登科：《再议地方综合年鉴的功能定位》，《年鉴论坛（第六辑）》，长城出版社，2015。

⑫《中国大百科全书》总编委会：《中国大百科全书》第 2 版，中国大百科全书出版社，2009。

⑬张子忠：《年鉴创新、年鉴属性及其功能作用与自主知识产权刍议——以地方综合年鉴为例》，《年鉴论坛（第一辑）》，中国林业出版社，2010。

⑭王斌：《年鉴学浅说》，广西人民出版社，1989。

⑰许家康：《论年鉴编纂出版转型》，《年鉴通讯》2015 年第 3 期。

⑱刘耀：《准确把握年鉴创新与规范的关系》，《年鉴论坛（第四辑）》，长城出版社，2013。

⑲许家康：《论年鉴的记述重点》，《年鉴论坛（第四辑）》，长城出版社，2013。

互联网与年鉴

网络年鉴发展路径研究

阳晓儒

内容提要：本文通过对国内纸媒年鉴在互联网的冲击下，生存所面临的挑战，探讨纸媒年鉴与互联网的融合发展而出现的网络年鉴特征及其发展路径。文章认为，网络年鉴和纸媒年鉴互有优势，并将长期并存。纸媒年鉴将逐步向高端化、精品化发展，而网络年鉴将向平民化、大众化发展。纸媒年鉴与互联网融合而产生的网络年鉴将利用其纸媒年鉴所形成的独特优势而使网络年鉴在网络媒体中占据其应有的地位。

关键词：年鉴；网络；发展路径

改革开放以来，中国的年鉴事业经过 30 多年的繁荣发展，已经取得辉煌的成绩，从 20 世纪 80 年代初期的几种，发展到如今的四五千种。特别是中国地方综合年鉴划归到地方志部门管理以后，中国地方志指导小组办公室推行地方综合年鉴省、市、县（区）全覆盖，年鉴的数量更是迅猛增加。但是，随着互联网社会化普及程度的不断提高，年鉴在数量增加的同时，年鉴的读者并没有获得相应数量的增长。也就是说，年鉴数量的增加与年鉴受众的增长不成正比，相反，还有逐步下降的态势。究其原因有 3 个：一是互联网的日益普及，冲击了年鉴等传统纸媒的受众市场；二是纸媒年鉴内容的实用性不强，影响了广大受众对纸媒年鉴的青睐；三是纸媒年鉴等传统媒体单向传播的特性制约了受众意见的表达。为适应互联网崛起对纸媒年鉴等传统媒体的冲击，增强年鉴受众的互动性，中国版协年鉴工委会积极推动网络年鉴的试点工作，在全国年鉴编纂出版单位中选取《中国交通年鉴》《深圳年鉴》《苏州年鉴》《成都年鉴》《四川交通年鉴》《北京教育年鉴》《南海年鉴》7家年鉴编纂单位开展网络年鉴编纂试点工作，以期通过不同级别、不同类型的年鉴编纂单位试点，以点带面，推动全国网络年鉴事业的发展。

一、互联网对纸媒年鉴等传统媒体的影响

随着互联网的日益普及，普通民众已经不仅仅满足于从报刊、广播、电视等传统媒体上获取信息。智能手机的出现，手机也从单一的通信工具变为可以上网阅读、接收微信、查看QQ、定制新闻的真正媒体；互联网推出网络电视、网络广播、博客、播客、电子杂志等各种新的功能作为传播手段。这些“新花样”无疑为各个层次受众提供了更多方便获取信息的途径。相比之下，报刊等传统媒体则显得无动于衷或行动迟缓，其结果只能是越来越被动甚至无可奈何疲于应付。而广大民众的普遍心理是求新求异的，尤其是为数众多的青年群体，对信息的需求量极大，喜爱新生事物，关注变化动态。他们将兴趣、视线、时间更多地转向网络媒体。2016年1月22日，中国互联网络信息中心（CNNIC）发布第37次《中国互联网络发展状况统计报告》，截至2015年12月，中国网民规模达6.88亿户，互联网普及率达到50.3%，半数中国人已接入互联网。同时，移动互联网塑造了全新的社会生活形态，“互联网+”行动计划不断助力企业发展，互联网对于整体社会的影响已进入到新的阶段。网民的上网设备正在向手机端集中，手机成为拉动网民规模增长的主要因素。截至2015年12月，中国手机网民规模达6.20亿户，有90.1%的网民通过手机上网。只使用手机上网的网民达到1.27亿人，占整体网民规模的18.5%。随着政府和企业大力开展“智慧城市”与“无线城市”建设，公共区域无线网络迅速普及。手机、平板电脑、智能电视带动家庭无线网络使用，网民通过Wi-Fi无线网络接入互联网的比例高达91.8%，Wi-Fi无线网络已成为网民在固定场所下接入互联网的首选方式。在全民触网的时

代，如果年鉴等纸媒还固守原有的模式，抱残守缺，年鉴将失去其应有的生命力，像许多已经消失或将要消失的报刊一样，被互联网的洪流所淘汰。面对这一日益严峻的形势，中国版协年鉴工委会适应互联网的发展，果断推出网络年鉴试点工作，力争让纸媒年鉴借助“互联网＋”的东风，再次扬帆起航，走向新的辉煌。

二、国内年鉴网络化的发展现状

国内年鉴界接触互联网始于20世纪八九十年代，当时的年鉴编纂单位主要是把年鉴资料交给电信部门通过互联网进行传播。例如，1996年，《广州年鉴》就通过电信公众网飞捷网进入国际互联网；1999年，《广州年鉴》开始制作光盘版，并随书发行；2000年，《广州年鉴》正式作为广州市政府信息网的重要上网内容。20世纪90年代后期，国内许多年鉴编纂单位开始制作年鉴光盘，并随书赠送；部分年鉴编纂单位开始建立网站或在其主管单位的网站设立专栏，将每年编纂出版的年鉴资料通过部门网站向国内外发布；还有的年鉴编纂单位通过中国知网将其内容进行整合成中国年鉴资源数据库，向国内外科研机构及公共图书馆销售。归纳起来，当前国内年鉴编纂单位年鉴内容网络化有以下3种情况。

（一）年鉴内容光盘化网络化

随着办公电脑的普及和互联网的发展，国内许多年鉴编纂单位在出版纸质版年鉴的同时，将其年鉴内容进行数据处理，制作年鉴电子光盘随书赠送，并将光盘数据通过网站在互联网上发布，为读者阅读、使用年鉴资料提供便利。如《广州年鉴》1999年卷开始制作多媒体全文检索光盘，并随书同步发行；2002年，在《广州年鉴》出版20卷之际，又将20卷的年鉴资料进行数字化，制作《广州年鉴》20卷的全文检索光盘，并将20年的年鉴内容在“中国·广州”网的“广州年鉴”栏目发布，方便读者及网民查阅使用。国内大部分省级年鉴、城市年鉴和部分区县年鉴均是如此。

（二）年鉴网站或网站专栏

为促进年鉴与互联网的融合，利用互联网传播面广、影响力大的优势，国内部分年鉴编纂单位从 21 世纪初，开始尝试自己建立网站，旨在及时发布年鉴编纂出版动态和将出版的年鉴内容放在互联网上，提高年鉴资料的社会价值，扩大年鉴的覆盖面，并加强与作者及读者的沟通交流。如广东年鉴社（http：//www.gdnj.gd.gov.cn）、《佛山年鉴》编辑部（http：//www.fsnj.net）在 2005 年均设立有自己的网站。广东年鉴社的网站设有“最新消息”“年鉴摘选”“年鉴研究”“组稿情况”“年鉴通讯”“内务资讯”等栏目；佛山年鉴网设有“新的一页”“专题荟萃”“《佛山年鉴》检索”“关于我们”“信息发布”“读者意见”等栏目；广州年鉴社则在广州市委宣传部网站（中国・广州）开设“广州年鉴”专栏（http：//www.guangzhou.gov.cn/node _ 450），内设“编纂动态”“学习交流”“新稿选录”“年鉴研究”“年鉴概况”“年鉴内容浏览”“网上传稿”“网上订阅”等栏目。这些网站或网站专栏的设立，虽然对宣传、推介年鉴编纂工作有一定的帮助，也方便读者查阅使用年鉴资料，但是，经过 10 多年的实践，年鉴网站或网站专栏对扩大年鉴的社会影响力，增强年鉴与读者的互动性方面并没有取得实质性的进展，也没有从根本上改变年鉴的编纂出版模式。

（三）网络版年鉴

随着互联网和普通民众的生活日益融合，个别新闻网站尝试推出网络版年鉴，以期增强网站与网民间的互动交流。2002 年，博鳌论坛主办单位创办《博鳌年鉴》。该年鉴以时为序，记录博鳌论坛 2002 年创办以来的年度大事与论坛主题，博鳌论坛是在海南举办的有影响力的国际论坛，从 2002 年创办以来，每年都定期举行。2002 年的主题是新世纪、新挑战、新亚洲，第一届理事会成立。2003 年的主题是亚洲寻求共赢：合作促进发展，此次论坛由会议组织转型为智囊机构，年会因“非典”延期举行。2005 年的主题是亚洲寻求共赢：亚洲的新角色，此次论坛发布首份《亚洲经济一体化报告》。2006 年的主题是亚洲寻求共赢：亚洲的新机会，首次举行青年领袖圆桌会议。2008 年的主题是绿色亚洲：在变革中实现共赢。2009 年的主题是经济危机与亚洲：挑战与展望。2010 年的主题是绿色复苏：亚洲可持续发展的现实选择，首次发布《新兴经济体发展年度报告》，并召开跨国公司中国 CEO 圆桌会议。2014 年的主题则是亚洲新未来：寻求和释放新的发展动力。从本质上说，该年鉴还不是真正意义上的年鉴，而只能说是大事纪要。2007 年，腾讯控股有限公司在腾讯网新闻频道推出《腾讯新闻 2007 网络年鉴》(http://news.qq.com/zt/2007/Eyearbook/index.html)。这是国内迄今为止唯一的以“网络年鉴”命名的网站年鉴。该网络年鉴设有“网民日记”“今评媒”“万言堂”“我当主编”“年度面孔”5 个栏目，5 个栏目的共同特点是：互动性较强。“网民日记”让网民记录 1 年来属于自己的片断，在页面上设有“马上写年鉴”一键，网民可自由撰写并提交；“今评媒”是让网民对一年来的“腾讯新闻”进行评论解读，也就是请网民当评论家；“万言堂”是热点新闻加网民评论；“我当主编”是让网民来主导年鉴的编纂；“年度面孔”是介绍年度新闻当事人。总之，《腾讯 2007 网络年鉴》的特点就是利用网络的优势和技术手段，以互动性为原则，与广大网民一起共同编纂年鉴。2014 年，深圳华强电子交易网络有限公司旗下网站(华强电子网)推出《华强电子网 12 周年品牌年鉴》(http://www.hqew.com/topic/10years/yearbook.html)，该年鉴设“12 周年品牌荣誉”“品牌服务优势”“品牌战略优势”“媒体资源和品牌资源”“企业文化”5 个部分，与《腾讯新闻 2007 网络年鉴》相比，它没有互动性，更像是规范的年鉴，只不过是以网页的形式出现。有目录，有专题内容，有图片，有各种示意图和表格，形式多样，图文并茂，与纸质版年鉴相比更具可读性观赏性。总的来说，这 3 部网络版年鉴还不是真正意义上的网络年鉴，只是他们与传统意义上的纸媒年鉴唯一的不同是，3 部网络版年鉴均未出版纸质版。《博鳌年鉴》本质上来说还不是大家公认的年鉴，而是大事记要；《华强电子网 12 周年品牌年鉴》可以说是纸质版年鉴的网络版；《腾讯 2007 网络年鉴》互动性强，具有网络年鉴的属性，但是只出版 1 期就停刊了。由此可见，迄今为止，国内还没有真正意义上的网络年鉴。

三、网络年鉴与纸媒年鉴的关系

网络年鉴是纸媒年鉴与互联网技术的深度融合，并充分利用互联网的多媒体特性和互动性，将年鉴内容通过文字、图像、动画、视频、音频、链接等多种形式展现出来，让读者根据自己的需要随意选择适合自己需要或喜欢的内容来阅读和观看，同时实现年鉴编纂者与读者之间的双向互动交流。编者、作者和读者之间可以在阅读与观看的同时实现互动交流，发表各自的观点、看法，真正实现年鉴走入寻常百姓家的目标。

网络年鉴虽然具有传播广、受众多、信息量大、检索方便、互动性强等诸多优势，但纸媒年鉴同样具有专业化的编纂队伍、长期形成的品牌影响力、广阔的信息渠道以及丰富的经验等优势，这是网络年鉴在短期内难以超越的。信息时代的网络信息如此巨量，使得读者宝贵的时间逐渐浪费在各种来源不明、良莠不齐的信息当中。面对信息过量，我们不得不谨慎地区分哪些是我们关注的，哪些是无聊的噱头，哪些又是不利于身心健康的。假如有一个权威的信息处理媒介，它具备敏锐的判断力，道德的约束力和高尚的品位，我们的焦虑可能在一定程度上得到缓解。其实传统纸媒年鉴一直对自己在信息量、检索力、互动性等方面的弱势耿耿于怀，但是人无完人，也不可能存在什么具有绝对优势的媒介，发扬自己的优势比弥补自己的弱势要容易而有效得多。

在信息时代传统纸媒年鉴的优势就在于此：它可以在一定程度上保证信息资料的真实性、客观性，能够正确地引导舆论。特别是对于政府新闻等严肃性新闻，传统纸媒年鉴更是处于垄断地位。传统纸媒年鉴肩负着意识形态使命，具有很强的政治性。它既是文化建设的重要内容，又是政治文明建设的重要手段。

信息时代的难题不是技术，而是内容。在各种新旧媒体激烈争夺的生态环境中，要博得一方生存空间，纸媒年鉴等传统媒体必须扬长避短。当网络年鉴等网络媒体擅长于及时滚动报道时，纸媒年鉴等传统媒体应深入到问题本质，进行追踪报道；当网络年鉴等网络媒体抓住与受众平等双向沟通时，纸媒年鉴等传统媒体就要承担起官方渠道的权威传声筒；当网络年鉴等网络媒体以海量信息以及方便检索吸引受众时，纸媒年鉴等传统媒体就要精简信息，浓缩就是精华；当网络年鉴等网络媒体呈现各方观点，将新闻立体化呈现时，纸媒年鉴等传统媒体就要努力开掘信息的深度，深挖新闻背后的信息资料，帮助读者从深度和广度上把握社会脉搏。

由此可见，网络年鉴和纸媒年鉴并不是完全对立的关系。两者之间是相辅相成，互为补充的关系。网络年鉴利用互联网的技术优势，服务广大民众，纸媒年鉴作为政府出版物，具有信息资料真实、客观的优势，具有资政、存史的作用。在未来的发展趋势上，纸媒年鉴将逐步向高端化、精品化发展，而网络年鉴将向平民化、大众化发展。

四、网络年鉴编纂方式的转变

由于网络年鉴的载体不同于传统纸媒年鉴，因此其框架结构和编纂方式也会随之发生变化。其一，传统的纸媒年鉴以文字、图表作为其主要表现形式，通过纸张印刷出版发行；而网络年鉴通过网站、微信公众号、手机客户端等形式发布，因此网络年鉴将会充分利用音频、视频、文字、图表等多种形式立体展现年度信息资料。例如大事记可以变成大事纪录片，也可以通过一件大事延伸到历史上同一类事件或同一天发生的事件，变成“历史上的今天”“历史档案”等深度信息资料。其二，纸媒年鉴百科部分的条目在网络年鉴中将会变成综述文章，而不再是纸媒年鉴的条目体。因为，年鉴的记述重点是基础信息＋大事要闻。在纸媒年鉴中，大事记只是提供线索性资料，事件的具体内容展开则在百科部分以年度动态条目的形式表现，以体现年鉴内容的常编常新；而网络年鉴由于每件大事都通过音频、视频、文字、图表，以及延伸报道和深度报道的形式进行表现，这样，如果再在百科部分采用条目体记述行业或部门大事就会显得重复，也缺乏时效性。因此，网络年鉴百科部分的内容将会变成专题文章，通过专题文章综述一年来各行各业（各个学科）的年度进展情况。通过年终特稿的形式发布年度各行各业的最新成就。同时，为增强网络年鉴的时效性，也可以发布月度、季度行业发展变化情况的文章。

五、网络年鉴的发展路径选择

网络年鉴作为年鉴编纂一个新的发展方向，国内年鉴编纂单位正在进行探索和试点，如何利用纸媒年鉴自身的优势，并结合互联网的技术特点，扩大年鉴的覆盖面，增强年鉴的影响力，这是国内年鉴界共同面对的难题。通过对国内外纸媒与互联网融合发展的历程，以及国内手机网民占九成的实际情况来看，未来纸媒年鉴与互联网技术结合而出现的网络年鉴的发展路径在载体形式上有以下几种。

（一）建立手机版年鉴网站

随着网络环境的逐步完善和手机上网的迅速普及，使得移动互联网应用的需求不断被激发。纸媒年鉴只有紧跟网络技术的发展趋势，才能满足广大受众对信息需求的渴望。原来建有 PC 网站的年鉴编纂单位将会根据网民上网习惯的改变而推出手机版年鉴网站，适应移动互联网的需求，方便手机网民使用年鉴，拉近年鉴与网民等新兴年鉴受众的距离，更好地发挥年鉴服务现实的功能。如成都网路年鉴运用云计算、大数据、多媒体等新技术，以软硬件平台和数字化建设为基础，建成高效共享、升级互动的网络年鉴编纂技术服务平台，同时在年鉴编纂内容选择和安排、编辑加工和手法等方面创新，实现网络年鉴内容生产、管理过程、产品形态数字化、传播渠道网络化的时代要求，实现年鉴年度发布，为社会公众服务。

（二）设立年鉴微信公众平台

移动互联网的发展和手机微信的推出，通过智能手机接收微信已经成为广大手机用户的日常习惯。年鉴要扩大其社会效益，就要充分利用手机网民的这一特性，迎合读者的阅读习惯，适时推出年鉴微信公众平台，方便手机网民随时随地查阅和使用年鉴资料。2016 年 4 月 21 日，南海年鉴社正式推出南海网络年鉴——南海大观。南海大观（南海网络年鉴）微信公众平台设“区情纵览”“图读南海”“精彩回放”3个功能模块，“区情纵览”下设“《南海年鉴》资料库”“其他区情”2个子栏目，“图读南海”下设“时事直击”“历史搜沉”“城市丽影”“我有美图”4个子栏目，“精彩回放”下设“热点观察”“深读南海”“南海大事”3个子栏目。该平台定位为权威区情信息服务平台。立足于南海年鉴社拥有的丰富地情资料和图片资料，采取微信公众号＋微网站（手机版网站）的建设方式，通过开发南海区情资料，二次开发《南海年鉴》历史资料和其他地情资料，盘活20多年来积累的年鉴资源，以手机客户终端为移动平台发布官方权威地情信息，既方便广大用户阅读、检索、利用南海地情资料，又成为对外展示南海、了解南海的一个窗口。

（三）开发年鉴手机APP客户端

据中国互联网络信息中心（CNNIC）发布的第37次《中国互联网络发展状况统计报告》，截至2015年年底，国内利用手机上网的人群已经超过90%。手机成为人们上网的主要工具，年鉴要发挥其最大的社会效益，必须充分利用移动互联网技术，通过开发年鉴手机APP客户端，实现年鉴编者、作者和读者的互动交流，在发布权威信息的同时，根据读者的需要，挖掘更有深度和广度的信息资料，满足读者对相关信息资料的需求。现在国内许多企事业单位均开设自己的官方APP手机客户端，为广大市民提供方便。如广州地铁集团公司开发的“广州地铁”就设有“服务质量调研”“地铁金融城”“购票”“城轨采购网”“线路图”“站点信息”“我的收藏”“功能表”等栏目；广州市人力资源和社会保障局开发有“广州市公务员培训课堂”，设有“首页”“选课”“我的课程”“学分查询”“设置”“联系我们”等栏目，方便全市公务员随时随地进行培训学习。随着纸媒年鉴和移动互联网技术的不断融合发展，相信在不久的将来，会出现越来越多的年鉴手机APP客户端，方便广大网民查阅和使用年鉴，并通过与编纂者、作者和读者三者之间的互动，能使年鉴编纂单位根据广大读者的需求，为广大受众提供更多更权威的信息资料。

总之，网络年鉴作为国内年鉴界出现的新生事物，是互联网技术与传统纸媒年鉴融合发展的结果。网络年鉴在表现形式、框架结构等方面都会和传统纸媒年鉴存在较大的区别，网络年鉴由于利用了互联网的技术优势，因此，其传播面更广，受众更多，同时随着网络技术的不断发展，网络年鉴的发展路径会越来越广，其表现手段也会更加多种多样。

参考资料：

①莫金鸣，刘耀：《网络年鉴的发展研究》，《年鉴论坛（第六辑）》，长城出版社，2015。

②海黄梨：《“互联网＋”新常态下的城市年鉴转型和创新》，http：//www.szb.sz.gov.cn/szjyj/201512/t20151207_3382702.html

（作者单位：广州年鉴社）

"网络年鉴"与"年鉴网络化"

沈晓娟

内容提要："互联网＋"潮流催生"网络年鉴"热潮。本文认为，要编写"网络年鉴"，首先要理清"网络年鉴"与"年鉴网络化"概念区别。"网络年鉴"因为出版方式的变革，将会引发年鉴在采编方式、采编时效、表达方式、年鉴语言、编纂队伍、编读关系、传播方式、功能作用、生存模式、编纂规范等等方面发生全新的变革。

关键词：网络年鉴 ；年鉴网络化

信息化时代，年鉴界开始掀起"网络年鉴"的热潮。2015年9月15～18日，深圳市史志办主任黄玲在贵州省贵阳市举办的第二十五次全国城市年鉴研讨会上，作为中国版协年鉴工作委员会城市年鉴工作部主任在大会上做题为《"互联网＋"新常态下的城市年鉴转型和创新》的主题报告，掀起"网络年鉴"工作热议。随后，《深圳年鉴》等7部年鉴被确立为全国各省市各行业网络年鉴试点。可以说，这是版协年鉴掀起了编修网络年鉴的官方潮流。

作为新生事物，很多人将"网络年鉴"与"年鉴网络化"混为一谈。笔者以为，要编写"网络年鉴"，首先要理清"网络年鉴"与"年鉴网络化"概念区别。

"年鉴网络化"是指运用计算机技术将年鉴的文字、图片、表格等诸多信息转换成数据形式存储，并通过互联网与读者实现信息共享与交流的过程。简言之，就是将年鉴的出版形式由传统的纸质印刷品改变为新型的数字网络版。可以说，年鉴的网络版，已经通过很多方式局部实现了。比如"中国年鉴资源全文数据库"（http：//annual. apabi. com/apabi/qwsjk. html? cult＝CN），是由北京方正阿帕比技术有限公司与中国出版工作者协会年鉴工作委员会共同发起的年鉴全文数据库。据该网站公布的数据显示，截至2007年10月，已收录年鉴近600种，5 300多卷，其中包括各类统计年鉴206种，约2 500卷。这个统计数据已经非常陈旧了，到2016年应该增加了很多。中国知网的中国年鉴网络出版总库（http：//gb. oversea. cnki. net/Kns55/brief/result. aspx? dbPrefix = CYFD）号称是目前中国最大的连续更新的动态年鉴资源全文数据库。内容覆盖基本国情、地理历史、政治军事外交、法律、经济、科学技术、教育、文化体育事业、医疗卫生、社会生活、人物、统计资料、文件标准与法律法规等各个领域。截至笔者撰写本文时，该网站的数据统计显示已经收录年鉴共3 214种、26 779本、24 092 883篇。这是两个相对比较成熟、功能比较强大、收录年鉴比较丰富的年鉴数据库。

各级政府网站也有一些年鉴全文信息，譬如深圳政府在线网站的“走进深圳”专栏下，设有“深圳年鉴”栏目，不过内容还是2012年，即《深圳年鉴》2013年卷的内容，明显滞后，并且这一类年鉴信息资源通常不提供检索功能。

很多地情网站，也通常收录年鉴信息。如广东省情网（http：//guangdong. gd-info. gov. cn）的“省情数据库”下设有“新编年鉴”栏目，分别收录“广东年鉴”“市县年鉴”“镇村年鉴”与“其他年鉴”，其中“镇村年鉴”还是空目，没有任何内容，“其他年鉴”只收录了《广东省减灾防灾年鉴》的2002年卷至2014年卷，覆盖面狭窄。同时，体现全省情况的《广东年鉴》，只收录了1987年卷至2007年卷，更新非常滞后，检索功能也无法和正规数据库相提并论。

当然，这些可以从网络上找到的年鉴全文信息，我们都可以将它们称之为是“年鉴网络化”，是非常有价值的尝试和进步，从中可以看到年鉴人期待将传统的年鉴驶入网络信息快车道的努力。只是，笔者以为，“年鉴网络化”距离“网络年鉴”还有很远的路要走。

“年鉴网络化”说到底，仍旧是以传统年鉴思维编年鉴，只不过增加了一个数字化、网络化的步骤；而“网络年鉴”是从基础上，改变传统年鉴思维模式，以互联网思维来编纂年鉴。“年鉴网络化”还只是一种存储手段与传播媒介的改变，是年鉴在信息时代与新型载体结合的产物；而“网络年鉴”，却是年鉴在信息时代的全盘革新。

用一种形象的比喻来说，“年鉴网络化”，是在传统年鉴摇篮里孕育出来的孩子，在努力学习互联网技术；而“网络年鉴”从降生之初就是由“互联网妈妈”孕育、由“互联网乳汁”喂养的“网络新生代”。

所以笔者认为，“网络年鉴”应当带来年鉴界一场全新的变革，如“蝴蝶效应”般，因为出版方式的改变，而在采编方式、采编时效、表达方式、年鉴语言、编纂队伍、编读关系、传播方式、功能作用、生存模式、编纂规范等方面引发一系列的变革。

采编方式革新。网络年鉴首先势必实现无纸化办公，编辑全程运用电脑采编，运用互联网组稿，不再仅仅与固定的相关单位和部门的供稿人联系，而将更广泛地与新闻网站联姻。原有的封闭式的采编渠道完全被打破，编辑面对的将是互联网的海量信息。

采编时效革新。传统年鉴一年集中编纂一本，然后印刷出版的出版方式，将被内容逐步填充、信息随时更新的网络数据化更新方式取代，年鉴的时效性大大增强，信息发布周期大幅缩短。

表达方式革新。网络年鉴可以大胆探索新的表现形式，如独立网站、APP、微信公众号、年鉴微博等互联网手段，以及今后随时可能出现的新鲜的表达方式。

年鉴语言革新。既然编的是网络年鉴，面对的阅读主体是网民，那么其语言风格势必也应当做出相应的调整。沉闷古板打官腔的语言，是无法适应网民读者需求的。网络年鉴语言整体上的新鲜化和适度网络化将不可避免。同时，除文字、图片、表图、表格外，音乐、动画、视频等也将成为网络年鉴的语言手段。

编纂队伍革新。网络年鉴对编辑的专业要求将会更高，除了文字功夫，网络技术、图文处理、电脑应用等综合能力的要求势必水涨船高。互联网海量信息的爆炸式出现，也将对编辑的选材和整合能力带来极大考验。

编读关系革新。网络年鉴可以实现编读互动，网民参与度更高，可以根据自己的需求进行自我编排。网络年鉴的服务性和实用性因而大大增强，内容将能允许网民读者通过重新编排等方式实现个性化定制。这一倾向，在《腾讯新闻 2007 网络年鉴》“我当主编”栏目中已经初现端倪。

传播方式革新。网络年鉴的出版发行方式相比传统年鉴更及时、快速，并能通过多种衍生手段，与读者不再是单线的传播，而能实现传播量的几何级增长。譬如通过微信等渠道，每一个读者随手转发，又会成为一个新的传播者，并且在瞬间传播给了朋友圈的广大潜在读者。这对传统年鉴出版业完全是颠覆性的变革。

功能作用革新。实现了与读者互动后，传播方式的灵活，自然带动年鉴功能的发展。以《深圳年鉴》为例，作为城市综合年鉴，从原来为领导、科研机构等小范围读者提供决策、资政的信息功能外，将由广大读者根据各自不同需求，自行定制、生成不同功能，成为决策者的信息参考、出行者的交通指南、投资者的经济顾问等。

生存模式革新。作为官书的综合年鉴在成功转型为“网络年鉴”后，其自我造血能力将大幅提升。传统年鉴印刷成本高昂，动则大部头，无法分解。而网络年鉴完全没有这些限制，读者需要哪些内容，就择取相应的内容，灵活方便。读者不再需要为了 1 本年鉴中的少量资讯买下整本年鉴，而只需要付出少量花费便可以直接购买所需要的那部分信息。更多时候，网络的免费资讯，通过广告等周边方式盈利，不需要读者掏钱，却能实现网络年鉴与读者双赢。因而网络的便捷助推年鉴传播的同时也能助推年鉴的生存。这道理对于专业年鉴等其他年鉴也同样适用。

编纂规范革新。编纂规范革新虽然放在最后，却其实是最为重要的。它要求我们从指导思想上放大尺度，对新生事物给多点发展空间和发展自由度，给网络年鉴宽松的孕育和生长环境。创新就是摸着石头过河。任何规范总是滞后的，在新生事物产生之前先行设立的任何标准都将是一种束缚。针对网络年鉴，可以先大胆去试，再逐步规范。可能很多我们习以为常的标准和规范，都会在实践中逐步被改革。

其实，客观来说，我们目前对于网络年鉴能走向哪里、将会长成怎样，整体上都还是蒙昧的、混沌的，然而笔者以为能勇敢走出这创新的第一步，已经是了不起的进步。深圳从来都是一座先行先试的城市。《深圳年鉴》不惮于做“第一个吃螃蟹的人”。在这一探索过程中，无论是成功的还是失败的经验，都将是年鉴事业的伟大财富。当然目前，我们的“网络年鉴”步子还不能迈得太大，我们会一步步摸索前行，朝着更适应信息时代的方向走。而年鉴“飞入寻常百姓家”的伟大梦想，将因为“网络年鉴”的兴起而变得更真实可待！

参考资料：

①黄玲：《“互联网+”新常态下的城市年鉴转型和创新》，第二十五次全国城市年鉴研讨会主题报告。

②刘耀：《年鉴网络化编纂研究》，《年鉴论坛(第六辑)》，长城出版社，2015。

③傅万铭：《刍议年鉴的数字化、网络化及编纂出版创新》，《年鉴信息与研究》2007 年第 2 期。

（作者系深圳市史志办公室主任科员）

探索年鉴数字化、网络化的新路径

——《南海年鉴》微信平台创建的启示

沈　娜

内容提要： 本文分析了年鉴数字化、网络化的现状与不足，介绍了《南海年鉴》微信公众平台的建设背景、定位、栏目结构以及建设意义。作者认为，《南海年鉴》微信公众平台的创建，是年鉴在数字化、网络化建设方面的新探索，是年鉴走近读者的一个突破口。

关键词： 年鉴数字化；年鉴网络化；微信平台

顺应社会信息化发展趋势，利用现代信息技术和网络技术，实现年鉴的低成本、高效率传播，使年鉴真正编以致用，早已成为年鉴界的共识。经过10多年的发展，年鉴在数字化、网络化方面已迈出可喜的步伐，但存在的问题也不容忽视，年鉴数字化、网络化建设仍落后于数字时代信息传播的要求，仍不能满足读者的阅读需求。《南海年鉴》通过创建微信公众平台，探索出年鉴数字化、网络化的一条新路径。但随着信息技术和互联网技术日新月异的发展，年鉴数字化、网络化建设依然任重道远，还需要年鉴编纂者在今后的实践中不断探索，以与时俱进的精神不断创新，才能推动年鉴事业的持续繁荣发展。

一、年鉴数字化、网络化的现状与不足

20世纪90年代，年鉴界已经开始关注年鉴数字化、网络化的问题，但发展比较缓慢。2002年，李国新教授在《中国年鉴的创新之路——集团化、数字化、网络化》一文中指出了年鉴数

字化、网络化的宏观发展趋势。2005 年，中国版协年鉴研究会在成立 20 周年庆典的常务理事会上，做出关于加快年鉴数字化与网络化的决定。此后，不少年鉴纷纷迈开了数字化、网络化探索的步伐。

时至今日，全国年鉴的数字化、网络化建设取得了可喜的成果：一是建立了数字化工作平台。目前大多数年鉴已经建立起基于内部局域网的辅助编辑、管理办公系统，实现年鉴组稿、编辑、审稿、排版、文稿传输和管理等工作环节的数字化。二是推出了年鉴光盘版。20 世纪 90 年代起，部分年鉴开始开发光盘版年鉴，就是运用多媒体技术和检索技术将纸质版年鉴的内容存储在光盘上，实现了年鉴内容的数字化，它是纸质版年鉴向网络版年鉴的过渡。三是建立了年鉴网页或网站。部分地方年鉴通过在政府门户网站、主管部门网站设立网页或建立独立的网站，作为面向社会的窗口，进行信息展示、信息互动和编纂管理等。四是建立了年鉴资源全文数据库。目前，已建立的年鉴全文数据库包括北大方正的 Apabi 年鉴资源全文数据库、清华同方知网年鉴全文数据库，其中 Apabi 年鉴资源全文数据库收录了1 500余种、近万卷年鉴，知网年鉴全文数据库收录了3 392种、27 509卷年鉴，都可按行业学科、地域、专题等进行分类查看，还可按年鉴条目、年鉴插图、统计数据等进行检索。

年鉴作为一种信息产品，目前其数字化、网络化建设虽然取得了长足的进步，但仍落后于数字时代信息传播的要求，仍不能满足读者的阅读需求。年鉴还是乏人问津，读者稀少。首先，从内容上看，目前出版的光盘版、网络版年鉴或年鉴全文数据库，在内容上都只是历年纸质版年鉴的复制，没有实现编纂内容、出版方式上的根本性改变，在开发利用上严重滞后，难以满足普通大众对即时信息的需求。其次，从传播媒介上看，通过光盘阅读或网页阅读，仍需要借助于相对固定的阅读工具（如电脑、手持阅读器等），缺乏便捷性，而且传播形式总体上还是比较单一，与互联网时代信息传播渠道的多样化特征也不相适应。

二、年鉴数字化、网络化的新探索——创建《南海年鉴》微信公众平台

2015 年 10 月，中国版协年鉴工委决定启动网络年鉴（广义指一切可以通过互联网利用的年鉴；狭义指编纂和利用具有互动性的年鉴）试点建设，主要任务是探索网络年鉴的体例、框架、编纂方法和技术路线，总结出可复制、可推广的运作模式，并确定了第一批 7 个试点单位。这标志着年鉴数字化、网络化建设进入一个新的阶段。

《南海年鉴》是地州区（县）年鉴中唯一的一个试点单位。经过反复研讨，《南海年鉴》选择了以微信公众平台作为切入口开展网络年鉴的试点建设。该平台从 4 月中旬上线至 6 月底，不到 2 个月的时间，关注人数达2 000余人，推送内容 12 期，发布文章 56 篇、图片 430 张。笔者认为，《南海年鉴》微信平台是年鉴数字化、网络化的新尝试，其形式上、内容上的新特点，体现了网络年鉴体例、框架、编纂方法和技术路线等方面的创新性，是年鉴真正走近读者的一个突破口。

（一）建设背景：手机微信阅读的普及

随着智能手机的普及和移动互联网的发展，人们的阅读方式发生了深刻的改变。根据国内首份城市阅读指数报告显示，目前，手机阅读占 38.7%，电脑阅读占 17.2%，纸质阅读占 27.3%，手机阅读已成为第一阅读途径。2011 年，腾讯公司推出手机聊天软件微信，并于 2012 年正式上线微信公众平台。作为一款新的社交软件，微信以其信息发布的便捷性、良好的互动性等得到了用户的广泛认可，得以迅速普及。据腾讯公司公布的 2015 年业绩报告显示，至 2015 年第一季度末，微信每月活跃用户已达到 5.49 亿。微信的出现，不仅改变了人们沟通交往的方式，更深刻地影响了人们的阅读习惯。现在，手机微信阅读分享已经成为现代人日常生活必不可少的一部分。据 2015 年全国国民阅读调查报告，我国成年国民人均每天微信阅读时长为 14.11 分钟。其中，手机阅读接触群体人均

每天微信阅读时长为 27.22 分钟，微信阅读接触群体人均每天微信阅读时长为 40.98 分钟。

（二）建设定位：权威的区情信息服务平台

《南海年鉴》微信公众平台定位为权威的区情信息服务平台，立足于南海年鉴社拥有的丰富的地情资源和图片资料，通过共时开发南海区情资料，二次开发《南海年鉴》历史资料及其他地情资料，盘活 20 多年来积累的年鉴资料和丰富的南海地情信息，以手机客户终端为平台发布官方权威地情信息。

（三）栏目架构：3 大版块、9 个栏目

《南海年鉴》微信公众平台共设置“区情纵览”“图读南海”“精彩回放”3 大版块。

“区情纵览”旨在打造南海地情综合资料库，下设“《南海年鉴》资料库”“其他地情”2 个栏目。“《南海年鉴》资料库”栏目整合、升级 1994—2015 年共 22 本《南海年鉴》内容，实现网络化全文检索功能；“其他地情”栏目整合南海区方志、党史等更丰富的地情资源，为用户提供更全面的地情信息服务。

“图读南海”旨在打造展示南海图片平台。下设“时事直击”“历史搜沉”“城市丽影”“我有美图”4 个栏目。“时事直击”是展示区内重大政务活动、社会重大事件或活动的最新图片；“历史搜沉”是展示有较大历史价值的史料图片；“城市丽影”是展示特色景点、城乡风光、生态环保、基础设施等佳作图片；“我有美图”是常态化征集图片栏目，通过不定期组织、策划主题图片征集活动，鼓励读者投稿。

“精彩回放”旨在打造重要区情信息的深度阅读平台。下设“热点观察”“南海大事”“深读南海”3 个栏目。“热点观察”栏目是梳理最近时段内群众关心的社会热点、焦点事件，通过向有关部门约稿，整合各类信息资源，以专题化的形式，全面、完整地记述事件，重视权威性和完整性，不追求新闻性和时效性；“深读南海”栏目通过精选重点选题，对年鉴的各类信息资源及其他综合性地情资料进行二次开发；“南海大事”栏目是逐月发布南海区上一个月的经济社会大事要闻。

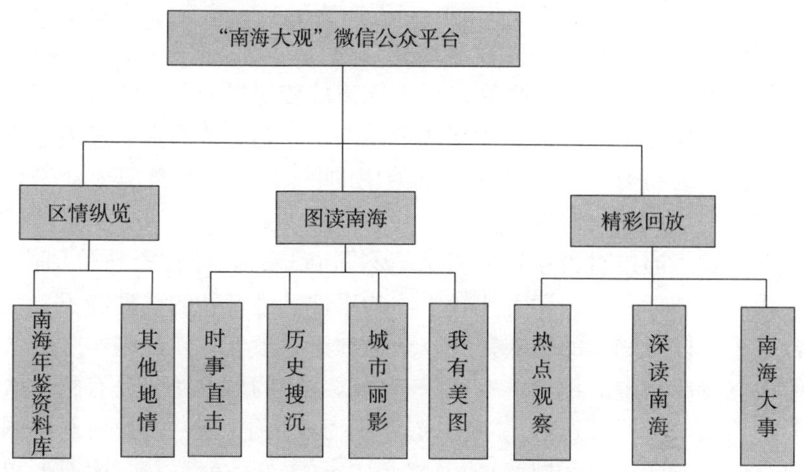

三、《南海年鉴》微信公众平台建设意义

1. 年鉴微信公众平台形式上的开放性、移动性、便捷性，扩大了年鉴的受众面，降低了用户利用年鉴信息资源的门槛。相对于电脑、手持阅览器等媒介而言，手机是用户随时都会携带在身上的工具，可随时随地提供信息和服务，信息和服务能够到达的时间更长。因此相对于近年来各地年鉴开发的光盘、网页、独立网站等形式，以手机为终端的年鉴微信公众平台进一步降低了读者利用年鉴信息资源的门槛，真正实现让读者随时随地阅读、检索、利用权威的地情资料。

此外，微信的传播方式消弭了信息传授的界限，用户可以同时作为接收者和传播者存在。用户一方面随时接收来自各方面的信息，另一方面又可以将这些信息进行再分享、再传播，使信息的传播呈现几何量级的增长，这无疑有效地拓宽了年鉴受众覆盖面和年鉴的利用率。

2. 年鉴微信公众平台在内容上的现实资料共时开发、历史资料二次开发，强化了年鉴信息资源扩展性、共享性的特点。经过多年的编纂，每种年鉴都积累了相当可观的信息资源，但一直都没能得到较好的开发利用。2015 年，中国地方志指导小组办公室召开全国地方综合年鉴资源开发利用研讨会议，会议指出：“一定要改变年鉴编出来就是束之高阁、无人问津的传统局面”，“唯有做好开发利用工作，年鉴的价值才能体现出来，年鉴事业的繁荣发展才能获得强劲的动力，才能达到编纂为用的目的。”年鉴微信公众平台在内容上不仅强化对现实资料的共时开发，更深化了对历史资料的二次开发。通过对历年年鉴有关资料进行梳理，抓住资料价值高、有代表性和标志性、读者比较关注的事件，进行新的整理加工、组合编排，以专题化的形式完整、全面地记述事件，使许多本来分散的信息变成集中的信息，本来只有局部效应的信息变成具有整体效应的信息。如所推送的《“十二五”南海发生了哪些变化》《新中国成立后南海区行政区域变迁》《党和国家领导人在南海》《南海七镇街的前世今生》等内容。这样一来，就使得本来束之高阁、尘封已久的年鉴内容资源得到了有效的开发利用。

3. 年鉴微信公众平台在信息发布上的一周一推送机制，倒逼年鉴组稿编纂方式的改革，大大提高了年鉴信息资源的时效性。从正式试运行以来，年鉴微信公众平台实现了 1 周推送 1 次信息。这种信息的推送密度，决定了年鉴的组稿不可能再依赖于传统的资料收集渠道，只能主动出击，积极去寻求年鉴的资料。目前，我们通过查阅报刊、政府及各部门门户网站，及时发现、梳理最近时段内群众关心的社会热点、焦点信息线索，并在重点部门设立专门的信息联络员，进行素材的收集与资料整合，及时发布实时信息，有效提高了年鉴信息的时效性。如“南海大事”栏目在每月初就可以发布上个月南海区的大事纪要，发布时间比纸质年鉴整整提前了一年多。

4. 年鉴微信公众平台具有的良好的交互性，对年鉴今后进一步面向社会、开门办鉴将起到积极的促进作用。传统年鉴封闭的编纂方式、单向的传播形式，往往让编纂者无从得知读者的真正想法和需求。年鉴微信公众平台在原有微信互动功能的基础上，对其管理功能进行了增强开发，预设读者留言、咨询答复、社会调查、投票统计、资料征集等功能模块，进一步强化了平台开发性和互动性，实现了编纂者与读者之间的良好对接。读者在接收信息的同时，可以发表自己的观点、看法，编纂者完全可以根据读者的实际需要设栏立目，甚至还可以根据读者需求，提供专题性、个性化的信息服务。同时，编纂者还可以通过平台发动社会力量供稿，发展网络编纂者，搭建起新的信息渠道，既可以解决编辑力量的问题，也可以弥补年鉴以往在某些领域上记述的空白。

参考资料：

①许家康：《论年鉴编纂出版转型——第二十五次全国城市年鉴研讨会主旨发言》，2015 年 9 月。

②黄玲：《“互联网＋”新常态下的城市年鉴转型和创新——第二十五次全国城市年鉴研讨会主题报告》，2015 年 9 月。

③李国新：《中国年鉴的创新之路——集团化、数字化、网络化》，《年鉴信息与研究》2002 年第 1 期。

④张路路：《手机微信阅读分享探究》，《新媒体研究》2015 年第 7 期。

（作者单位：南海年鉴社）

关于城市网络年鉴服务平台功能探索

谌　倩

内容提要：本文从数据加工、信息资源发布、信息安全性、信息共享与交换、标准规范等方面探讨了城市网络年鉴服务平台功能的建设。

关键词：网络年鉴；服务平台；分类规范

一、概述

国务院《地方志工作条例》的颁布施行，标志着地方综合年鉴事业的发展进入政府主导、依法编鉴的新时期。地方综合年鉴作为政府主办的公共文化产品，成为公共信息发布窗口，具有公共信息传播功能。近年来，中国进入新常态，李克强总理提出制定国家级"互联网＋"行动计划以推动经济和社会加速发展。一切领域都处在"互联网＋"的浪潮中，城市年鉴也不例外，理应与时俱进，融入时代潮流，走创新发展之路。

第二十五次全国城市年鉴研究会提出了新常态下城市年鉴的转型和创新，中国出版协会年鉴工作委员会研究确定7家单位作为首批创办"网络年鉴"的试点单位。要开展"网络年鉴"工作，就要搭建好网络平台。建设城市网络年鉴服务平台是一个创新课题，要得到政府的重视，部门在人力、财力、物力方面的支持，方能组织实施成功。下面就城市网络年鉴服务平台探索，做一个简单介绍。城市网络年鉴服务平台的建设，应依托软硬件系统环境以及安全保障体系，采用基于云架构的基础设施为系统应用提供所需要服务器、网络、存储、操作系统、数据库等软硬件支撑环境。通过开发网络年鉴服务平台，实现年鉴资料收集、整理、编纂、传输、注册、审核、发布、检索、交换、使用、存储、清理和资料档案管理的电子化、自动化，提升年鉴业务处理能力及管理水平；采用非结构化信息管理公共服务平台，实现各类文档、图片、音视频等的编辑、存储、检索及开发利用，使年鉴、地情资料的编辑整理工作网络化、流程化；实现年鉴资料的在线共享、为公众提供年鉴、地情文献以及相关资料的浏览、查询、分析、开发利用等服务，提升年鉴工作的形象宣传和服务能力。

二、网络年鉴服务平台功能探索

网络年鉴的框架设计应与“纸质年鉴”一致，先于“纸质年鉴”发布，网路年鉴资料更丰富多彩、生动形象，方便开发利用，互动性和时效性更强，但如何解决目前网络年鉴建设面临的 5 大问题有待探索。

第一，如何加速实现海量信息资源的电子化和元数据加工。目前日常处理的文档资料大部分都是非结构化的，针对每天大量增加的非结构化数据，如：公文、零散的文档（Word、Excel、PPT 等）、资料（文本、音频、视频等），缺乏有效的管理手段，大量堆积的非结构化数据无法有效的存储和检索利用。这些散落分布在政府门户网站、内部信息系统、OA 系统、个人硬盘、光盘等不同的地方，利用人工方式一条条拷贝和录入，然后逐条人工提取元数据显然不是一种有效的方法。城市网络年鉴服务平台应该采用搜索技术、自动信息抽取和人工校对三者相结合的方式，利用网络信息雷达系统自动搜索采集公开信息资源，并借助于自动信息抽取技术抽取信息的相关元数据，包括概述、机构、所属主题等，自动入库，进入元数据管理中心进行人工校对，然后审核发布，大大提高了海量信息资源的电子化和元数据加工效率。

第二，如何快速发布信息资源。重视发布的信息公开渠道，建立起城市网络年鉴网站、微信工作平台，报纸刊物、广播电视、手机、信息亭、阅览室等相结合的多元化公开渠道，逐步实现城市网络年鉴随时随地获取，充分体现公正、公平、便民的信息公开原则。同时，网络年鉴可以将公开信息按照不同的分类（主题、题材、年份、内容服务对象、机构、信息类型、场景及业务等分类），自动产生成可印刷的纸质书，用户可以很方便地印刷出城市年鉴目录书。

第三，如何建立信息的审核监管机制，保证公开信息的安全性。为了保证公开信息的安全性，建立信息的审查监管机制势在必行，城市网络年鉴服务平台应建立审查监管机制，提供强大的技术支撑。内容包括：用于信息发布审核的工作流引擎，满足多部门分布式维护的权限管理机制，用于业务处理审计追踪的统计分析、审计日志功能等。通过这些功能，可有效保障信息资源的有效性和安全性。

第四，如何实现有效的信息共享和交换。网络年鉴服务平台在设计之初就要充分考虑：如何实现网站发布系统的“一键式”信息交换需求，如何实现跨部门、跨行业之间“核心元数据”的交换等问题。如通过 XML 数据规范，底层提供 XML 输入输出接口，可以方便地实现相关系统之间的数据交换应用。

第五，如何遵循元数据、分类、编码、文档格式、数据维护管理规范、业务流程规范、信息分类规范、专业术语等标准规范。目前，网络年鉴服务平台的分类与著录规范可以依据 GB/T 21063.4《政务信息资源目录体系　第 4 部分：政务信息资源分类》、GB/T 19486—2004《电子政务主题词表规则》、GB/T 21063.3—2007《政务信息资源目录体系　第 3 部分：核心元数据》等相关标准，部分相应规范还有待补充。同时，网络年鉴服务平台的元数据定义、分类、编码规则都应具有良好的扩展性和灵活性，也可以根据规范细则出台和用户的个性化需求进行按需扩展。

以上 5 个问题讨论后，下面进一步从网络年鉴服务平台功能建设内容总体规划进行探讨。

网络年鉴服务平台将建成一个集信息平台、服务平台为一身的综合网络系统。第一阶段，立足业务，搭建数字化工作平台。首先，建立内部编修业务系统，即在编纂单位建立基于内部局域网的基础资料收集、辅助编辑、OA 系统，实现年鉴组稿、编辑、审稿、排版、文稿传输和管理等工作环节的数字化。其次，建立年鉴网站，作为面向社会的窗口，年鉴网站应当具备与读者交流互动、对作者队伍实行网络化管理、宣传推荐年鉴产品、承载内部在线年鉴、历年年鉴检索和比对、音视频展示、各种统计饼图和示意图展示功能等。最后，建立微站、微信、移动互联、留言簿、微博在线交流及论坛功能，为用户搭建起更为快捷的互动沟通渠道。同时，在设计上要充分分析城市年鉴现有资源和信息化状况，综合考虑网络年鉴体例。第二阶段，立足数据，建立年鉴内容资源数据库。包括书籍管理系统、目录服务系统、图片管理系统，媒资管理系统，期刊管理系统、资源加工平台，数据交换支撑平台等建设，同时对年鉴文本、音视频、图片、多媒体资源等进行开发利用。第三阶段，立足资源，深化价值。引入搜索和数据挖掘技术，在线分析、辅助决策、信息资源建设智能高效。第四阶段，立足服务，面向社会。推送信息到相应服务对象，全面服务。面向社会，服务公众，实现年鉴编纂自动化的同时，面向社会服务公众，推出公众在线编鉴，年鉴编纂者提供体例规范、框架、样条等，作者自己补充，从而实现年鉴编纂和利用一体化。

（作者系成都年鉴社信息系统项目管理师）

刍议年鉴的网络化编纂

胡永隽

内容提要：本文从年鉴的网络化编纂在上海方志界的发展背景和现状、网络化编纂对推动年鉴出版方式创新的作用、网络化编纂带来的一些新问题、网络化编纂的改进建议和展望等4个方面作了一些探讨。

关键词：年鉴；网络化；编纂；出版

21世纪是数字化的信息时代、网络时代。现代信息技术和网络技术的发展一日千里，给各行各业带来难得的机遇，许多行业发生了翻天覆地的变化。

对于年鉴界来说，挑战与机遇是并存的。以信息高速更迭为特征的网络时代为传统的图书出版注入了新的内容，同时也提出了更高的要求。单一的、封闭的、效率低下的编纂方式已经远远无法适应年鉴发展的要求，无法跟上信息量丰富和快节奏的现代生活①，也不能满足网络时代人们对科技、知识、文化的更高标准的需求。因此，年鉴的编纂出版工作，在框架设计、稿件征集、编纂修改和出版发行等各个环节都需要加强、创新和提高，以适应网络时代的要求。计算机技术和国际互联网的快速发展与普及，为年鉴的编纂与出版转向网络化提供了基础和平台。

一、网络化编纂在上海方志界的发展背景和现状

上海市人民政府办公厅印发的《上海市地方志工作2011—2015年规划》中，第七条明确提出："打造平台，大力推进地方志信息化服务体系建设……不断加强系统软硬件建设……搞好市、区县地方志办公室联动使用试点，并逐步在全市各修志编鉴单位推

广，形成全市修志编鉴平台。”

在信息化建设的要求下，市、区两级地方志办公室都积极探索年鉴网络化编纂平台的开发。2010年10月，上海市地方志办公室“数字化上海地情资料库”通过专家组验收。该系统由通用地情资料管理子系统、志书编纂管理子系统、年鉴编纂管理子系统、地情刊物管理子系统、办公信息管理子系统和系统管理子系统组成，其中的年鉴编纂管理子系统就是根据年鉴编纂方式和流程专门设计开发的，集收发稿件、修改审核、资源存储等功能为一体的平台；同年，徐汇区建成区级年鉴编纂平台“徐汇区地情资源管理系统”；2012年，闵行区基于区政务网系统，建成操作更为简便的“地方志在线编纂平台”；2013年，金山区借鉴市、区相关编纂平台的运行经验，建成了第二代兼具志书修编和年鉴编纂功能的区级方志编纂平台“数字方志平台”。

二、网络化编纂推动了年鉴出版方式的创新

对年鉴编纂机构来说，一部年鉴的编纂出版主要由框架设计、组稿、编纂加工、流转、审核及出版发行等主要环节组成，而年鉴的网络化编纂，主要是指在网络环境下，通过专门的编纂平台实现编纂过程系统化管理。年鉴实行网络化编纂后，其编纂出版模式与传统编纂出版模式相比，有以下明显变化和优势。

1. 拓展了年鉴框架设计的思路。目前，从地方综合年鉴的实际看，框架雷同化、模式化的问题比较突出，不同地方的年鉴框架设计、栏目名称、体例模式等都相同或相似，甚至读起来内容都觉得差不多，缺乏个性。要打破这种“千鉴一面”的格局，就要实现框架的个性化。各地的年鉴应当有自己的特色，不应当互相照搬照抄。随着经济社会的不断深入发展，各种新事物、新问题不断出现。年鉴框架要客观、准确地反映地域发展的面貌，每年都应该根据形势的发展变化，在保持总体框架结构相对稳定和统一的前提下，作出适当的调整、优化和创新[②]。而框架设计的优化和创新，单凭年鉴编辑和编纂机构的力量是不够的，年鉴编辑应转变观念，

增强信息意识，积极听取撰稿单位、撰稿员及读者的意见，合理设计栏目，并适当安排版面；年鉴编纂机构可以将编纂大纲和框架设计方案（草案）公布在编纂平台或系统上，广泛征求意见，经确定后，再与撰稿要求（包括文字篇幅、图表规格、截稿时间等）一并在平台上公布，使之尽可能科学合理、系统完备、层次分明，从而凸显时代特征、地方特色和年度特点，真正做到“年鉴年年编，年年有新意”。

2. 拓宽了年鉴组稿的渠道。当前，在年鉴编纂过程中，接收电子文档稿件这一环节大多通过电子邮件实现。网络化编纂为年鉴的信息采集开辟了更多的渠道，使年鉴组稿方式趋于多元化。以地方综合年鉴为例，本地区的党政机关、国有企事业单位、学校等是年鉴组稿的主渠道，通过基于政府网、政务内网或部门内网建立年鉴编纂平台，党政各部门可以更加方便、快捷、高效地实现资料传输和资源共享，收集到用于年鉴编纂的稿件资料也更为翔实和准确。通过互联网建立编纂平台，并建立有偿的合作机制，则可广开信息源，将稿源扩大到全国各地，甚至国外。国内外研究本地区的机构或人员，与本地区建立友好城市关系的城市，与本地区有政治、经济、文化等各种交往的地区、机构、企业、学校或个人等，都可以通过互联网与之保持联系，预约稿件。在当前因机构改革、撰稿员队伍变动、办公地点变化等原因造成部分稿件组稿困难的情况下，这将是一种新的思路和办法。

3. 简化了年鉴编纂的程序。网络化编纂使烦琐的年鉴编纂过程变得简单、快捷、准确。在编纂平台上，编辑可以简单地轻点鼠标，把供稿文件、收稿通讯、催稿通知、审稿信息、会议通知、撰稿员培训通知用电子文档的形式发出去，减免了组稿会议的召开和纸质稿件的发送；各供稿单位的撰稿员也可以用同样的方式把稿件和回执发回来，传送时间缩短，既省时又省力[③]。编辑和总纂进行网上编纂更是方便，组稿、修改、审阅、校对、合拢稿件、摘录索引、添加图片等都可以在编纂平台上完成，“以机代笔”，高效又快捷。各编辑在同一个平台上编纂和校对稿件，交流沟通更为简便，有利于高效地利用办公设施，实现资源共享；平台可以对每一次修改、每一份稿件、每一张照片进行储存，做到过程留痕和资源存储，通过搜索即能取用，最大限度地保证了原始资料的妥善保存。

4. 缩短了年鉴出版的时间。日本的《朝日年鉴》于2月出版，《读卖年鉴》为3月出版，美国的《世界年鉴》于每年的11月出版发行，反映的是当年的经济和社会发展情况，发行量为百万多册，而国内大部分年鉴都是在下半年出版发行，反映的是上一年的情况，因而时效性较差，资料信息的价值大打折扣。近几年，笔者参与组织了本区的地方志法规宣传日活动，活动现场经常听到年鉴读者问询："为什么今年的年鉴写的不是今年的事情?""年鉴不是讲当年的情况吗?"尽管可以用"工作常规""历来如此"等理由解释，但其实对年鉴的隔年出版发行也是觉得有些许不妥的。采用网络化编纂后，由于工作环节及程序的简化、减免和省略，提高了效率，减少了差错，可以有效加快年鉴编纂速度，缩短出版发行的周期。

三、网络化编纂带来的新问题

虽然网络化编纂与传统编纂模式相比有诸多优势，但应该看到，部分区县的年鉴实行网络化编纂后，面临了一些新的问题。

1. 编纂平台的操作界面不够友好。从一些区县试用网络化编纂平台的经验看，受到系统质量、网络稳定性和服务器响应速度等因素影响，稿件的上传、下载、修改、反馈等操作还不甚简便。使用平台后，年鉴依旧基本在每年的10～12月之间出版，并没有达到《地方综合年鉴编纂出版规定（试行）》所要求的"年鉴应逐年编纂，做好在出版年度的上半年内出版"。同时，由于大部分编纂平台是基于政务内网建立的，非政府机构不联入政务网络，因此编辑与撰稿员、读者之间的交流、反馈并不能及时和顺畅地在平台上完成。再加上目前的编纂实际情况还达不到信息化水准，编辑与撰稿员的联系无需很密切，电话联系足矣，因此对许多年鉴编纂机构而言，平台只是提供了另一种编纂方式和工具，并未有效提高编纂效率，推广和建设的积极性就打了折扣。

2. 编纂平台的后期维护缺乏保障。作为地方志信息化建设的一部分，年鉴编纂平台的开发得到了地方政府的支持，但对于一个没有先例可循的专业性的编纂平台和资源信息库来说，有限的开发资金不仅要支持软件的探索研发，在技术功能上不断修正和完善，还要支持硬件条件的建设和保障，就显得有些捉襟见肘[④]。再则，编纂平台建成后，还需要持续资金投入，不断升级软件、改进功能、完善细节，以确保正常运行，否则难免出现问题，逐渐被淘汰。笔者调查了一些兄弟区县编纂平台的使用情况，在后期运维方面，或多或少都存在问题，成为了制约编纂平台使用和发展的瓶颈，以至于有些编纂平台在运行一两年后实际处于停用状态。

3. 编纂平台的操作培训存在困难。从兄弟区县使用年鉴编纂平台的情况看，平台建成后，相关区县每年都会进行操作培训。但因为机构改革、人员变动等原因，相当一部分单位的撰稿员更换频繁，往往老的撰稿员刚刚接受培训，熟悉了系统和操作流程，就因为工作调动要移交给新接手的同志，而新撰稿员本身对年鉴工作尚未了解，未经专门培训就使用编纂平台有一定难度。此外，部分单位的撰稿员年龄较大，对于电脑和网络的知识、平台操作程序等培训内容的接受能力都不如年轻同志，容易因为编纂平台操作不够简易、功能不够完善等原因逐渐转回一般的数字化编纂形式。

4. 编纂平台的安全性、保密性有待增强。目前，年鉴的网络化编纂平台大致有两种：基于政务内网搭建和基于互联网搭建。政务内网作为局域网，各区县都有信息中心和网管员实施专业管理，网站和数据的安全性有保障。而互联网是开放性环境，如果防御不到位，很容易受到“黑客”攻击，一些重要的、尚未通过保密审查的年鉴信息有可能泄露，造成泄密；已经审定的稿件也有可能被篡改，如果未能及时发现和更正，就会带来不必要的纠纷。因而，安全性、保密性是编纂平台面临的困境之一，需要在实践中不断摸索、解决。

四、网络化编纂的建议和展望

尽管年鉴的网络化编纂平台存在着一些问题和不足，但从资源整合、管理和使用的角度出发，编纂平台具有明显优势。因此，随着科技的快速发展，进一步完善和优化编纂平台，提高年鉴编辑的综合素质和能力，推广年鉴的网络化编纂是趋势。关于编纂平台的改进和加强，已有一些专家、同仁进行了研究和探索，并取得了一些成果，这里就不再赘述了。以下是笔者对年鉴编纂机构和编辑的一些建议。

1. 增强编纂机构的技术力量。各年鉴编纂机构作为管理“中枢”，需要重视人才选拔、培养和使用，加强专兼职结合、结构合理的人才队伍建设。注重培养和引进计算机维修管理、网页编辑、网站安全监管等方面的技术人才，以保证编纂平台的安全运行和年鉴的顺利出版。

2. 提高编辑的综合素质。编辑经常被称为“杂家”，意思是说编辑的知识结构要“博”。作为网络时代的年鉴编辑，不但要有广博的知识，精通年鉴编纂工作，还要具备计算机和网络知识及熟练操作的能力，图形审美的能力，以及对各种素材的综合组织和数字化加工能力[⑤]。只有成为这样的复合型人才，才能更好地借助计算机网络这个工作平台，运用更多高新技术手段，提高自己的工作效率。

3. 加大对撰稿员的培训指导力度。对撰稿员而言，年鉴的编纂平台并不是一个常用软件，可能每年只有在提交稿件的时段会予以关注和使用。因此，年鉴编纂机构除了要落实长期资金投入、做好平台的运维升级，还要加大对撰稿员业务培训指导的力度，提高培训的频率，以应对撰稿员操作不熟练、工作变动时交接不利等情况。

以上所述只是个人对年鉴网络化编纂的一孔之见，很多情况和问题是我们在编纂平台的实际运用中遇到的、一直在思考的，有的已经解决或部分解决，但更多的还是在摸索之中。诚请方志界前辈和同仁们批评指正，取长补短、共同提高，继续推动年鉴事业科学发展！

参考资料：

①贾大清：《创新与规范化是城市年鉴发展的永恒命题——在第21次全国城市年鉴研讨会上的报告》，http：//www. yearbook. cn/？p＝3&a＝view&r＝201

②丁日杰：《浅谈地方综合年鉴的规范与创新》，http：//www. yearbook. cn/？p＝3&a＝view&r＝421

③赖红柳：《数字时代的年鉴编纂与出版》，http：//www. cdpi. cn/xzx/toutiaoyaowen/20151028/13987. html

④余颖莹：《年鉴数字化编纂及编鉴平台使用情况初探》，《上海年鉴研究论丛（第二辑）》，方志出版社，2015。

⑤雷鸣：《网络时代年鉴编辑如何应对挑战》，《黑龙江史志》2006年第5期。

（作者系上海市黄浦区地方志办公室志鉴科副科长）

互联网时代的年鉴模式创新：价值创造视角

高兰会

内容提要： 本文从《盐城年鉴》的编纂实际出发，探讨互联网时代下的年鉴模式的价值创造与传统年鉴模式的价值创造在载体、方式、逻辑上的差异。作者认为，从价值创造视角看，能否成功吸引读者是实现年鉴价值的关键。

关键词： 互联网；年鉴模式；价值创造；读者连接

互联网改变了信息的传播介质，丰富了信息的交流渠道，加快了信息的传播速度，可以说，互联网颠覆了以往的信息传播模式，无论是对公共信息传播还是对个人信息交流所涉及的社会生活的各个领域产生着深刻的影响力。在这种背景下，年鉴作为一种年度出版物，生产、传播和利用的环境、条件已经发生了重要的改变，年鉴发展面临着严峻的挑战。其主要表现在：①年鉴不再是了解地方综合信息的主渠道。②年鉴的传播范围有限并且信息滞后。③年鉴的读者群正在不断的减缩。④年鉴带动不了价值的创造。面对这种情况，年鉴想要健康长远的发展就必须适应互联网时代的要求，那就是连接。连接能够挖掘读者深层次的需求，带来年鉴价值的实现，保障年鉴生存的环境，本文将其称之为读者连接。

一、互联网时代的年鉴模式

对于年鉴的概念，根据《地方志工作条例》指出，地方综合年鉴是指逐年编纂出版，全面、系统记述一行政区域自然、政治、经济、文化、社会等各方面情况的年度资料性文献，旨在客观、准确、科学、权威、系统记载行政区域内各项事物发展的基本情况、重大事件。其特点是“大而全”，即成书规模大，通常在百万字左右；篇目、栏目覆盖面广；内容比较全面，综合性强。其具体内容，除了有概况、文献、特载、统计资料、附录等综合性的以外，还包括政治、经济、文化、社会以及军事、政法等各个社会领域。所以，人们把年鉴称为“集万卷于一册，缩一年为一瞬”的知识密集、信息密集的案头资料库，具有资政、鉴戒、窗口、教化、存史等作用。但是，这一切实现的前提是年鉴有读者，能够和读者实现连接，从而实现其价值。因此，我们要改变传统的以供给为导向的年鉴模式，转向以需求为导向的互联网年鉴模式，实现年鉴的价值创造。它主要包括以下 3 个关键性要素。

（一）年鉴实现数字化传播

数字化是年鉴的发展趋势，这里不仅仅包括年鉴的数字出版还有年鉴的数据平台建立。首先，年鉴的数字出版其传播速度是纸质出版无法相提并论的。在互联网高度发达的时代，地球已经缩小为一个地球村，移动互联网的发展和移动终端的普及让随时随地阅读成为可能，读者只需点击“链接”就可以了解并获得自己所需的各种信息和服务，不再受时间和空间的限制。其次，年鉴数据平台的建立极大地扩大了年鉴的推广范围。有效而优质的数据平台，能够最大限度地推广年鉴。尤其是在移动互联网技术飞速发展的当下，年鉴除了可以实现信息在时间和空间的及时传递外，还能与人们的社交生活结合在一起。通过分享功能，可以将年鉴的信息在有限的范围内传递。比如，微信的朋友圈以及各种新闻客户端如网易、新浪等都有内置的分享功能，可以将年鉴的某一条信息分享到指定的微信、微博、空间等互联网产品上。而分享功能的一大好处就是促使人们更加关注信息的源头，从而达到年鉴对读者关注度的吸引。最后，年鉴信息搜索数字化极大地便捷了普通读者。数字化年鉴打破传统纸质年鉴翻找不易、搜寻困难的局面，读者可以通过关键词搜索，迅速地找到相关信息，并且这种信息可以随时下载，无需纸张，成本低廉更节能环保。

（二）年鉴内容强调综合化

2013 年 9 月，时任诺基亚企业 CEO 的约玛·奥利拉在记者招待会上公布同意微软收购时最后说的一句话：我们并没有做错什么，但不知为什么，我们输了。同样的，当年鉴遇上互联网，也输了。互联网实现了信息的点击阅读、视频播放等多种传播方式，并且反应迅速，获取便捷。年鉴虽然综合反映了一个地方年度综合性资料，但它不如互联网便捷，并且信息滞后。两相对比，年鉴的资料性价值优势不在。但是，互联网的信息往往是一事一信息，缺乏综合性的概述，并且无法从整体上对一个行业、一个地区进行全面而系统的概述，读者无法获得整体的介绍。因此，在这种背景下，年鉴必须在内容上下功夫，强调综合性，提倡“1＋X”的组稿模式，即：1 个概况性条目加几个有特色的单一性条目，从组稿模式上就要求年鉴的综合化。比如，2014 年第三届江苏省年鉴奖的评比，明确综合性条目的比例不能过低，如果综合性条目比例低于 20％高于 10％，系数为 0.8（满分为 1）；低于 30％高于 20％，系数为 0.9。

（三）年鉴整体彰显特色化

互联网背景下的年鉴编纂既要有横向比较，区别于其他地区年鉴，也要有纵向比较，实现年年有新意。这里的特色包括时代、年度、地域 3 个方面的特色。首先，彰显时代特征。年鉴的编纂要体现时代主旋律，要符合国家的法律法规，要符合国家的大政方针，尤其是符合党和国家的政治理念，立场鲜明。还要随着时代的发展而不断更新，比如信息产业的记载，新能源产业的发展等。其次，彰显年度特点。比如，2014 年 4 月 22 日，《人民日报》头版头条以《凡人善举德耀盐城——20 年传唱一首歌》的醒目标题刊发特稿，聚焦盐城这块“朴素的道德情感不断生长的地方”。2014 年卷《盐城年鉴》就在此前已有特载或已入选年度“人物”的基础上，对近年来频繁出现的“好人”现象，进行全面的梳理和整合，形成了“厚德盐城”和“好人群像”两个深度发掘的特色专题。2015 年卷则聚焦年度好空气，形成清新盐城专题。最后，体现地域特色。比如，盐城水绿环绕，湿地资源丰富，珍禽、麋鹿两个国家级自然保护区名闻遐迩。《盐城年鉴》就在“生态环境”编中单设“湿地保护”类目，旨在彰显水绿盐城特色。再如，盐城是革命老区，是新四军军部重建之地，许多党和国家的领导人曾经战斗和生活在这片热土之中，《盐城年鉴》就以红色封面，彰显盐城的红色文化。

二、互联网时代年鉴价值创造与传统年鉴价值创造的差异

年鉴作为一种资料性文献，其价值在使用中体现，即有用才能实现价值的创造。而传统年鉴因为传播途径、缺乏宣传、依赖政府等方面的原因，使得其受众面很小，局限在政府或者行业内部，没有推向市场，许多普通人根本不知道年鉴这个事情，更不要说关注年鉴、翻阅年鉴了。而互联网的传播在价值创造方面可谓效果非凡，其广大的网民，都是传播的对象，是信息的接受者，是潜在的读者，并且由于其丰富的渠道，读者群的扩大，带来了年鉴市场的发展，存在年鉴市场化的商机，同时，扩大年鉴的影响力，尤其是品牌年鉴的影响力。具体来说，造成互联网时代年鉴价值创造与传统年鉴价值创造主要有 3 个方面的差异。

（一）年鉴记录载体的不同

首先，传统的年鉴是纸质年鉴，其记录的载体是厚厚的纸张，而互联网时代的年鉴实现了年鉴的数字化，它可以是一张光盘，可以是一个年鉴网站，还可以直接是一本电子书，读者可以通过各种有效便捷的方式获得年鉴。其次，传统的纸质年鉴记录的是文本、数据表格、图片，其反映形式都是通过阅读来反映。而互联网则提供了不同的可能性，通过数字化的方式，可以实现有声阅读、移动阅读，如果更生动一些，甚至会出现视频阅读等多种阅读方式。最后，互联网时代年鉴的表现形式或者说是成品也可以是多种多样的，可以是视频，可以是 MP3，也可以是电子书，选择多样。

（二）年鉴传播方式的不同

传统的纸质年鉴是通过书本的流通实现传播，并且这种传播主要靠的就是单纯的“官道”，即由年鉴编辑单位直接发放至各单位办公室，再由各办公室分配或向下摊派发行。这样的发行，会导致一些需要年鉴的读者根本接触不到年鉴，直接影响年鉴的使用价值和经济效益的发挥。而通过互联网上多种多样的年鉴数据平台，实现了年鉴传播途径的扩大，它不再局限于一个地区，只要年鉴的编辑单位公开发布年鉴的信息，就会有越来越多的人通过各种各样的数字接口实现年鉴的点击阅读，并且这种阅读可以是直接原数字接口的直接点对点阅读，也可以是交互式的阅读，读者之间也可以通过这种年鉴数据平台实现交流。颠覆了传统年鉴以传者为中心的线性模式，是一种个体性的互动模式。

（三）价值创造逻辑的不同

传统的年鉴编纂方式是“就稿编稿”，即供稿单位来了什么稿件，年鉴就上什么内容，供稿渠道单一，形式单一，内容也往往不够丰富，有的可能根本不符合年鉴的要求，造成年鉴的内容价值降低。并且随着年鉴的出版，政府渠道的发行结束，一年的年鉴也就结束了。相较而言，互联网时代下的年鉴编纂模式实现了供稿渠道的多样化，不光是供稿单位部门的原文件，还可以通过官方网站、数字报刊、网络信息等多种渠道，丰富年鉴的内容。并且，这种互联网的数据平台提供了读者参与的可能性，可以实现年鉴编辑与读者需要两相结合的模式，使年鉴更具有可读性及针对性，提升了年鉴内容的价值。而年鉴有了读者，也就有了市场，年鉴可以实现一系列的市场化开发，形成年鉴产业化发展。年鉴的编纂、发展模式可谓大不一样。

三、互联网时代年鉴模式的读者连接

价值分为使用价值和交换价值。使用价值指的是消费者所需要产品的特性，它是消费者的主观判断，往往与消费者的偏好有关。交换价值指的是客观的价格，它是在交换物品换取资金的时候通过账目体现的金额，也就是买家用于购买到感知的使用机制而支付非产品方的数额。年鉴的编纂出版属于文化范畴，其主要功能是对信息的发布与传播，互联网时代的年鉴模式创新就是增加其价值，吸引读者，实现年鉴的读者连接，即在创造年鉴价值的同时也要考虑传递价值，然后实现价值的创造。为了实现读者连接，就必须有连接的平台，能够满足读者的需求，并最大限度地吸引读者的注意力，以地方综合年鉴为例，主要可以做到以下 4 个方面。

（一）搭建连接平台

互联网凭借其传播优势已经建构了一个巨大的、人人可以置身其中的网络平台。利用互联网的网络优势，搭建各种数据平台，可以为读者提供多种年鉴获取渠道，大致可以分为 3 种。①年鉴网站建设。可以将一行政区域内历年所有的年鉴整合进一个区域的专门年鉴网站，或者政府、部门官方网站之中，实现区域内的年鉴信息共享平台。比如，《盐城年鉴》就可以通过中国盐城网站、盐城史志网实现年鉴信息的搜索。②年鉴搜索体系。年鉴检索系统是实现读者年鉴信息需求的重要平台，可以实现读者多层次、多角度对年鉴信息进行有效的组织和传播。比如，中国知网上就建立了专门的年鉴搜索平台，加入其中的年鉴可以建立自身的检索系统并实现知网内跨库检索，方便用户查找年鉴。③互动式交互平台。可以设立专门的手机移动平台 APP，官网微博等。比如，政府部门的政府信息公开意见箱等，可以实现信息公开主体单位与信息用户之间的互动。信息公开主体可以利用此意见箱为公众提供咨询服务，广大的信息用户也可以通过此意见箱提出自己对政府信息公开的意见和建议，以便改进政府信息服务。再如，可以利用微博关注，利用年鉴信息，发布历史上的今天等系列信息，增强读者的年鉴连接度。

（二）树立服务意识

年鉴作为一种期刊应该有属于自己的读者群，年鉴的编辑者，要从市场营销的角度对年鉴消费市场进行调研分析，可以通过采取调查问卷、分类咨询、召开读者座谈会等形式，掌握读者的需求，并把读者的需求融入重大事件的背景和社会发展的大趋势之中。尤其是地方综合年鉴，因其提供的信息具有全面性、系统性、真实性和权威性的特点，其适用范围极其广阔，但它的主要读者就是各级领导干部和管理、研究人员。而年鉴的受众面不应该仅仅是这些人员，还要贴近大众，贴近现实，反映普通老百姓所关注的热点、焦点问题。只有站在读者的角度来确定年鉴的编纂风格、内容和特色，编纂出来的年鉴才具有较高的实用性和可读性。也只有这样，才能实现年鉴和读者有效的双向对接，达成读者连接的目的。

（三）吸引读者视角

当今的市场经济，不再是卖方市场，而是买方市场。消费者已经不再满足于市场上用标准化生产的产品，他们希望买到按照自己要求定制的产品或服务。这个道理同样作用于年鉴消费市场。年鉴的编纂已经不能满足于千篇一律的内容框架，要在树立读者服务意识的前提下，充分吸引读者的眼球。首先，年鉴的装帧要有吸引力。读者看到书稿，第一眼看到的永远是包装，好的包装更容易吸引读者视线，可以说，从读者开始选书到拿书的第一眼，就已经存在装帧上的竞争了。其次，年鉴的质量要过硬。漂亮的包装也要有好的质量搭配，才能真正吸引读者。所以，年鉴的入鉴内容要有较真，要确保史实的正确性，还要转变编纂模式，从单一供稿到多方组稿，从就稿编稿到实现特色专题吸引，增加其信息的有效容量，使读者有的读，愿意读。最后，年鉴的风格要有特色。当今世界，越是民族的越是世界的，同样可以反映在年鉴上，只有具有自己特色的年鉴才能在年鉴市场上树立品牌大旗，实现读者吸引。要做到有特色，就必须如上说所，互联网时代的年鉴模式要有时代、年度、地域 3 个方面的特色，要实现三者的有机结合。

（四）加强对外宣传

互联网上无国界，它将世界上任何一个角落相连接，形成了一个跨地域、跨国界的全球性的、开放性的信息媒介。但是，没有宣传，没有主动推送，永远是酒在深巷无人识。年鉴编辑单位要积极主动作为，在年鉴出版后，第一时间通过互联网、广播电视、各类报纸期刊发布出版信息；可以利用媒体制作专栏或者专题节目介绍区域年鉴的编纂历史、功能等方面的信息；加强与学校的联系，尤其是高等院校，开展年鉴的研究宣传，在学生中可以邀请他们参与年鉴、了解年鉴，培养他们读鉴用鉴的意识；组织经常性的年鉴互动宣传活动，面对面和读者交流，宣传介绍年鉴，形成良好的互动氛围；要有市场营销意识，将年鉴推出市场，利用市场营销的方式推广宣传年鉴，实现市场化竞争；要树立品牌意识，形成区域年鉴的品牌化，推动政府官方部门对年鉴的重视，实现年鉴的对外交流等。总之，没有宣传的年鉴经营是不利的经营，没有经营的年鉴宣传同样也是不成功的宣传。

参考资料：

①陈生明：《数字出版理论和实践》，人民教育出版社，2009。
②林丹英：《数字出版与年鉴纸质出版共存探讨》，《年鉴论坛（第五辑）》，长城出版社，2015。
③刘迎春：《关于提升年鉴实用价值之我见》，《江苏地方志》2004年增刊。
④吴利平：《传统出版与数字出版共存》，《新闻窗》2007年第3期。
⑤许家康：《年鉴编纂入门与创新》，线装书局，2006。
⑥赵小兵：《地方经济年鉴赢利模式探析》，《传媒》2011年第5期。
⑦郑棻：《大数据时代年鉴的挑战与突破》《年鉴论坛（第五辑）》，长城出版社，2015。

（作者系江苏省盐城市地方志办公室年鉴处副主任科员）

网络时代综合年鉴提高可读性的几点思考

郑敏芳

内容提要： 本文从年鉴编纂实际出发，重点探讨了在网络时代背景下，如何充分发挥地方综合年鉴的自身优势，努力提高年鉴的可读性。

关键词： 网络时代；综合年鉴；可读性

由中国新闻出版研究院组织实施的第十三次全国国民阅读调查成果于 2016 年 4 月 19 日发布，调查称 2015 年我国国民阅读率呈全面上升态势，包括综合阅读率、图书阅读率、数字阅读率、纸质图书和电子书阅读量在内的数据均全面上扬。具体到数字阅读与纸质书阅读，这一上扬趋势体现在：2015 年我国国民人均纸质图书阅读量为 4.58 本，比 2014 年增长了 0.02 本；电子书阅读量为 3.26 本，比 2014 年增长了 0.04 本。虽然从阅读量上看，人们对于纸质图书的接触率依旧高于电子书，但是我们不可否认的是，随着互联网的兴起，电子书对纸质图书具有一定的冲击。对于地方志系统而言，互联网时代综合年鉴面临的挑战更是不小。

一、网络时代综合年鉴面临的各种新情况

（一）外部环境带给综合年鉴新的挑战

1. 网络信息资源多样化。随着互联网的普及，越来越多的人选择用手机、电脑、电子阅读器等载体进行阅读。特别是在查找资料方面，由于网络资源的多样化和全面性，以及各种文献数据库的兴起，再加上很多部门都在自己门户网站提供相关资料以供查阅，更多的人倾向于直接通过网络搜索来查找自己所需的资料。作为资料性工具书的地方综合性年鉴，它的功能相对会被弱化。

2. 网络信息更新速度快。全民网络时代的到来，使得信息更新和传播的速度越来越快，很多热点事件在发生的几分钟后就能在互联网上搜索到大量报道。再加上从网络上搜索到的资料，大多是免费获得的，这也使得越来越多的人宁愿选择网上查询资料而不是借助工具书。

3. 网络资源利用相对便捷。就大多数人而言，如今无论是写一篇论文，还是交一份调查报告，实际操作都是在电脑上进行。网络资源利用的便捷性除了搜索方便这一点外，还体现在可以把网络上查找的内容直接复制进文档并进行保存，这是传统工具书所无法做到的一点。因此，很多人的第一选择是在网络上查找相关资料。

（二）综合年鉴自身存在的问题

上面提到了外部环境带给综合年鉴新的挑战，相对应的，综合年鉴也有自身存在的一些问题。

1. 信息资源相对单一。《中国大百科全书》第二版给年鉴下的定义是："一种汇集年度重要时事、文献和统计资料，按年度连续出版的工具书。"由于综合年鉴自身的特性，它每年记述的框架基本是不变的，如每年记述的重点为一个地方的历史、地理、环境、气候、水文、资源、物产、人口和政治、经济、文化、社会，以及所属行政区域和主要行业的概况及相关数据等。因此，很多读者对综合年鉴的印象是"每年书的内容都差不多，只不过把数据变了下。"长此以往，除非通过其他方式搜索不到自己所需的资料，这时才会想到要在综合年鉴上进行查找。

2. 信息资源相对滞后。综合年鉴一般记述的是上一年的信息资料，出版周期相对比较长，很多地方都是在下一年的下半年出版上一年的综合年鉴，而此时，读者早已从其他渠道获知了相关信息，也因此，综合年鉴对读者的吸引力越来越小。

3. 年鉴资源利用相对费时。相比于网络资源而言，年鉴资源利用需要耗费更多的时间。一是综合年鉴获得的渠道一般在图书馆、书店等地方，去查找比较费时。二是如果所查找的综合年鉴没有电子版本的话，要引用的资料需要进行手动输入才能被利用。

二、网络时代综合年鉴如何面对各种新挑战

上面粗略地提了下网络时代，综合年鉴面临的各种新情况。接下来，重点来谈谈在这种形势下，综合年鉴如何提高可读性，面对各种新挑战。

（一）合理利用综合年鉴自身优势

虽然在很多方面，综合年鉴与网络资源相比处于弱势，但其自身也有自己的优势。

1. 综合年鉴的权威性。综合年鉴一般都由地方政府主办，信息来源可靠准确，内容健康，具有权威性。为了能够把综合年鉴编辑好，政府部门从资金、人员、制度等方面，都会给予支持，对于其内容、事实、数据等也会严格审核，把握其质量关。笔者作为《嘉兴年鉴》的编辑人员，深有体会。以《嘉兴年鉴》为例，在每年的年初，《嘉兴年鉴》编辑室都会召开编辑人员会议，讨论年鉴框架及编纂分工意见等相关事宜，并由分管领导审核框架文件。内部审核完后，还需把该文件上报市委市政府相关领导进行审定，如有意见则重新进行修改。一切无误后，由市委市政府联合发文至市级相关部门。从这一程序上可以看出综合年鉴所具有的权威性和严谨性。在发出框架文件后，由各个市级相关部门确定撰稿员和分管领导。编辑人员对于撰稿人所提供的稿件进行编辑以后，还要经过三审三校及统校，有时还需要增加审校次数，而年鉴的主编由单位的主要负责人担任，在把握编校质量关的同时，充分体现了综合年鉴的权威性。而综合年鉴具有的权威性是网络信息资源不具备的。

2. 综合年鉴的专业性。上面提到了年鉴具有权威性，这是它的一个优势，我认为它还有一个优势，就是它的专业性。它的专业性可以从两个方面来看，一是从事年鉴编纂的撰稿员，一般都是单位办公室或者综合科室的文书人员，文字功底强，对单位情况也比较熟悉，因此由撰稿员提供的年鉴初稿，相对会比较专业。年鉴编辑人员一般都是多年从事文字工作的人员担任，更加保证了年鉴的

专业性。二是年鉴具有特定的体例，比起网络信息而言，相对更加专业。

3. 综合年鉴的系统性。年鉴作为全面、系统、准确地记述上年度事物运动、发展状况为主要内容的连续出版的资料性工具书，具有系统性。而网络资源虽然众多，但是相对比较零散。

4. 综合年鉴的存史功能。年鉴作为连续出版的工具书，具有资政、存史的功能，这是网络资源所不具备的功能。

以上几点是综合年鉴所具有的优势，因此在年鉴编纂过程中，我们要把其权威性、专业性和系统性更好地体现出来，发挥其优势，吸引一批固定读者。

（二）加快克服综合年鉴自身缺陷

1. 年鉴框架设计须与时俱进。年鉴的框架是全书内容和结构的整体设计，是年鉴的基本结构。对一部年鉴进行框架设计，即在构筑一部书的骨架，骨架由哪些部分内容组成，孰轻孰重，均须清楚地予以表现，以便读者找寻其所需要的信息内容。我们要遵循年鉴框架设计的规律，既要保持框架基本稳定，又要与时代相呼应，稳中求变，当然这个变的基础也是在不影响框架总体稳定的情况下进行的。以《嘉兴年鉴（2016）》为例，2016 年《嘉兴年鉴》的框架设计就在总体稳定的基础上，做了个小小的调整。这个调整基于当下的形势，如在篇目“嘉兴概貌”下增设了分目“法治嘉兴建设”，这与习近平总书记“四个全面”战略思想中的“全面依法治国”是相呼应的，体现时代特色。而在篇目“信息化建设与信息产业”下又增设了“电子商务”这一分目，这个分目的设立也有其背景，这个背景就是电子商务在人们的生活中占据很重要的位置，嘉兴电子商务也在蓬勃发展，越来越多的电商在嘉兴兴起，更重要的是，嘉兴桐乡乌镇成为世界互联网大会永久会址，因此特别设立“电子商务”这一分目。

2. 尽量减少事务性的记述。这点中国版协年鉴研究会会长许家康在第十三次全国省级年鉴研讨会主题报告中指出：“尽量减少日常工作、日常事务的记述。年鉴要不要记日常工作、日常事务？

回答应该是肯定的。问题在于怎么记。有的年鉴100多个分目，带有‘工作’二字的达三四十个，例如宣传工作、组织工作、老干部工作、党校工作、保密工作、督查工作、警卫工作、接待工作、信访工作、党史工作、农村工作、地方立法工作、民族宗教工作等。在设立的1 000多个条目中，记述年复一年的日常工作、日常事务的条目也有两三百条之多。工作性栏目、工作性条目明显过多过滥。这些工作性选题一般都带有内向性，即主要为内部读者而选，为内部读者而设；一般外界读者对这类内向性选题并不是很感兴趣，因而检索频率不会太高，应当尽可能地减少其数量。”有些年鉴稿件记述的内容更像是自己部门的一个工作日志，而读者很少会对这些内容产生兴趣。因此，作为工具书，综合年鉴的记述内容必须择大而记、择要而录，并要经过高度浓缩、高度概括。

3. *巧设“专记”吸引读者*。前面提到，网络信息具有综合年鉴没有的优势，那就是时效快，资源多，但年鉴也有网络信息没有的优势，优势之一就是系统性。那么对于读者关注的年度本地区的大事或者热点事件，何不以“专记”的形式加以记述。以《嘉兴年鉴》这几年的专记作为例子，《嘉兴年鉴（2014）》设专记3篇，分别为“抗击‘菲特’台风”“水环境综合治理”“治理城市交通拥堵”，《嘉兴年鉴（2015）》设专记4篇，分别为“党的群众路线教育实践活动”“‘五水共治’工作”“‘三改一拆’行动”“2014世界互联网大会”，《嘉兴年鉴（2016）》设专记3篇，分别为“‘三严三实’专题教育活动”“‘五水共治’工作”“第二届世界互联网大会”，这些专记都是嘉兴市年度热点大事，以专记的方式予以记录，能为读者呈现更为完整的面貌，且在《嘉兴年鉴》发布，更具权威性。

4. *要精心编纂年鉴大事记*。年鉴大事记也称年鉴大事年表，属综合性大事记。一般以时间为线索，记载一个地区、一定历史阶段（当年）发生的重大事件和事实。大事记在年鉴中的作用是十分重要的。提高年鉴大事记的编纂质量也是吸引读者的一种方式。大事记到底记什么？这个问题每个人都有不同的标准，但是有一点必须明确，那就是大事记不是记流水账，而必须是记大事、要事。大事记的记述不能离开重、特、大、首、主、变、新等内容，要让读者翻开年鉴大事记，就能基本了解上一年度本地区发生了哪些大事、要事，只有这样，年鉴大事记才发挥了应有的作用。

5. 推进综合年鉴利用率。年鉴作为工具书，要考虑如何能更便捷地为读者所利用。推进年鉴网络化、电子化、信息化就是途径之一。把历年出版的综合年鉴以电子稿的形式发布在自己部门的门户网站，便于读者查找利用。

6. 加快优化版面设计。一本书要吸引读者，不仅需要文字上精雕细琢，在版面设计上也应该做到精益求精，年鉴封面的选择要谨慎，更要善于用照片作为版面补白。年鉴作为资料性的工具书，信息量是极大的，如果在某些热点或民生信息上配上相关照片，会更加直观，更能吸引读者的眼球，可读性也就会更高。

网络时代，综合年鉴面临的挑战越来越多，需要我们在总体稳定的基础上，不断推陈出新，正如许家康同志在倡导年鉴创新理论时提出的“年鉴创新不要刮风，不要争论，要通过创新年鉴的内容和形式，通过百花齐放和推陈出新，提高年鉴的出版质量，并逐渐形成不同的风格和流派”。

参考资料：

①徐荣奎：《网络时代年鉴的困难与探讨》，《年鉴信息与研究》2007 年第 4～6 期。

②雷鸣：《网络时代年鉴编辑如何应对挑战》，《黑龙江史志》2006 年第 5 期。

③周春梅，李厚江：《浅析年鉴框架的稳中求变及效应》，《年鉴信息与研究》2002 年第 1 期。

④金明德：《地方综合年鉴编纂与时俱进若干问题的探讨》，《中国地方志》2002 年第 5 期。

（作者系浙江省嘉兴市地方志办公室副主任科员）

浅析“大数据”时代年鉴的编撰与利用

张　军

内容提要： 本文主要阐述了大数据的含义、特性，大数据时代年鉴面临的挑战与机遇，以及对年鉴编纂与利用的启示。

关键词： 大数据时代；年鉴；编纂与利用

2015年8月19日，国务院通过了《关于促进大数据发展的行动纲要》（以下简称《行动纲要》）。9月5日，《国务院关于印发促进大数据发展行动纲要的通知》（国发〔2015〕50号）正式发布，在全社会引起广泛影响，这是迄今为止政府出台分量最重的关于大数据的纲领性文件，这标志着大数据已经正式上升到国家最核心战略。近年来，大数据（big data）一词已席卷全球，并已经开始在商业、经济、社会等多个领域中，通过数据收集和分析，发挥着以前人们意想不到的作用和影响。大数据时代的滚滚浪潮，不断冲击着政府治理理念、经济运行机制和人们的生活方式，作为地方综合性年鉴，必将受到其深刻冲击和影响，如何利用“大数据”对年鉴编辑进行改革和创新也是年鉴工作者将要面临的课题。

一、“大数据”的内涵及其作用

大数据（big data）概念源于最早经历信息爆炸的学科，人们用它来描述和定义信息爆炸时代产生的海量数据，这种数据量的规模远远超出了一般电脑处理能力的情形。全球知名咨询公司麦肯锡最早提出“大数据”时代概念一词，之后业界对大数据进行了多个定义，但目前还未形成统一的概念。美国互联网数据中心将大数据定义为：为更经济地从高频率的、大容量的、不同结构和类型的数据中获取价值而设计的新一代架构和技术。在我国国务院发布的《行动纲要》中表述为："大数据是以容量大、类型多、存取速度快、应用价值高为主要特征的数据集合，正快速发展为对数量巨大、来源分散、格式多样的数据进行采集、存储和关联分析，从中发现新知识、创造新价值、提升新能力的新一代信息技术和服务业态。"目前业界普遍认为，大数据具有 4V 特征，即 Volume（数据量大）、Variety（种类繁多）、Velocity（快速高效）、Value（价值密度低）。

由于大数据的这些特性，对大数据的处理分析正成为新一代信息技术融合应用的结点。2013 年初，被誉为"大数据商业应用第一人"的英国教授维克托·迈尔·舍恩伯格著作《大数据时代》面世，他在这部大数据研究的先河之作中，前瞻性地指出，大数据带来的信息风暴正在变革我们的生活、工作和思维，大数据开启了一次重大的时代转型，并详细讲述了大数据时代的思维变革、商业变革和管理变革。大数据时代下，预测分析已在商业和社会中得到广泛应用。随着越来越多的数据被记录和整理，未来利用大数据预测分析必定会成为所有领域的关键技术。一是数据采集更加巨大与广泛。大数据使得许多过去不可获取、计量、存储和分析的信息都有了数据化的可能。在互联网和移动通信技术的支持下，广泛使用的传感设备、信号识别技术，数据收集编译和可扩展的存储系统等，使数据收集的时效提升，积累和存储方便快捷。二是大数据处理技术提供了预测分析与价值挖掘功能。预测是大数据的核心价值，是将数学算法运用到海量的数据上，从而达到对事物发生的可能性进行预估的目的，将大数据应用于研究不仅意味着更高的准确性，也有助于揭示以前无法发现的细节。三是大数据跨领域的运用，与经济运行、社会治理和政府管理相结合，已经成为"推动经济转型发展的新动力、重塑国家竞争优势的新机遇、提升政府治理能力的新途径"。

二、"大数据"时代年鉴面临的挑战与机遇

依据2012年7月13日中国地方志指导小组四届三次会议通过《地方综合年鉴编纂出版规定（试行）》（以下简称《规定》）的定义：地方综合年鉴是指系统记述本行政区域自然、政治、经济、文化、社会等方面情况的年度资料性文献。因此地方综合年鉴具有资料性、年度性、区域性、连续性等四大属性。作为新的数据收集与处理技术，大数据已经在经济、社会和自然等众多领域发挥着颠覆性的作用，无论从微观还是宏观层面都与年鉴功能有着重叠和类似之处。在大数据时代背景下，年鉴要保持生命力，必将在资料收集方式、编纂思维方式、利用方式等方面都将受到冲击和影响。

1. 大数据时代对年鉴内容广度与深度提出更高要求。在《规定》中指出：年鉴编纂单位应拓宽资料搜集渠道，资料除依靠各供稿单位提供外，还要通过查阅档案、报刊和提炼网络信息，以及调查访问等方式进行搜集。但是，当前年鉴资料的来源绝大多数还是以供稿单位为主导，被动收集资料为主，网络信息来源利用很少，内容也主要是国家机关治理涉及的领域，在政府部门职能不涉及的一些社会和行业领域，基本空白。这与海量的大数据相比，其深度与广度是不可同日而语的，"云计算"技术的发明和广泛应用，使得获取和存储数据变得既简单又方便。2000年，数字存储信息还只占全球信息量的1/4，另外3/4则存储在报纸、书籍、胶片等媒介中，而到2013年，非数字数据只占不到2%。因此开辟大数据作为年鉴资料重要来源成为当务之急。

2. 大数据时代对年鉴的时效提出了更高要求。在大数据时代下，数据的搜集与传播具有及时化、全时化的特征，大数据及时收集与抓取的功能，很多数据能做到实时更新并迅速传播。虽然年鉴主要功能为记录和存史，《规定》中指出"年鉴应逐年编纂，做到在出版年度的上半年内出版"，目前很多地方还做不到这一点。很多时候，等年鉴出版，很多数据已经过时。因此在时效性方面，一方面要利用大数据，及时迅速地获取编纂需要的数据和资料，另一

方面要充分加快年鉴编纂出版节奏，增强其时效性，才能跟上大数据时代的节奏和年鉴受众的需求。

3. 大数据时代对年鉴的传播与利用提出更高要求。传统地方性综合年鉴传播的媒介和途径比较单一，主要是以书籍的方式出版发放给各个供稿单位、图书馆等，目前一些有方志网站的地方上传电子版到网站，受众极为有限。很多时候供稿单位以外的群体比较难以获取、知晓率不高。由于年鉴获取者大部分为年鉴资料的提供者，和众多年鉴资料的读者和研究者没有沟通和交流的渠道，从读者角度促进年鉴编写水平提升途径缺失。而大数据主张开放、共享、互动。大数据时代年鉴传播媒介将多样化、整合化，传播范围应该全空间化，通过互联网、物联网、移动智能终端、各种社交媒体软件等技术平台都可以成为年鉴的媒介，通过媒介互动共享同时获取相关互动数据。

4. 大数据时代给年鉴编纂和利用带来新机遇。大数据时代的来临，在给年鉴编纂带来众多挑战同时，也带来了新的机遇。《行动纲要》对支撑大数据发展的国家级统一平台进行了总体规划布局。提出建设“国家政府数据统一开放平台”，构建跨部门的“政府数据统一共享交换平台”，“在地市级以上（含地市级）政府集中构建统一的互联网政务数据服务平台和信息惠民服务平台”，到2017 年年底前形成跨部门数据资源共享共用格局，到 2018 年年底前建成国家政府数据统一开放平台，率先在信用、交通、医疗、卫生、就业、社保、地理、文化、教育、科技、资源、农业、环境、安监、金融、质量、统计、气象、海洋、企业登记监管等重要领域实现公共数据资源合理适度向社会开放。按照这一规划，年鉴编纂将依托这些数据平台，以前难以获取的重要内容将较为容易获取，资料来源更加广泛和丰富，必将使年鉴内容大大提升。同时，大数据搜集和分析技术，又可以进一步提升年鉴编撰深度和应用范围。

三、“大数据”时代对年鉴编辑与利用的启示

在大数据时代，对于数据的处理在理念上发生了 3 个重大转

变：要全部数据而不是抽样数据，要及时有效而不是绝对精确，要揭示相关关系而不是探究因果关系。这种转变对同样具有数据保存性质但又具有自身存史特性的年鉴编撰和利用有几方面的启示。

1. 拓宽年鉴资料收集的时间和空间范围。地方综合年鉴作为"年度资料性文献"，能否对年度事项的记载做到全面、系统、准确、客观、实在，具有稳定的资料价值，不因内容缺失和时间的流逝而丧失其价值，是衡量年鉴质量高低的关键。随着我国大数据发展规划落实，年鉴编辑应该逐步突破目前单一被动地接受年鉴资料收集的模式，一方面要利用逐步建立的各个领域的数据系统，对原有的各项内容进行进一步修订和充实，增强资料尤其是各项数据的准确性和完整性，加入以前难以搜集量化的数据内容。另一方面，要逐步利用大数据搜集便利性，打破年鉴内容主要来源于党政机关提供原材料的局限。没有大数据之前，一些不在党政机关职能范围的事物往往难以出现在年鉴内容之中，如在一些服务业领域像电子商务发展情况、餐饮行业客流量等具体数据，可以依托相关行业数据库来收集整理，弥补年鉴记录空间的局限。

2. 要逐步创建年鉴利用与交流的大数据平台。当前，年鉴的主要服务对象是党政机关工作人员、高校师生、企事业单位人员以及编史修志人员等，面向群体较窄，互动性差。对于新技术的运用，年鉴数据化主要还是把纸质年鉴书籍 PDF 化，上传到史志网络。大数据时代年鉴的利用和开发远非如此，年鉴领域应利用云计算技术和移动设备，以年鉴资源为核心，搭建吸引所有年鉴编撰者和利用者的大数据平台，这一平台应具无地域限制，具有开放性、共享性特征，并方便检索，利于互动。既可以充分发挥年鉴资源的作用，又可以充分利用这一大数据平台，收集编者与读者年鉴使用习惯、内容需求等数据，反过来促进年鉴编写与使用的优化，保证年鉴的活力。

3. 充分发挥年鉴自身的存史特性。由于大数据存储记录的海量性与存储内容的及时性，年鉴在数据记录方面永远也无法与大数据该项功能匹敌，也无此项必要。大数据更多是通过对全部非绝对精确数据的相关关系进行探究，从而做出预测。年鉴的功能更多是通过连续性、全面性、系统性地对一地社会发展进行翔实记录，从而理清历史发展脉络，探究事物因果关系，在这一点上，年鉴同大数据相比具有明显不同。因而，在大数据时代，年鉴编辑更应该强化此项特质。要做到这些，年鉴编辑一要保持连贯性，在框架设置、条目记载、数据记录等方面要持续强化其连续性和完整性，避免中断。二是要加强对社会和文化方面的记述。大数据更多偏重微观层面的数据收集来预测分析宏观事件，而年鉴除记录地方经济社会发展数据外，要全面反映地情，要注重社会人文风情，社会生活发展变化脉络的记载，从而彰显年鉴不同于大数据的价值。

在大数据时代，数据已成为国家基础性战略资源，大数据正日益对全球生产、流通、分配、消费活动以及经济运行机制、社会生活方式和国家治理能力产生重要影响。年鉴工作者应主动应对大数据带来的数据收集、数据分析、政策决策、社会运行等方面的重大变革，积极探索在大数据时代，综合性年鉴编辑如何最大限度发挥功能的新路径。同时要看到年鉴自身的特质，大数据只是一种手段，合理运用大数据来推动年鉴焕发新的价值。

参考资料：

①[英] 维克托·迈尔·舍恩伯格等著，杨燕等译：《大数据时代》，浙江人民出版社，2013。

②赵娜：《大数据研究综述》，《电子测试》2015 年第 3 期。

③沈永清：《地方综合年鉴基本属性探析》，《宁夏史志》2014 年第 6 期。

④邱璟：《改进年鉴编纂的几点建议——从读者角度看年鉴》，《广东史志》2013 年第 4 期。

⑤国务院：《促进大数据发展行动纲要》，http：//www. gov. cn/zhengce/content/2015-09/05/content _ 10137. htm.

⑥中国地方志指导小组：《地方综合年鉴编纂出版规定（试行）》http：//www. difangzhi. cn/web/news/11/477. htm.

（作者系常熟市市委党史工作办公室方志科副科长）

浅析媒体融合时代年鉴的内容再造

陈金艳

内容提要：大众传播方式的改变和新媒体传播方式的融合，必然要求传统媒体适应新的传播形式，加快媒体融合的步伐。本文根据媒体融合特点及其对年鉴发展的影响，探讨年鉴内容如何加以再造，以适应媒体融合大趋势。

关键词：媒体融合；年鉴发展；内容再造

以社会化媒体为代表的新媒体，使以往的大众传播模式发生了颠覆式的变革，给传统媒体带来巨大的冲击。作为传统媒体的年鉴，在传统大众传播方式中的中心地位正在发生改变，应放下身段适应新的传播方式，尤其是年鉴内容要因时而变，不断打造优质信息，改变既有流程，才能支撑年鉴在媒体融合中实现新的发展。

一、年鉴如何适应媒体融合新趋势

“媒体融合”（media convergence），最早由美国马萨诸塞州理工大学教授浦尔提出，原意是指各种媒介呈现多功能一体化的趋势。其概念包括狭义和广义两种，狭义的概念是指将不同的媒介形态“融合”在一起，产生“质变”，形成一种新的媒介形态，如电子杂志、博客新闻等；而广义的“媒体融合”则范围广阔，包括一切媒介及其有关要素的结合、汇聚甚至融合，不仅包括媒介形态的融合，还包括媒介功能、传播手段、所有权、组织结构等要素的融合。也就是说，“媒体融合”是信息传输通道多元化下的新作业模式，是把图书、报刊、电视台、电台等传统媒体，与互联网、手机、移动智能终端等新兴媒体传播通道有效结合起来，资源共享，集中处理，衍生出不同形式的信息产品，然后通过不同的平台传播给受众。

《关于推动传统媒体和新兴媒体融合发展的指导意见》对媒体融合的方向做了基本的概括，要将技术建设和内容建设摆在同等重要位置。要顺应互联网传播移动化、社交化、视频化的趋势，积极运用大数据、云计算等技术，发展移动客户端、手机网站等新应用新业态，不断提高技术研发水平，以新技术引领媒体融合发展、驱动媒体转型升级。

（一）新的传播方式推动媒体融合发展

新媒体时代，作为传播主体的大众传播模式被彻底改变，以微博、微信为代表的社会化媒体已将人际传播、组织传播和大众传播融为一体，发展成为以“人”为中心的超大众化的传播方式。大众传播方式的改变和新媒体传播方式的融合，必然要求大众媒体适应新的传播形式，加快媒体融合的步伐。

1. 移动互联网造就社会化多媒体。移动互联网时代，最大的变化就是催生了社会化媒体，开启了传播者与受众的全新关系，二者正在融合为一体。对于社会化媒体，维基百科中的定义包含 3 个方面：基于互联网和移动通信的应用，将传播变成一种互动的对话；它促成了用户生产内容为主体（user generated content，简称 UGC）；社会化媒体在很大程度上改变了组织、社群及个体之间的沟通和信息传播方式。传播学者彭兰将社会化媒体定义为互联网上基于用户社会关系的内容生产和交换平台。也有的国内学者将其概括为：内容主体为 UGC，依托关系网络，以互动作为技术核心。

在社会化媒体平台上，信息传播速度快，传播范围广，有的学者将之比喻为病毒式传播，同时由于其点对点的传播具有人际传播的特点，其信息的可信度也较高。如果把微信和微博当作一个媒体来看待，那么，微信和微博中的几亿用户就是媒体的“受众”。而这些用户并不是一盘散沙，社会化关系将这些散落在全世界的用户联系在一起，爆发出能量的聚变。

2. 传统媒体失去中心地位。在移动互联网出现以前，大众媒介是占主流地位的大众传播的中心点。传统大众媒体的中心地位，是大众媒体由于占有传播渠道而形成的中心化传播方式造就的，当中心化传播方式被改变，传统大众媒体的中心地位也自然被弱化了。

社会化媒体的去中心化传播是对中心化传播方式的颠覆式变革。在社会化媒体中，每一个用户就是一个传播的中心点，在社会化媒体中，找不到绝对的中心点。在社会化媒体中，每一个用户都处于平等的位置。

新媒体使封闭传播走向开放平台。互联网产业直接影响和稀释了纸媒在内容生产领域的绝对地位，直接引发纸媒商业模式根基的动摇，特别是随着社交媒体微博、微信的出现，移动互联网产业颠覆媒介形式、媒介渠道和商业模式。

3. *融合发展是未来趋势*。在对社会化媒体不同维度的定义中，互动性无疑是其必备的一个条件。而互动需要各种媒体平台的有效结合，即媒体融合。

在媒体融合时代，以内容生产、调整传播、反馈融合为一体的“同步”模式，将成为媒体融合时代内容生产的常态。而一旦媒体建立了这种全新的融合报道理念，就会产生大量基于媒体品牌生产、盈利、营销模式上的突破与创新。

（二）媒体融合时代年鉴面临的挑战与机遇

中国人民大学新闻学院副院长喻国明认为，媒体融合是一场革命，改良式的量变不足以拯救传统媒体。媒体融合转型最重要的是要应用“互联网思维”。互联网最强调的是平等、对话的姿态，是强强联合的一种方式。“互联网导引下的媒介转型是一场革命。内容、技术、用户洞察成为当下传媒业运作的三大价值支撑点。”

处于传统媒体中以纸媒为主的年鉴，要顺应媒体融合新趋势，因势而变，主要体现内容和技术两个层面的融合，在内容方面，要强化用户意识，在组稿、编辑、出版、发布上实现流程再造，形成“一次采集、多种生成、多元传播”的信息工作模式；在技术方面，要重视整合优质资源，开放平台，打造完整的生态系统。

1. *新媒体时代内容依然为王*。虽然新媒体来势汹汹，媒体融合势在必行，但也要有一点清醒的认识，即“内容为王”，所谓“皮之不存，毛将焉附?”新媒体毕竟是技术平台层面，如同出版社和印刷厂的关系，其支点还是内容，技术最多起到杠杆作用。

《关于推动传统媒体和新兴媒体融合发展的指导意见》中提出“要适应新兴媒体传播特点，加强内容建设，创新采编流程，优化信息服务，以内容优势赢得发展优势”。可见，内容还是占有主导地位，只是面对新媒体、新技术，需要内容加以再造，以更好地适应新变化。

2. 年鉴编纂以用户为导向。相比媒体融合大潮中呈现出的“去中心化、移动化、碎片化、垂直化”等趋势，当前年鉴适应新媒体产品策略的突出问题是“有受众，没用户，发展缺乏商业模式支撑”。而新媒体的经验是只有形成“用户池”，即稳定的用户群才能支撑稳定的商业模式，因为受众是模糊的，用户是具体的、清晰的、细分的。在年鉴的用户池中，在用户流进的同时必然也会流出用户，关键是年鉴的编纂和利用是否有助于核心用户的沉淀，因为最终在用户池中被沉淀下来的肯定是比较精准的目标战略下的核心用户。

3. 对产品形式和时效性提出更高要求。平台融合决定着媒体融合的高度，媒体融合的关键在于平台的融合，这种融合不是对新媒体技术的简单“嫁接”，而是构建“一体化”的开放平台，打造“一体化”的平台生态系统，共存互补、有机结合、创新发展。

这种一体化发展，不但需要年鉴产品形式能够有效适应不同媒体平台的需求，而且要给予各个载体充分的转换时间。因此，为提高整体时效性，纸媒内容需要进行标准化处理，同时提高效率、缩短运作时间，以确保各媒体环节顺畅有效进行。

（三）年鉴发展如何适应媒体融合的战略需求

传统媒体和新兴媒体的“融合”的一体发展，不是在原来传统媒体基础上叠加新媒体，也不是传统媒体业务与新媒体业务的并行，而要实现各种媒介资源、生产要素的有效整合，实现信息内容、技术应用、平台终端、人才的共享融通，形成一体化的组织结构和传播体系，做到你中有我、我中有你。媒体融合要理解为“内容生产＋产品形态＋渠道占有”的“一体”。

1. 强化年鉴媒体发布功能。年鉴工委会副主任、北京大学教授李国新在第十四届全国年鉴学术年会上做主题报告时谈到，年鉴的形式要由一本书走向一种媒介类型，强调年度特点、资讯价值和发布功能类型，把年鉴发布变成新闻发布，形成系列化“年鉴群”媒介类型。年鉴弱化史书概念，强化媒体发布功能，不但突出了其时效性，也易于实现与各媒体的现实性嫁接。

2. 发挥独特内容优势。在新形势下，推动传统出版和新兴出版融合发展，其本质是要立足出版、发挥优势、运用先进技术、走向网络空间，做到一个内容多个创意、一个创意多次开发、一次开发多个产品、一个产品多个形态、一次销售多个渠道、一次投入多次产出、一次产出多次增值。年鉴自身拥有对权威资料、优质内容占有的独特优势，有效利用多媒体载体，将内容价值发挥到最大限度。年鉴也要借此新媒体融合机遇，不断探索开发、衍生多产品业态形式，形成年鉴规模化效益。

3. 创建年鉴大数据平台。在当前数据爆发的时代，年鉴数据的价值有它得天独厚的优势。因年鉴的数据是最为权威，最为全面，也是最为延续的。年鉴的数据不是碎片化的数据，而是一种体系化的数据、系统化的数据；年鉴数据不是短时期的数据，而是长期的数据。这些特点决定了在这个大数据时代，年鉴的作用不仅不会被削弱，而且还会不断增强，很有可能成为其他数据库资源的数据来源。那么从这一层意义上来看，在大数据时代，年鉴的数据宝库的价值会更加彰显。

4. 充分利用多种媒体平台。加快大传媒产业布局，成为传统媒体和新兴媒体融合发展重要路径之一。跨行业发展已成为传统媒体规模化改革的新模式。随着社会的发展，传统媒体必将链接更为广泛的社会资源，以机制的创新更有效地实现跨地区、跨媒体、跨行业的优化配置和资源整合，带动产业优化升级，最终提升传统媒体的核心竞争力。

比如中央财政支持《中国大百科全书》“三版”进行全面创新，把专家编纂的权威性和大众参与的开放性紧密结合，构建云计算和大规模跨平台编纂方式以及云知识服务模式。年鉴也应适应传统媒体的发展趋势，积极拓展利用多种媒体平台，为自身发展插上腾飞的翅膀。

二、媒体融合背景下年鉴内容取向

媒体融合更多地表现在传统出版传媒业拓展新兴数字媒体的生产，实现“数字化”“网络化”发展，构建全新的出版、媒体平台。年鉴在内容建设方面，要注重提升内容品质，通过融合与发展，使传统出版业内容优势得以充分发挥，并延伸和拓展至新媒体。

（一）媒体融合对内容的要求与变化

随着渠道的突破性发展和服务意识的凸显，内容为王不断受到来自“渠道为王”“技术为王”“服务为王”的挑战。新媒体环境下，内容为王应该有所突破，尤其是内容质量、用户需求、技术要求方面。

1. 推出更优质精炼的内容。1990 年维亚康姆公司总裁萨摩·雷石东决定要成为全球最重要的内容提供商：“谁做传送不管，我就是要放上最好的内容。”2002 年他在“21 世纪传媒业的发展”研讨会上，将维亚康姆的发展模式总结为：占有最好的内容，创建内容品牌，保护自身版权。并进一步提出，如果把内容比作国王，那么品牌就是王中之王。做好内容也是传统媒体在现有渠道上应对新媒体挑战的合理举措。而且，随着新媒体技术迅速发展，传播效率的提高，受众对于高质量内容的需求增加。为此，年鉴在内容打造方面应该挤出水分，存留更优质精炼的内容，以精品树立出版物品牌。

2. 满足用户更全面的需求。在新媒体影响下，用户的阅读习惯和方式发生了改变，需要更为丰富的产品和服务。能够为王的内容是充分利用和发挥所依托的渠道优势和特点，满足用户更全面的需要，提供良好用户体验的内容。

3. 符合多媒体技术要求。内容为王并不排斥对渠道的利用，反而，内容对渠道的依赖、技术的支持越来越强烈。年鉴不但要使占有的资料进行更符合新媒体技术需求的加工，还可针对自身优质内容实施动漫、游戏、影像等跨领域的多元开发，并鼓励原创。

（二）年鉴内容与新媒体的差距与不足

1. 官书、史书的陈旧观念。中国大多借助官方的支持、官方的力量办年鉴，从编纂组织架构到年鉴内容反映，无不围绕官方转，“官书”痕迹浓重。官办有一定组织、发行优势，但官书更体现为少数人服务，对于读者大众来讲则是宣传色彩浓重、缺少实用性。

从“官书”出发，就其内容还有一种现象是“史书”意识，认为“存史、资政”高于一切。殊不知这一功能只是年鉴的众多功能之一，忽视了年鉴的其他功用，如媒介价值、导向价值、数据价值等。年鉴更有现实作用，如发挥多方展示、横向交流、决策参考和战略指南等作用。

2. 优质信息、可利用信息不足。目前年鉴内容受工作总结、报告和新闻报道等模式的影响较大，空而不实的信息较多，还不时充斥着吹捧性和虚话、套话、大话、空话，导致有效信息、优质性信息和可利用信息不足。

3. 编纂模式化、僵硬化。年鉴的组织、人员相对稳定，尤其是2015年国务院发布《全国地方志事业发展规划纲要（2015—2020）》，大力推进地方综合年鉴发展，年鉴编纂纳入全国地方志工作。年鉴的机构人员得到进一步强化，年鉴也遇到难得的发展机遇。但也要看到，年鉴编纂创新不足，有统一、固化趋向的老问题，是否又会有转向志书的趋势，如框架多年不予调整，形成年鉴“千人一面”现象，内容表述也是老生常谈，变得越来越古旧，越来越志书，缺少新意、创意，逐渐走向模式化、僵硬化，难以适应新媒体的内容需求。

（三）年鉴内容如何迎合新媒体时代

1. 拓展年鉴内容深度和广度。内容要进一步压缩水分，在精化、精炼的同时，不断扩展触角，将更宽广的信息收纳进来，同时也要对重要内容做深度分析、挖掘、揭示，增加年鉴信息的有效性，提升信息的价值，提高用户的体验效果。

2. 由“官书”转向用户需求。年鉴内容要实现从围绕官方转，立场、态度逐步走向更公正、更中立的媒体人立场，更注重读者感受，框架设计、编纂标准和编纂流程等以用户为中心，为多元化的用户服务。

3. 提升编纂规范化、标准化。为使内容更具价值、符合新媒体需求，需要压缩进度，提升时效性，在编纂要求、流程和机制方面有更新的改进，如编纂标准更明确、更具体，便于编辑人员及时掌握，更好、更快对文字进行编辑加工处理，同时制定科学合理有效的流程，加快纸媒和其他媒体一体化进展，缩短与用户见面时间，加强与用户互动体验。

三、年鉴在媒体融合时代的内容再造途径

（一）框架设计和表现形式突破传统例式

1. 连续性、稳定性是前提。年鉴是连续出版物，为保证其连年的分析可比作用，年鉴的框架需要保证相对稳定，不宜作颠覆性或大幅度的改变。所以在设计框架时要有长远计划性和前瞻性。但稳定性也不是绝对的，可以针对常编常新的需求，根据现实变化做相应调整改进。

2. 增加创新，突出亮点。框架是最富创造性的环节，只有在框架设计中融入创新性思维，才能体现个体特色、个性风格，才能对读者更富有吸引力，年鉴也才能具有生命力。但这种创新性是稳中求变、稳中求新。

3. 增强灵活性，轻装简行。现代阅读的趋势是碎片化，大篇幅的文字罗列难以征服读者，也不适应多媒体形态，如 APP 微信

端。因此设计框架时要考虑对内容进行适当的拆分、优化，设计的条目更醒目、更突出亮点。

（二）选材选题客观真实有深度

1. 克服片面性，取信用户。内容选材应该更贴近实际、贴近生活、贴近用户，而不能脱离实际、脱离生活、脱离用户。年鉴取材要按照读者的关注程度，突出重点，兼顾一般，通过独特的内容配置方式铸造鲜明的个性和风格。

2. 全面记录，拓展广度。年鉴要维持较高的媒体检索量，甚至下载量、引用率，就必须对本领域、行业有较大的信息容量，能够涉猎本领域、本行业的一切基本问题，即做好广度细分，能最大程度满足读者多方面的阅读检索需要。选材以全面、周全而独具特色、丰富而又扎实的内容去赢得读者兴趣和社会关注度。

3. 真实记录，挖掘深度。年鉴内容要积累独家拥有、相对稳定、连续可比、富有特色的权威真实的资料信息，对本领域、行业的重点、热点问题做最专业的深度反映，即垂直细分，或者以本年度资料为主，通过新媒体载体实现回溯性、前瞻性的资料嫁接，最大限度满足读者的信息需求。

（三）条目编写跳出模式化

1. 条目标题精炼。年鉴条目的设立是为阅读和检索方便，也为实现新媒体载体提供了便捷的途径。每个条目相当于文章小标题，是年鉴的眼睛、亮点，条目名称要摒弃冗长、沉闷、总结式标题，提炼出更能反映内容的精华语句，以吸引读者关注。

2. 增大条目信息承载量。每个条目不宜过长，最好控制在500字以内，最长不可超过1 000字。在条目有限的字数内尽量扩大信息承载量，实现内容宽度和深度的最大扩展。

3. 浓缩文字表述。文字表述尽量简洁清晰，不做叠床架屋式的文字罗列和拖泥带水式的语言堆积，文风力求简练、规范准确、朴实、通顺，直陈其事，用事实说话。

（四）编纂标准化、规范化

1. 标准化利于大数据转换。实施标准化格式，符合年鉴数字化、网络化发展趋势。实施标准化格式，能够调动编纂过程中撰稿、编辑双方的积极性，有利于从整体上实现年鉴的新媒体需求。实施标准化，可以简化信息收集程序，减小信息的收集难度，达到缩短年鉴出版周期的目的。最重要的是，标准化可以降低数据转换的复杂程度，实现多种年鉴的横向连接和共享。

2. 规范化可优化内容质量。近几年年鉴越编越厚的现状逐渐增多，原因在于条目的水分增多，稀释了许多有效信息。实施规范化，能够保持年鉴信息的完整性，丰富年鉴的信息包含量，拓展、提升年鉴的使用（实用）价值。编纂规范化可以产生水分挤出效应，如解决框架设计的交叉重复或冗余累赘问题；解决选材的过于宽泛，庞杂无序，没有重点，缺少特色问题；解决文字表述的林林总总、流水账现象等。

3. 制定年鉴编纂标准。制定年鉴的基本质量标准，可以将年鉴规范进行量化处理，实现一本年鉴的框架设计规范、选题选材规范、条目编写规范、成书加工规范化发展，还可使多种年鉴实现标准化编纂，整合年鉴群一体化发展，实现资源共享。

（五）多媒体环境下年鉴流程再造

1. 流程标准化，提高质效。多媒体环境下对内容质量和时效性都有较高要求，但年鉴工作又是涉及多环节的系统工程，年鉴编纂工作需要各部门协调配合、各环节有序进行才能保障项目的顺畅运转。专业化的运作、标准化的工作机制，既是办好年鉴的质量保证，又是提高编纂效率的保障。

2. 符合多媒体一体化要求。媒体融合需要一体化同时运作，需要多环节、复杂的平台嫁接，以及众多人员参与，若想实现顺畅平稳转换、信息共享，需要制定内容及技术准则及流程，以便各环节共同遵守。

3. 加快年鉴出版时效性。标准化的流程设计可以简化撰稿难度，使供稿效率大为提高，编纂过程缩短，出版周期也会相应压缩。这对拓展年鉴在其他平台的使用预留出非常重要的时间，也可以使用户在最短的时间内、最便捷方式通过不同平台体验到年鉴价值。

与新媒体相比，传统媒体拥有专业的采编队伍和成熟的采编流程、机制，内容是传统媒体的优势。年鉴作为内容产业的传统媒体要以内容为王，同时不断创新以适应新媒体要求，才不会为时代所遗弃。所谓“知易行难”，年鉴在媒体融合的道路上还有许多体制、机制、人员等方面的障碍；但更重要的是“知难行易”，对于年鉴的未来发展形成共识，在现有的条件下共同砥砺前行。

参考资料：

①许家康：《年鉴创新之路》，《年鉴编辑手册》，线装书局，2008。

②许家康：《创新是年鉴事业发展的战略性选择》，http：//www. yearbook. cn/? p=4&a=view&r=441.

③孙关龙：《在第二十二次全国城市年鉴研讨会暨第十三届全国年鉴学术年会上的主题报告——中国年鉴三十五年奇迹史的重要动力（创新与规范）》，《年鉴论坛》（第四辑），长城出版社，2013。

④张军：《新的传播方式推动媒体融合发展》，《新闻战线》2015 年第 20 期。

⑤张军：《大数据时代年鉴面临的挑战与机遇》，《江苏地方志》2016 年第 2 期。

⑥马雪芬，蓝有林：《媒体融合：内容是支点　技术是杠杆》，《中国出版传媒商报》2015 年 2 月 3 日。

⑦杜泽壮：《媒体融合内容先行》，《中国知识产权报》2014 年 8 月 29 日。

⑧姜旭：《媒体融合：内容与技术并重》，《中国知识产权报》2014 年 9 月 5 日。

（作者系中国税务出版社年鉴编辑部副编审、副主任）

中国史、志、鉴关系探略

王相钦

内容提要： 本文认为，西方的年鉴与中国所编的年鉴有着重要的、性质的区别。中国的年鉴从自身编写的内容、作用与一般工具书的特征、功能比较，不宜归入工具书之类属。中国的年鉴一般应归于“史、志、鉴”的学科体系之中，论述了中国年鉴归于史志鉴学科体系的历史渊源与逻辑条件。

关键词： 年鉴；史志鉴关系；学科体系

年鉴所收录的主体资料的性质是选择、辑录“年度事实”。“年度事实性资料”确定年鉴的特性区别于一般工具书，由此而导致对年鉴类属的判定。

一、对通行的“年鉴为资料工具书”类属的质疑

年鉴的性质或说中国年鉴究竟属不属于工具书类的科学判定，需要相关专家学者及有识之士深入的探讨、研究和学术上的争鸣。这里就作者认为把年鉴归类为“资料工具书”是不恰当的，表示个人的见解如下：

在我们确定了年鉴的主体资料区别于一般工具书的特殊性质是事实而不是文献的加工与辑录，就已经部分地否定了“年鉴为资料性工具书”的定义或类属。因为：资料内容的性质不同反映了工作的不同，工作方式、内容的不同又决定了工作结果——资料性质的不同。由此，对于外国年鉴属于工具书类，笔者倒确乎认为其是，因为他们的工作大体可能就是对所收集的“文献”进行加工，或外国的年鉴大体就是加工后的文献。因为所有的外国年鉴大概都没有如同我国尤其是当代中国的社会条件，更没有我国已有千年以上的

文史传统和积淀。由于对年鉴这个定义或工具书类属在中国（乃至世界）通行至今，有必要进一步在概念上和年鉴编写的实践上对年鉴不类属于“资料工具书”做出剖析。这种剖析由上述也就针对当今中国的年鉴。

一个事物的作用与其类属是不同的。任何一种物品、材料包括诸如期刊、报纸、书籍、信札、报告，以及年鉴，在用于某一特定的目的、用途的时候，都可能起到资料、工具的作用。但是这种资料、工具的具体作用，与“图书、信息、情报类”“档案管理类”与“历史学类”“经济学类”等的学科类属是完全不同的。一部年鉴的主体内容是“事实性资料”，然而这些资料尚不能具备一般工具书的功能。

1. 从工具书的一般特征、功能看，年鉴不负资料工具书之类属。工具书一般作用是为使用者解惑释疑、指引路径、确定事物、查询未知等。根据这些作用，工具书必须具备基本的标准、条件、功能和质量：①所载内容、知识等的稳定性，时间的延续性，即工具书所提供的知识要较长期地保持整体的稳定。比如词典、百科等内容，不能三两年就一变或有较大的出入。②规范和确定性，是有确定的标准和尺度。③内容的概括性及集约性，即对相关内容或方面、问题进行了最大可能的包括、梳理、提炼，有最充分的外延和内涵，不能挂一漏万。④确切的指向，指定性，等等。

仅就以上几点比照，笔者认为，依目前国内所编年鉴情形，尚不足以、不宜于担当工具书的使命。

首先，就一本年鉴所载内容的稳定性来讲，与工具书的要求相距较远，尽管一本年鉴中也会有同一事物，历年都有其发展不同阶段的延续反映，但在一本年鉴中或在众多不同类的年鉴中，持续做这种反映的条目或专题比重很少。一本年鉴主要记载当年之内的实际工作，以及当年新发生的事物，因而历年之间的差别是很大的，例如：《轻工业年鉴》曾经编写的企业实行全面承包制及其典型人物石家庄造纸厂厂长“马胜利”，实行满负荷工作法的经验及其典型人物“张兴让”，改革开放之初加工工业推行的“三来一补”方针，“工艺美术品的出口创汇政策”“国家对于轻工业的六优先政策”等都在几年之后为新的、更为科学的现代管理制度和工作理念、方法、政策所替代。很难将这些条目或年鉴内容作为工具书的性质和功能。这些文字资料只有作为当时年代和社会、经济背景下的历时资料，其内容记载方显示出其特有的历史价值。

另，年鉴所记述的历年中的事物及工作，其变动及发展变化性是比较大的，例如20世纪80年代风靡市场为消费者所喜欢、北京葡萄酒厂生产的“丰收牌桂花陈酒”，北京洗衣机总厂生产的“白菊牌双缸洗衣机”，沈阳压力锅厂生产的“双喜牌压力锅”，健力宝集团及其生产的“健力宝运动饮料”等，均为而后不久新的产品所取代。

诸如以上这些名噪一时的产品及其生产企业其寿命周期都比较短暂，缺乏相对的稳定性，很难作为工具书的比照、标定作用。而年鉴如果作为及时刊发最新信息的媒介，它的年度性又逊于日报、日刊，特别是逊于即时传播的电视、广播、互联网等载体、手段。年鉴所载内容如作为信息发布，因时间的延迟其价值衰减的程度非常大。比较稳定快捷的各类工具书或其他工具、媒介，年鉴都突显其短、其拙。综上，年鉴一定要向自长且他人不可企及特点的方向靠拢。

再如“内容的概括性和集约性”即工具书对所载某一专题或词条要极大地包括所含的外延，能够一专题、一领域总括其要旨，不能有很多部分或重要部分的缺失。而年鉴是实录性质的，又局限于年内去收集、录述相关内容，所以会有相当部分该录而未录的内容，同时也缺乏时间、技术、组织等条件，对所录某一事物、现象或专题进行要旨的概括总结。年鉴所收录的内容，也需要整理、加工，但这仅是编辑、编排意义上的加工，而不是同类事物一定数量上的归纳，本质上、规律上的理性的深度加工和抽象。

一本年鉴实际上是对事物做数量上的积累，它们更多、更大、更长久的价值正是日后为进一步概括、归纳、总结、集约、抽象、梳理提供和积累资料，而在此时、此地不胜标定、归结、对校的工具之用。

所以年鉴的资料应该主要是提供某方面事实的资料，年鉴的工具作用只是局部的、时限的，所起到的“资料工具书”的功能也只是有限的部分的功能，而这种局限、时限的功能和作用是许多非“工具书”的期刊、书籍等同样可以起到的。因此年鉴不能在学科上划入“工具书类”或“资料工具书类”。

2. 从中国的年鉴所编实际内容及其功用看，亦不符工具书之用。我们引用“广州年鉴”“轻工业年鉴”的几例条目内容，印证本标题的观点（对所涉年鉴条目只作学术表述之用，无褒贬之意）。

2014 年版《广州年鉴》“交通运输和邮政业”篇目中“海事管理”一栏中的“代征船舶车船税”条目，全条文字抄录如下：“2013 年 8 月 1 日，广州海事局正式启动船舶车船税代征工作，在全省率先实现船舶所有人或管理者可以凭纳税人身份证明、税务登记证和船舶所有权证书等资料到广州海事局政务中心、广州市政务服务中心等 9 个船舶车船税代征点缴交在海事部门登记且船籍港为广州的船舶车船税。全年代征船舶车船税 693.3 万元。”再，该鉴“社会民生”篇目中“来穗人员服务管理”栏目中，“来穗人员住房保障”条目，其全文为：“2013 年，广州市采取政府投资兴建，鼓励、引导社会力量、用人单位自建员工宿舍，加强和规范住房租赁市场，为来穗人员提供良好的居住环境。2011—2013 年，番禺区通过政府投资建设、企业自建、政府回购、盘活存量房源等方式，共筹建保障房 6 513 套，总建筑面积 44.5 万平方米，其中面向来穗人员配租的公租房 3 778 套，占总筹建房数量的 58%。萝岗区规划独立员工楼项目用地 126 万平方米、建筑面积 273 万平方米，其中 2013 年新开工建设和筹集保障房（来穗人员公寓）1 766 套，建筑面积 8.3 万平方米。”

再如《轻工业年鉴》2013 年版中“行业篇”中“酒精工业”一栏中“醋酸制乙醇对行业的冲击”一条：“2012 年 4 月 25 日，塞拉尼斯获准在南京生产工业乙醇。江苏省发展和改革委员会发布了核准塞拉尼斯（南京）乙醇基中间体有限公司工业乙醇生产能力。该工业乙醇项目总投资1.8亿美元，采用塞拉尼斯的乙酰基技术平台，以基础碳氢化合物为原料生产工业乙醇，于2013年6月投产，每月平均生产2万吨工业酒精。河南顺达化工20万吨/年醋酸酯化加氢制乙醇项目正在建设中。虽然实际形成的产量不大，但对整体酒精价格形成一定冲击。”

另外，我们再抄录以下类似内容的条目名称，《广州年鉴》中：“第五届全球华人羽毛球团体锦标赛”“民兵预备役武警装备普查、大清查”“伊利亚贝拉号石油加工装置改装项目完工出厂”“旅游营销模式创新”“美丽乡村生态旅游”“天河区民营经济”“战略性新兴产业”“第72届国际糖业科技大会”“高校获国家自然科学基金资助情况”“白云区民营企业服务中心成立”“金沙州水上巴士开通”。

《轻工业年鉴》：“纸及纸板、纸浆、废纸及纸制品进口”“钟表市场情况”“陶瓷工业结构调整新进展”“（玻璃产品）质量与抽查”“食品中邻苯二甲酸酯类物质研讨会”“全国油墨行业总体走势”“（盐业）深化改革转变经营方式”“（焙烤）职业技能竞赛”“‘中华老工坊’字号认定工作”“宣传玩具的益智作用”“东部家工具行业发展特征”“（内蒙古）乳制品加工”“（江苏省）节能减速排”“（武汉市）促进传统手工业产业发展”“（香港）食品、饮品及烟草制品”“江苏出台学生奶突发事件应急预案”。

上述这些条目及其内容以及大多地方、行业性年鉴中的条目及其内容都是记述当年各相关领域所发生的、进行的事件、工作，或重要的工程、成果。这些内容很难与一般工具书的内容及效用相类比，说以此类内容为主体的年鉴与新华字典、中国旅游地图册等同是工具书，实在有些牵强。

比较一般工具书的内容与年鉴所载的事实为主体的内容，工具书的内容一般为当前、即时之用，为一时一事一定之用；年鉴的内容除当前即时之用外，更为主要的价值在于为日后所用且愈久则愈显其用；工具书的内容本身基本不具备再行开发的内蕴，而年鉴的内容更为重要的意义在于后续进行的社会、人文意义的再度或深度开发。确切地说年鉴编写之最重要的目的、主要的目的是用于后续的开发使用。

综上，年鉴作为一种出版种类和形式，虽然是从国外引进中国的，但中国所办年鉴，特别是当代中国所办年鉴，归类于工具书或“资料工具书类”是不适宜、不恰当的。中国的年鉴应该有更适宜的类属。

二、中国的年鉴及其“年鉴学”的建立应纳入“历史学”暨“史、志、鉴”统一的学科体系之中

1. 中国的年鉴与中国的史、志文化血脉相通。西方年鉴进入中国后的“中国化”。年鉴作为一种出版品类（关于年鉴的发展、形成及渊源，已有李今山、肖东发、李国新、孙关龙等多位学界前辈述及，在此不予复述），从西方引进中国以后，特别是在近当代中国的发展过程中与相关兄弟出版物、文献载体如各种工具书、期刊、报纸、图书、皮书，以及史、志书籍等在形式、内容，以及相关编辑、组织、管理、印制、出版、加工等诸多方面发生了千丝万缕的联系及融合。其中，笔者认为年鉴所受影响最深的是中国的史和志，史和志的编写内容、编写方法、编写的思想和理念、编写的目的及其使用对年鉴编写的影响都是显见和深刻的，同时其影响不仅是编写上的、直接的、形式上的而且是历史性的、人文性的、文化性的，是本质上的。这也正如笔者20世纪90年代初的拙作《年鉴的中国式理解》文中的观点：年鉴自由外域进入中国就与中国的史、志与中国的文化结合起来。“年鉴”既是如同引进时的西方年鉴那种年鉴，又已不是原有意义上的“年鉴”，它发生了嬗变，对“年鉴”必须做“中国式”的理解：它的取材，它的出版用意，乃至于它的承办人、组织者、编纂者，无不带上中国文化的色彩，特别是带上了中国史、志的色彩。通观近当代的“中国年鉴”，通体上下浸润着中国史志的血脉和气韵。

试举三例：①1909年中国第一部年鉴译作《新译世界统计年鉴》的组织者卢靖在其序中言及：“……不知某国富强之程度与某

国何若，且不知吾之国力，民之程度与某国相去何若，贸贸然。惊讶艳羡其设施，归而妄行妄效，贻画虎之讥，受绝膑之害……假吾国士夫治事之暇，案置此册，浏览而借鉴之，庶几能免于弱昧乱亡；且进而求夫所以兼攻取侮之策。是则印译此书者之所祷祀而求者也。”

卢靖在指出当时国人缺乏对外部世界了解的短视，继而盲目仿效西方的同时，痛陈编译“世界统计年鉴”是为了借鉴，为了国家自立、自强，其文中的感情、立意、文思、文辞明显充斥“中国味道”。

②1914 年，清光绪进士，时任国务总理熊希龄在《世界年鉴》序言中写道：至如通史，而有三通九考年史，而有纪事本末，实开我国年鉴之先例……凡一年内政治之陈迹，法制之变更，社会之进化，经济之现象，靡不包举无遗。后有作者必取材于是。余以其有功于政治社会历史者大，故于其二编出版，乐得以为言。

熊希龄更是将年鉴与我国的历史传统及其史籍相关联并论。

③1932 年，著名报业家、《申报》经理史量才在《申报年鉴》创刊号上载文称：求治者以史为鉴，同人则以史自役……则他年以文化之贻留，史事之鉴戒，俾拨乱而返治，同人之欣伫馨香以视，年鉴之刊行更不容少缓矣。敢援此以述申报六十年发行年鉴之旨趣。

史量才亦是把今之年鉴作为日后治史之用的。

仅引援以上 3 例。从中所涉编者、译者、用意、所用语言，极而言之可以说年鉴一经引入，“即刻”开始中国化了。只要留意，中国的年鉴从肇始至今都是不由然、不期然把年鉴与史、志连在一起的。反倒是改革开放以来，年鉴的兴起，谓为风潮，诸多同仁及年鉴友朋志欲创立年鉴学论，特别是“文献论”的引进，反把年鉴学的理论及其编著引向了另成一端，而与中国史、志分开的路途，且自始至今总是着力强调年鉴与中国史志诸多不同，其论述时可听闻或见之纸端。虽然其中有其相应的理论参考价值，但受其先期理论途径和着眼方向的影响和制约，故最终局限而走不通畅。凡此同仁虽然大多认同年鉴的编写有史、志的影响，及对其理论和方法的吸收，然又坚守年鉴是与中国史、志不同的一类出版物，而将其纳入“资料工具书”的行列。这些朋友似乎没有看到年鉴自“中国化”以后以及从其长远的学术理论发展看，中国的史、志、鉴，已然合成一家并将形成完整的学科体系；没有看到年鉴当代在中国蓬勃发展最大的贡献不是对资料工具书，而是对中国的史志学科！这里需要望向数千年的中国史志传统和顾盼及当前和未来的宽广视野。

2. 中国年鉴最具中国史志的形与神。中国清末民初早期译、编年鉴的人物多为旧时的学人，如前所述及的我国早期年鉴译、编、出版的开拓者，组织、出版了《新译世界统计年鉴》等4部年鉴的卢靖即为光绪时的举人，担任过直隶和奉天提学司使；关注中国早期年鉴编译、出版并为1914年《世界年鉴》撰写序言的民国第一任总理的熊希龄，15岁中秀才，22岁中举人，25岁中进士，为钦点翰林。他精于中国传统的经史子集尤钟情于中国历史、舆地之学；由1932年至20世纪40年代编辑出版了5卷、当时具全国影响的《申报年鉴》的组织和创办人史量才，是1899年清末的秀才，熟谙旧学。除这几位，我国民国时期参加年鉴编写工作的还有翁文灏、竺可桢、邹韬奋、蔡元培、马相伯、于右任等传统文化的笃学者。可以想见，由这些自幼受中国传统文化暨史志文化熏陶的人士参与、参加年鉴的编写，年鉴的“中国化”是必定的。

再从新中国成立以后至20世纪80年代前后所办各种行业以及地方年鉴的情况看，虽然当时年鉴从业务上受辞书、百科等工具书编纂理论、思想指导，但是当时许多中央部门以及地方实际承办年鉴的单位和人员，很多是担负过“当代中国”丛书编写和地方修志工作的，这些人员中很多都有较好的国学修养和史志文化底蕴。年鉴在创办中所受中国史志的影响是非常明显的，而行业和地方年鉴其数量又占了全国年鉴中很大的比例。这些单位和年鉴实际上在编写年鉴的宗旨上，编写中秉笔直书的精神执守上，在编写内容的取材、立意上，在具体编辑事务上多是以传统的史志思想和知识做遵循的。

我们从中国传统著述历史的代表性体例来看中国年鉴所兼具的史的体征及所受史的影响：

①编年体。中国著史的主要体例。依自然时间年、月、日的顺序记述历史，“系日月而为次，列时岁以相续”。比如《春秋》《资治通鉴》《竹书纪年》《左传》均为此体例。

年鉴严格地以历年编写，而且时间单位严格规范，不仅前后相续且划分等距，从时间的不断延续看，年鉴整体上或从逐期的接续上看就是行业、地方（包括其他类型年鉴）的编年体例。编年体的体例在年鉴上的体现显而易见，且成为年鉴的主要特征。当然，这里所说的也只是年鉴所具有的史的一个体征，即便是接年连续，年鉴也还不是完整意义上的史。

②纪事体。以记述事件本末的一种编著体例，记述重要事件的本末，亦称纪事本末体。该体例以事件为记述的主体，例如《通鉴纪事本末》《宋史纪事本末》《辽史记事本末》《明史记事本末》等即为此种记史体例。

年鉴以条目为单位记载当年度事物，虽然不主张从头至尾细枝末节都记，但一事一记、一物一记，而不主张泛泛罗列过程的精神与之并无二致。以事为纲，以事为体，以事寄史，这些与年鉴的编写对象、编写用意同出一辙，正如前引熊希龄所言：……记事之本末，实开我国年鉴之先例。

③传记体。以人物传记为中心叙述史实的体例。以司马迁所著《史记》为开山之作，为大家所熟知。依笔者所见，当代年鉴体例受其影响最深、最为普遍。抽象掉其时封建帝王将候等时代的背景和表象，我们看当今所编年鉴、所记内容和分类、分章，在精神实质上极为相通。我们试看《史记》的主要构成：本纪、表、书、世家、列传。

本纪：按年月记述帝王的言行政绩。

年鉴普遍把本行业、本地方首脑、机关的工作及主要行动、工作、号召作为首要，为之开列专文、大事记、特载。

表：以表格简列世系、人物、史事。

现年鉴所开设大事记、人物篇（介绍）、统计篇、相关业绩表格，恰似“表”的现代化身。

书：记述制度发展，礼乐制度、天文兵律、经济地理。

从当代地方年鉴、行业年鉴所开列的篇章目看，不难看出由此及彼的转化轨迹。

世家：王侯子孙封国封侯的史迹。

年鉴中以有成就的具一定社会影响企业、人物、产品、事件为单元的专题记述。

列传：重要人物传记。

各类年鉴中的模范、典型、立功受奖人员等人物篇或人物介绍。

从以上当代年鉴一般类目设置与“史记”的分类分章的比照可以看出，当代年鉴设编立章以“形”上极具传记体的特征，当代年鉴特别是行业与地方年鉴，从“史记”脱胎，对其体例的化解、融通而用的痕迹极为显见。

还有一种著史的体例——典章体。以典章、制度的颁行、更替为线索记述的著史体例。

现代年鉴虽然较少完全以此为体例编纂的，但类似相关这些内容，却无一例外是年鉴记述的内容。而且有少部分年鉴，如《法律年鉴》《检察年鉴》即是以法规、法令、纪律、条例等典章为主要内容编著的，可以引为当下的“典章体”。

我们再看中国“志书”对当代年鉴的影响和关联：

①编写的分纲列目，分类横排，先分大的门类，再分细目。当代年鉴的框架设置大多如此。

②分门别类，纵向叙述，各篇、章、节、目之间并不发生关联和照应，只说明事物、人即可。

③客观记述，不加入编述者的主观意图、倾向，只述不论。

以上这些方志的撰述规则完全就是当代各类年鉴概莫能外的编纂要求。

综上，我们说中国年鉴最具中国史志的“形、神”。

若是从具体编写的谋篇布局、编写规范、语言的使用等方面，当代年鉴很近于方志。

我们分别摘录地方志与地方年鉴、地方行业志与行业年鉴的章节目录对比看一下，首先看一下地方志与地方年鉴：

江苏省志：总述、大事记、地理、人口、土壤、生物、地质矿产、水利、农业、轻工业、电子工业、机械工业、石油工业、化学工业、建筑业、电力工业、园林、军事工业、环境保护、海关、法制、政务、检察、外事、教育、科学技术、社会科学、文物、体育、宗教、税务、司法、城乡建设。

广州年鉴：总述、大事记、党政机关、军事、政法、工业、农业、城市建设、环境保护、旅游、对外经济贸易、社会科学、教育、卫生体育、社会民生、文献法规、经济社会统计资料、社会民生、文化、科学技术、人物。

再看一下行业志与行业年鉴：

江苏轻工业志：概述、制浆造纸、印刷业、日用机械制造业、日用玻璃、搪瓷制品业、照明器具制造业、日用化学制品业、食品饮料制造业、皮革毛皮及其制品业、家具制造业、文教体育用品制造业、工艺美术品制造业、资料制品业、家用电器制造业、衡器制造业、教育、科学技术、对外经济技术合作、管理、附录、大事年表、重要文献辑存、统计资料。

机械工业年鉴：综述、行业篇（冶金矿山机械、冶金设备、物料搬运机械、轻小型超重设备、常式输送机械、散料装卸机械、仓储机械、机械式停车设备、矿山机械、破碎粉装设备、洗选设备、大型铸锻件、基础件、减速器、制动器、油膜轴承、润滑液压设备）、市场篇、企业篇（企业介绍）、统计资料、标准与质量、政策法规、大事记、附录。

通过以上方志与年鉴所开列的篇、章、节目录的对照，可以看出在框架、结构、内容分类上，两者相似度非常之高，区分也是局部的、细支的，在记述的主干、主体对象上是类同的。

我们说中国当代年鉴，形、神最与中国史志相亲，根脉相系、气韵相融，是指其文化营养的吸收、涵养，手段、方法的互通，而不是指、更不是希望和主张一部年鉴既是一部史著，又同时是一部方志。不仅不是，而恰恰当代年鉴在吸收、消化中国史志的营养同时，要着力、着意维持养护自己区别于中国史志的独特性，而这种独特性和重要的区分，才能为年鉴补益中国的史、志，进而组合成完整的史、志、鉴的学科体系创造提供充分而必要的条件。

当然，中国当代的年鉴编写也分别从期刊、杂志、书籍、指南、辞书、年书、百科等各种文体和出版物中吸收了诸多形式和方法，但笔者认为对年鉴编写要旨、形神的影响还是以中国的史、志为大、为要。

实际上当代大多年鉴的组织单位或组织编纂者都明言所编年鉴是“为史”。

3. 浅析史、志、鉴的异同——三者归一统的逻辑条件。史、志、鉴作为3种文体由于撰写背景及用途的不同而有着它们鲜明的区分。同时由于有着共同的中国文化传统、基因、方法，三者之间又有着诸多的相同点。对于它们之间的相同与区分这两方面，史、志界及年鉴界学者及同仁，多有论述，本文在此不予详引。笔者仅就三者主要的异、同，对立统一，合为一个完整学科体系有着充分必要的逻辑条件，做简要阐述。

我们先简要概括一下三者的主要异同。

史、志、鉴三者的异：

①记述时间与空间的期段不同：史为隔代，志为二三十年左右的段落，鉴为年度。

②编著者主观意志介入的不同：史，摆事实、讲道理、探规律、析因果；志，主观不介入；鉴，主观原则不介入的前提下，部分或选择性的介入。

③三者界分不同：史与志界分明显。史编写体例上的竖排横写，志的横排竖写；史述写对象的社会、事件、人物、地域通融、

通贯与志的相应区域的绝对束定，这些史与志两者区分非常鲜明；年鉴在编写上则史与志两者的部分特点兼具、兼容，而在编写时段上又与史、志明显区别。

通观史、志、鉴三者，从体例上、著述风格上、编写内容的时段上区别明显，识别度很高。

再看一下史、志、鉴三者的同：

①三者都以客观事实为纂述实体和主体。

②三者对中国社会、时代为编纂的宏观对象，共同用时间作切分。

③三者著述的终极价值目标都是对着未来，都是为着后续开发、利用。

④三者有共同的文化基础。

综合史、志、鉴三者的异同，我们可以对“史、志、鉴构成一个完整的学科体系”做出这样的逻辑概括：

“中国的史志鉴构成完整的学科体系，因为它们有着共同的文化内涵”是为判断的充分条件——前提可以推导出结论，结论推导不出前提。

“中国的史志鉴有着共同的文化内涵构成完整的学科体系，因为三者各自记载不同时间段落的事实内容，在时段上恰构、恰合”是为判断的必要条件——前提推导不出结论，结论可以推导出前提。

4. 由史志间的融通到史志与鉴间的融通。史、志的相互融通自始亦然。中国的史志从来都是相互融合，相互吸收、相互为用的。

溯中国史志文化的源流，史为先，志于后。方志是从史及史学中发展出来的。史、志间的异是从当初的同中滋生出来的，例如较早成形的由隋代常遽编著的“华阳国志”，既有学人识其为志，亦有学人目之为史。

而在历代的史、志著述中相互援用、引征、论述且互为补益，互为肌骨的俯拾即见：

明末清初学者顾炎武著《天下郡国利病书》《肇域志》参考了1 000余种地方志，清代纪昀在《安阳县志》序里写道："故修地方志者，以史为根柢，而不能全用史，与史相出入，而又不能离乎史"；南北朝著名史学家范晔著《版书》，南朝宋裴松之著《三国志注》，北魏史学家崔鸿著《十六国春秋》，北魏地理学家、文学家郦道元著《水经》，南北朝时的刘昭著《后汉志》，凡涉西南史地者都曾大量吸收《华阳国志》的著述成果。

海外华人瞿同祖在著述《清代地方政府》一书的历史中，大量运用了《安徽通志》《长汀县志》《番禺县志》《华阳县志》等六七十种地方志中的资料。凡此不胜枚举。

综上，我们简要把史志鉴的关系归纳、梳理如下：中国的史、志、鉴依照在时间上出现的先后顺序，呈现出彼此的紧密关系。史与志之间是最先出现的亲近、紧密关系，是源与流，根干与分蘖，相互交织，相互借寓；鉴是后期出现的离史稍远而与志攀附更亲近，更紧密，三者类如兄与弟，姊与妹，相互虽然有大小、高低、胖瘦之别，而其体貌、性情却极为相似。由上，地方的鉴大致可以直接转化为志（目前中国的行业大多没有志，如果有也可类推如地方志与地方鉴）；而鉴之于史、志，由于内容的纪实、记事及其所记的就时就近，从而可以为地方、行业的史、志撰写提供最为真切，最为适用的事实资料。可以形象地把鉴之于史、志的关系比喻成米与饭，面与馍的关系。由此，三者相互区分，又相互融合、相互交织、相互补益成为相互契合的同一族类。而鉴与各种工具书等则是本家之外的外戚或邻居朋友关系。

总之，史、志、鉴相互渗透、相互为体、相互为用，由始即然，以至将未。中国的史志鉴合为完整学科体系从逻辑推导和中国社会、人文、历史对年鉴中国化的融合进程看都将是必然。当代年鉴人要在学术理论探索的方向上转躯顺从这一必然的趋向。

三、构建中国史、志、鉴统一学科体系的时代条件

1. 中国年鉴编写已有成熟健全的社会组织条件。中国年鉴的

编写出版自20世纪70年代末以来，适应各行各业的改革开放需要，如雨后春笋蓬勃发展，据国家图书馆最新的统计，目前全国各级各类组织编写的年鉴已逾6 000余种。其中绝大部分由中央各级部门、各省（自治区）市政府以及所属企事业单位所主管、主办，组织编纂。自2006年国务院颁布实施《地方志工作条例》以后，更明确将省（自治区）市综合年鉴的编写、出版纳入了地方志办公室的工作职责之内，由此确切保障了年鉴的组织以及内容收集上的权威性、全面性、真实性、持续性。全国性的部门或行业所编纂的年鉴也大都得到了所在组织的有效领导和相关保障。中国当代年鉴组织、编写应和了中国方志自古以来大都由地方政府修纂的传统，而且年鉴由政府或行业等部门组织、管理、编纂的范围较之地方志更为广泛、深入。

尽管自清末、民国初，我国年鉴肇始初期，各编译、创办年鉴的学人、先贤就自然而然地把中国的史志思想、史志观念、史志方法吸收、浸润入了年鉴的编写、使用之中，但那样的时代没有条件组织各个领域、各个部门、各个行业、各个地方通行编写年鉴的社会行为。年鉴的编译、年鉴的举办以至年鉴的中国化还仅仅是单一的、局部的、个别群落的、断续的。而新中国成立后，尤其是20世纪80年代以来至今的中国有了这个条件，并且实现了当代中国年鉴普遍性的、社会性的、持续性的发展，而这一社会性的、持续的年鉴编写为今后年代中国史志工作铺就了广大而坚实的基础，从而在很大程度上即史无前有的程度上改观了以往史志学者反复使用众所周知、翻烂的旧有材料或者苦心孤诣从各个偏僻角落去搜罗来星迹爪痕般的文献及资料，从有限的故纸堆中去搜寻、考证、推测、推导史实的状况。因此说当代中国年鉴事业的兴起和发展是对中国史志文化的创造性的、时代性的巨大补充和完善！

新的时代已经为年鉴的编写建立了史无前例的广泛、健全、成熟、稳定的社会组织条件。

2. 年鉴学的建立是中国史志鉴统一学科体系的关键环节。我们说构建中国史志鉴统一的学科体系，实际上关键的一环是要探索建立起自成一说，较为系统、完善的年鉴的组织、编纂、出版、管理、使用的理论。

在此之前诚如前述，大多年鉴业内人士向着“资料工具书”“文献学”的方向探寻年鉴学的理论。作者认为朝这个方向的努力只能是无宗无源，劳而功微，或者事倍而功半。笔者认为根据中国的历史、文化、社会、现代的实际状况，中国的年鉴编纂及其理论探索要自觉纳入中国史志文化的范畴才是正解。一是由此年鉴学的建立有了基础理论的支撑和依据，中国的史、志有几千年来产生、保存下来的浩繁著作、精典名品，而且已有了成熟、完整、系统的理论学说。年鉴由此有了更为雄厚且更为合理的学科归宿。如此，较此前向工具书的探寻而事半功倍。二是中国史志鉴的融合相互为用、内在统一、有机循环，有着长远的前景，合于中国的传统史学文化，因而年鉴事业的发展将获得更为广泛的文化、社会、人文基础。

我们上述所描绘的构建“史志鉴的学科体系”，实际上核心是要建立起与中国史志理论相衔接、相融合的年鉴编写理论。有了这个理论，才可以构建成史志鉴的学科体系。

传统上“隔代编史，当代修志”，其中恰恰缺少一个最为基础的“当年”。而年鉴在当代社会各个层面、广大地域的发展，恰逢其时，弥补了这个时段上的空缺。

在“史、志、鉴构成一个完整的学科体系”中，年鉴及其年鉴学的创建（过程中）将是对这个统一学科体系的重大贡献，将是这个体系能否建立的关键，将是中国史志文化在近当代的创造性发展。这是当代年鉴工作者光荣而艰巨的任务。

当代年鉴工作者以及有志于年鉴学创建的同志，需要建立新的理论自觉：中国已有的史志文化，理论系统而成熟，为年鉴学的建立提供了基础理论的支撑和充足的学术营养，年鉴学向中国史志方向的探索有着宽广、顺畅的发展前景。

中国年鉴学的建立之日即是中国史志鉴学科体系构建完成之时。

四、纳入史志学科的“年鉴学”与“文献学”等相关学科的关系

我们说把“年鉴学”理论的探索与建立纳入中国史志的学科体系是“正解”，是科学而通顺的学术道路，在于明确年鉴学最终得以建立的文化渊源以及学科发展方向及归宿，这并不排斥探索年鉴编写理论至目前业已取得的诸多成果。

实际上年鉴在中国的发展除了更多吸收了中国的史志文化以外，由于年鉴在近当代的多种功用，必然会吸收借鉴众多相关出版物及载体的形式和内容。确定年鉴的主体编写内容是年度事实，确定年鉴学学科源流上宗从中国史志，在这个基础上，应该且实际上年鉴也从诸如辞书、百科、指南、便览、期刊等相关出版物、载体上转用来很多有益的知识和手段。例如工具书中的检索手段、内容表述的条目（辞录）形式，图、表、文相互应照而活泼搭配及穿插的书刊版面设计手法，外文在目录及部分内容中的使用以增加阅读面和方便特殊读者等。其中也包括对部分文献所做的一、二、三次文献加工的分析及使用。这些知识及手段的恰当应用不仅与年鉴的史志文化之本无碍，还能丰富、强化年鉴的内容及功用，这并不悖“史志所宗为本，它体兼收并蓄为用”。

五、创建年鉴学是中国年鉴人的时代际遇

经年以来，笔者感觉并试图从概念上通过本文寻找和说明出中国的史、志、鉴有着共同的文化基因和同质的肢体构成。念兹在兹，进而发现笔者参加、组织的年鉴以及笔者所知晓的中国众多的年鉴首先是地方年鉴、行业年鉴，所收集、编纂的内容或资料大都实质上是年内发生、发展的事实；而近年本人在史志方面的工作接触，使我注意到史志工作围绕的核心、重心是“史实”——“事实”！两者同源同质！两者才该是一家，年鉴从国外嫁进国内来时，与中国的史志是姻亲，而在中国史志的血、气滋养下，在“史实”“事实”的交融下，史、志、鉴已完全通婚成了血亲！

由上延衍，撰成是文。笔者编写年鉴枉度卅年，未易才疏学浅，文中错讹不免，倘若有一二于年鉴同仁笑肯之处，权抚惶恐之心。

世界上的大小事物，其发展历程大概都是由“必然王国”向“自由王国”演进的历程。年鉴由国外引进中国，从清末到民国的有志之士创编、创办，再到新中国特别是20世纪80年代以来覆盖了各行各业，各地各域的中国年鉴的蓬勃发展，大概可以看作中国年鉴发展的“必然王国”；从中国年鉴学的提出及至今方兴未艾，大概可以看作当代年鉴界的领军人物和整个年鉴界、年鉴事业向“自由王国”的探寻和迈进。

当我们把这个探寻和迈进踏在中国文化的坚实而宽广的基础之上，把中国年鉴及其年鉴学的构建植于中国史、志壮茂的根脉之上，中国年鉴事业由“必然”向“自由”的进程将可能迈进一大步！在这个进程中，中国年鉴由始至今，成千上万的年鉴人已经以他们的实践为中国的年鉴输注中国文化的气、血、神，已经做出了创造性的“必然”贡献；历史和时代召唤当今的中国年鉴人在这个进程中恪尽其力，顺时应势争相为璀璨的“自由”而贡献。

中国年鉴学的主体造就，将使中国的史志鉴理论完整合拢，丰富中国的史学体系，从而为中国的史学文化做出划时代的贡献。笔者愿意以此文紧随中国的年鉴大军，向着这个目标助威，前进！

（作者单位：中国轻工业年鉴社）

浅议年鉴编纂规范性与创新发展

赵　静　李真真

内容提要：本文认为：规范化是年鉴编纂的前提，创新是年鉴事业发展的关键。如何进一步提高年鉴编纂的质量，推动年鉴工作上台阶，正确处理好年鉴编纂规范性与创新发展至关重要。

关键词：年鉴编纂；规范性；创新发展

年鉴作为一种文化产品，是系统汇集上一年度的重要文献信息，逐年编纂且连续出版的资料性工具书，且有资料权威、记载齐全、专业性强、连续出版等特点。《湖北发展改革年鉴》是经湖北省政府批准，由湖北省发展和改革委员会主编，湖北省宏观经济研究所承编的记述湖北省经济社会发展改革的大型资料工具书。该年鉴注重框架覆盖全面，条目设置合理，资料准确客观等方面的规范性，同时也体现时代特色和行业特色。在编撰实践中，结合《湖北发展改革年鉴》的实际，对年鉴编纂规范化和创新发展提出几点浅显的看法。

一、规范化是年鉴编纂的前提

年鉴编纂规范含义为编纂出来的年鉴符合一定的标准，遵守统一的规定，具体表现为框架覆盖全面，分类科学，层次清晰；条目选材有效，信息量大，记述要素齐全；资料准确、内容客观真实；检索完备，查阅便捷，语言文体符合工具书的要求等方面。从结构层面来看，年鉴的规范化体现以下 4 个方面，也是目前年鉴界公认的总体结构，一是综述部分，对上年度全面的情况作综合性介绍，如大事记、特载、概貌等。二是百科部分，对年度内各部门、各行业作动态的介绍，为年鉴的主要核心部分。三是辅助部分，对主体内容作进一步补充和完善，如附录、统计资料、文献摘录等。四是检索部分，如索引、目录等，为读者查阅提供方便。参照这四大块，以《湖北发展改革年鉴》2014年卷为例，第一块是特载部分，如湖北省人民政府2014年度工作报告、关于2013年国民经济和社会发展计划执行情况及2014年国民经济和社会发展计划草案的报告、2013年湖北国民经济和社会发展统计公报、2013年湖北省环境状况公报。第二块是经济社会发展与改革综述，具体为湖北经济地理概述、经济运行、社会建设、体制改革、工商行政管理、物价管理。第三块是部门经济，涵盖农业、工业、交通、国有资产管理、城乡建设、环境保护、贸易、财政、金融、保险、旅游等方面。根据发改委工作特点，另有社会事业和人民生活、区域经济、地区经济和发展、企业简介等主体部分。第四块是综合资料，包含国民经济统计资料、经济法规、2013年湖北大事记，基本符合年鉴总体结构。从操作层面来看，年鉴包括以下两个方面的规范化。一是年鉴条目编写的规范化。条目是年鉴内容的主体，也是影响年鉴质量的关键。具体来讲从条目选题的标准、条目内容的写作等方面加以规范，条目选题的标准突出大事、新事、特事。如《湖北发展改革年鉴》突出湖北经济发展重大政策、统计公报、环境公报和经济法规，促使年鉴信息有实用和存史价值。另外，年鉴条目的写作要突出文字简练、文风朴实、数据准确，主要以说明体裁为主，解释事理忌主观，尤其是综述和概括，忌年终工作总结风格，重点从单位（行业）主要成就、存在的问题进行提炼、归纳。二是年鉴编校的规范化。主要是对年鉴编辑工作进行规范，这就要求实行三级责任审稿制度、责任编辑制度、责任校对制度，三校一读责任制，同时也要求编辑人员的业务素质的不断提高。因此在编撰《湖北发展改革年鉴》过程中，强化责任编辑树立质量意识和责任意识，对具体数据，每一段文字进行认真审核，实行一、二、三校严格程序，将责任编辑和责任校对结合起来，严把年鉴质量关。总之，年鉴编纂的标准化和规范化是年鉴工作的前提，只有增强规范意识，才会确保年鉴编辑的质量和专业水平。

二、创新发展是年鉴事业发展的关键

随着社会的发展和时代的变迁，年鉴的编纂也会出现新变化和新要求。为更好发挥年鉴功能，适应市场经济发展趋势，关键在于创新。首先，年鉴作为信息产业，面临与其他书刊的竞争，只有不断创新，才会跟上时代信息，在激烈的市场竞争中占据优势。其次，年鉴作为文化产品，必须体现先进文化，只有在价值取向、文化品位、信息容量等方面与时俱进、不断创新，才会满足不同层次读者的需求，扩大读者对象群体。再次，年鉴生存和发展的需要。从年鉴性质来看，其内容基本具有政府公报性质，对象仅为社会管理者而非普通群体。因此，年鉴要生存和发展，就要打破传统观念，不断创新，将其打造为大众媒介，强化服务功能，增强年鉴的知识性、可读性和实用性。为此，年鉴编纂要在规范的基础上进行创新，因为创新是推动年鉴事业发展的动力和源泉，具体来讲应从以下 3 个方面创新。一是要有思维创新。由于社会的发展和事物不断变化，每一部年鉴体现每年的新情况、新面貌。根据《地方志工作条例》第三条规定：年鉴定性为年度性文献，因此要用创新的思维改变年鉴仅是工具书的概念。《湖北发展改革年鉴》在“存史、资治、教化”基础上，打破传统思维，树立为基层服务、为社会服务意识，以新的思维谋划年鉴新的发展，用新的编鉴观念指导年鉴资料。二是要有方式方法创新。如在《湖北发展改革年鉴》编纂中，在原有的框架设计基础上进行创新，使年鉴的内容符合当前湖北省社会经济发展战略方向，在条目设置上根据每年具体情况安排，做到全面客观真实，保持《湖北发展改革年鉴》完整性和延续性。在组稿方式上进行创新，通过行业协会、新闻媒体、互联网络和民间组织拓宽资料来源。三是要有特色创新。特色是年鉴编纂的灵魂，也是推动年鉴事业的不竭动力。一部好的年鉴，最重要的是彰显时代特征和本部门本行业特色。《湖北发展改革年鉴》坚持政府主导原则、坚持创新原则、坚持质量原则，紧紧围绕发展改革，重点突出湖北省政府工作、各部门经济、区域经济和县域经济，充分运用翔实数据、图表编排，体现发展改革行业特色，全面反映全省各部门、各行业、各地区的情况，记载省情、市情、县情。同时除注重统计表格的创新、年鉴部分综合统计资料表外，还突出各部门单项统计表、单项资料表、地市州（含县）的数据资料，为各部门及社会研究人员查阅提供便捷翔实的资料信息。

三、年鉴的规范化与创新互为辩证统一

规范与创新是年鉴编纂的两个方面，两者相互关联相互密切，互为辩证统一关系。年鉴规范是基础，也是保证年鉴质量的前提；创新是深化，是在规范的基础上进一步完善和提高，更是推动年鉴事业不断发展壮大的关键。具体表现为：两者是“先”和“后”的关系，“基础”和“完善”的关系，“稳定”和“提高”的关系。

以《湖北发展改革年鉴》为例，年鉴注重规范与创新并举，在理论和实践中两手抓，即一手抓规范，一手抓创新。年鉴的规范化主要体现为标准化，在内容方面规范框架结构、条目要素、选题、标题、大事记、图表、照片、附录等。在形式方面规范文体语言、计量单位、数据来源、标点符号、封面设计、文字排版等。在编撰实践中，每年对年鉴供稿单位下发文件，分省直部门、委各处室、地市州（含县）、企业 4 个层面对供稿单位明确供稿具体内容和有关要求，这样形成年鉴供稿来源的规范性。同时对各年鉴撰稿人、年鉴的主编和责任编辑，进行统一的业务培训，并出台年鉴编纂规范细则，形成年鉴编纂规范性资料，便于各部门各行业按照标准遵照执行。年鉴的创新主要突出特色和与时俱进，《湖北发展改革年鉴》为部门专业年鉴，近年来，随着国家宏观政策出台和湖北省经济发展定位和调整，在充分突出发展和改革主题的同时，对年鉴的内容和方式不断创新。如湖北省提出了“两圈一带”“一主多层次”“长江中游城市群”等区域发展战略，在年鉴编纂中增设了区域经济条目，从武汉城市圈、鄂西生态文化旅游圈、长江经济带开放开发、汉江生态经济开放开发、长江中游城市群建设、武陵山龙山来

凤经济协作示范区建设、洞庭湖生态经济区建设、黄梅小池开放开发、大别山革命老区振兴发展、扶贫开发、经济协作、县域经济等内容方面进行丰富和完善，形成年鉴的特色和创新。

总之，年鉴编纂规范是基础，是从事编纂工作人员最基本的要求和素质，离开了规范性和标准化，年鉴的质量不仅得不到保证，而且编出来的年鉴在形式和内容上五花八门，更谈不上精品。创新发展是年鉴事业永葆活力的源泉，只有创新才能为年鉴规范的完善提供新的依据和可能，如果离开了年鉴规范进行创新，年鉴的编纂就会大打折扣甚至走样。因此只有结合本部门本行业实际特点，既要遵守年鉴编纂规范，又要不断创新发展，只有这样编纂出来的年鉴质量才为精品，年鉴事业才会不断发展壮大。

参考资料：

①李今山，范作义：《中国年鉴编纂规范化》，中国书籍出版社，1994。

②许家康：《年鉴编纂创新与入门》，线装书局，2010。

③汪泽洪：《年鉴编辑的素质和培养》，《湖北省地方志文集》，中国文史出版社，2013。

④唐剑平：《略谈科学发展观与地方年鉴的创新发展》，《首届学术年会论文集》，方志出版社，2007。

⑤阳晓儒：《规范与创新：年鉴事业发展的永恒主题》，《年鉴论坛（第一辑）》，中国林业出版社，2010。

（作者单位：湖北省发改委经研所）

专业人才奇缺　编鉴后继乏人

——对吉林省年鉴编纂队伍的调查与思考

马艾民

内容提要：本文以吉林省年鉴编纂队伍为研究对象，以调查结果为依据，得出年鉴编纂专业人才奇缺，后继乏人的结论，提出在高校增设年鉴专业、多渠道提升在职人员专业水平、开辟聘用地情专家通道、为年鉴工作者搭建事业发展平台等建议。作者认为，建设一支具有开拓献身精神，具有较高理论和业务素质的年鉴队伍应为年鉴事业的重中之重。

关键词：年鉴编纂；专业人才；调查研究

一、年鉴编纂队伍现状

从20世纪80年代年鉴在吉林省诞生，至今，吉林省形成省、市、县三级地方综合年鉴编纂出版体系。9个市（州）做到了一年一鉴，县级年鉴的编纂从2007年开始进入常态化发展轨道，启动率达到100%。截止到2015年年底，尚有7区1县没有出版首部年鉴。全省年均出版年鉴45部，出版率达到66%（以60个县、市、区为基数）。吉林省的年鉴编纂队伍，从行政级别上分为3个层次：省级、市级和县级；从年鉴性质上分为2种：地方综合年鉴和行业年鉴。从事年鉴工作的专兼职人员约为160人。为了了解和掌握全省年鉴编纂队伍状况，吉林省地方志编纂委员会年鉴指导处从2014年4月起至2016年1月，用1年多的时间在全省范围内通过听取汇报、座谈交流、实地考察和问卷调查等多种形式，就全省年鉴编纂队伍进行调研。发出问卷160余份，回收有效问卷150份。问卷内容涉及3个大项、29个问题。从统计结果来看，吉林省年鉴编纂队伍呈现以下现状。

1. 从自然状况来看。

（1）年龄构成：30 岁以下的占 10.6%，31～40 岁的占 36%，41～50 岁的占 25.3%，50 岁以上的占 32%。

（2）从事年鉴工作年限：5 年以下的占 94%，5～10 年的占 4%，11～20 年的仅有 2%（并非连续编纂年鉴，中间有停顿）。

（3）学历：全省年鉴从业人员中，高中以下毕业的占 4.8%，专科毕业的占 26.8%，本科毕业的占 62.2%，硕士及以上毕业的占 6%。

（4）职称：2006 年前后，全国地方志系统中，有些单位开始参照公务员法管理，不再评聘职称。目前，吉林省年鉴编纂队伍的职称情况是：正高级职称占 1.3%，副高级职称占 17.1%，中级职称占 34.2%，初级职称占 10.5%，无职称的占 36.8%。

（5）单位性质：年鉴编纂人员所在单位参照公务员法管理的占 30.8%，属于事业单位的占 67.9%，其他性质的占 1.2%。在吉林省，省级年鉴和市（州）级年鉴编纂单位基本参照公务员法管理，县（市、区）级年鉴编纂单位多数与档案馆、党史委合一，事业单位性质的居多。

（6）专职从事年鉴工作人数：在地方志工作机构中，专职从事年鉴工作 5 人的占 10%，4 人的占 2.3%，3 人的占 26.2%，2 人的占 32.5%，1 人的占 7.5%，无固定编鉴人员的占 1.3%。

（7）身份：在职正式员工占 80%，退休后被返聘的占 12.5%，从外单位聘用人员和借用人员各占 3.8%。

2. 从工作状态来看。

（1）2013 年每天工作时间：9～10 个小时的占 8.8%，其余均为每天 8 小时。

（2）用于加班的时间：年鉴编纂繁忙时节，全省年鉴工作人员有 30%加班 1 个小时以内，21.4%的人加班 1～2 个小时，17.1%的人加班 2～3 个小时，4.2%的人加班 3 个小时以上，有 27.1%的人没有加班。

（3）工作压力来源：在“工作任务重”“社会期望”“家庭生活压力”“绩效考核压力”和“其他”5个选项中，“工作任务重”给60%的人造成压力，“社会期望”给26.2%的人带来压力，“绩效考核”是18.8%的人的压力，在“其他”项目中，有13.8%的人认为“业务工作以外的事务”“行政杂事”等给自己带来压力。

（4）对年鉴工作最为困惑的是：选择“编纂工作太繁杂、太辛苦”的占15%；“征集稿件非常困难”的占70%；“出版经费难以筹措”的占12.5%；“年鉴办与不办区别不大”的占2.5%。

（5）认为影响年鉴事业发展的最主要因素：选择“领导编鉴观念落后”的占14.2%，“编辑整体素质有待提高”占61.4%，“年鉴经费短缺”占14.2%，“上级业务部门培训不到位”占10%。

（6）认为制约自己专业发展的主要原因：20%的人认为“没有充足的时间”，35.7%的人觉得“缺乏良好的环境和制度”，40%的人认为主要原因是“缺乏专业指导”，1.4%的人认为“领导不重视”，2.8%的人认为是“其他原因”。

3. 从工作手段来看。

（1）参加业务活动的形式：52.7%的人只参加过省、市级的业务交流会，14.2%的人听过外省专家讲课（省里请过1次），10%的人参加过全国的年鉴业务会议，30%的人在省内交叉点评过年鉴质量（吉林省连续3年组织年鉴质量交叉点评），51.4%的人仅在编辑部内交流编稿体会。

（2）曾参加何种机构组织的年鉴方面的培训：52.8%的人参加过省级培训（吉林省从2008年以来，每年组织1次培训），32.8%的人参加过市级培训，24.3%的人接受过县级培训，只有7.1%的人参加过国家级培训，15.7%从未参加过任何培训。

（3）平均每年撰写和发表理论文章：50%的没有写过，32.8%的人写过1篇，68.6%的人没发表过，20%的人发表过1篇。

二、年鉴编纂队伍存在的主要问题

1. 人员年龄偏大。从调查结果来看，吉林省年鉴从业者50岁以上的占32%，也就是说，1/3以上的人在未来的三五年中即将退休。30岁以下的只占10.6%，说明后继者的人才储备严重不足。老年的和年轻的两者共占总数的42.6%，将近一半，作为骨干力量的中年人，数量并不充足，亟须提升30岁以下年鉴人员的比例。

2. 专业人员极少。吉林省各地的地方志工作机构单设“年鉴（指导）处（科）”的不多，只有10多个市（县）设有年鉴处（科），专门从事和年鉴有关的编纂、指导工作，多数从事年鉴编纂的人员身处“档案馆”“方志科”“总编室”或“编研科”“史志科”。形成啥活儿都干、哪儿忙哪儿伸手的局面，结果有可能啥都会干，啥也干不太明白。而编鉴最忙的时候，从事档案工作的、修志工作的、办公室行政工作的都会参与编稿、校对或有关年鉴的其他工作，造成稿件编辑处理标准不一，年鉴编纂规范无法全面落实、年鉴整体质量失控。编鉴的专业人员少而又少，年鉴又必须一年编纂出版一卷，各地只能在本单位内部“挪用”其他岗位的人员临时兼职充实力量，突击完成编校任务。这种做法在吉林省各市、县（区）较为普遍，有的还将其作为解决人员不足的经验在会上加以介绍。另外，从专职志鉴队伍的组成来看，全省在职人员中，只有5人毕业于东北师范大学历史系方志专业，5人中，正在从事年鉴编纂的只有2人。可见，“科班出身”的可谓凤毛麟角。吉林省现有从事年鉴工作的人员中，有来自党政机关的，有来自学校的，有来自新闻单位的，还有的是军转人员。从所学专业看，有历史、中文、无线电、办公自动化、经济管理，唯独缺乏方志或年鉴专业的。

3. 人员数量不足。从调查结果来看，吉林省地方志工作机构中，专职从事年鉴工作5人的只占10%，4人的仅占2.3%，3人的占26.2%，2人的占32.5%，1人的占7.5%，无固定编鉴人员的占1.3%。全省年鉴从业人员不足150人（包括本单位参与年鉴编辑工作的档案人员、党史研究人员、办公室人员等），而全省地方综合年鉴编纂单位有70个，平均每个编辑部2.14人，如果去掉病休的等长期无法上班的人员，有些编辑部真正干活儿的只剩一人或一个半人。正因如此，在调查问卷中，在年鉴编纂繁忙时节，全省年鉴工作人员有30%加班1个小时以内，21.4%的人加班1～2个小时，17.1%的人加班2～3个小时，4.2%的人加班3个小时以上。一些主编反映，在正常的工作日里，几乎编不了稿子，因为杂事太多，坐不下来，经常要在人们下班之后或双休日里专心处理稿件，所以加班是常有的事。有的年鉴编辑部为了解决人员不足的问题可谓绞尽脑汁，常年物色人选，但效果并不理想，一两个人承担编鉴任务、支撑局面的编辑部成了大多数。

4. 工作热情不高。在吉林省，调查发现，年鉴编纂人员所在单位参照公务员法管理的占30.8%；属于事业单位的占67.9%；其他性质的占1.2%。2006年1月1日和5月18日，《公务员法》和《地方志工作条例》分别颁布实施，对我国的年鉴事业产生重大影响。多数地方的年鉴工作者视进入公务员队伍为时尚，参照公务员法管理成为人们的首选。有《公务员法》做保障，进入到公务员系列的年鉴工作者衣食无虑，压力减轻，热情减退，动力不足。如此，编纂年鉴原有的动力系统受到破坏，而新的动力系统尚未建立。《公务员法》和《地方志工作条例》对从事年鉴工作的人员刚性制约不足，对产品（年鉴）质量的评价监管机制、对工作的监督约束机制和对有关人员的奖惩机制等尚未建立，地方志年鉴单位又不是干部成长的摇篮，很少有人因这项工作出色而升迁到更高更重要的部门。因此，内在动力生成的条件尚不具备，新的动力系统建立和完善更待时日。越来越多的年鉴由原来的编辑—出版—发行，变为编辑—出版—赠送，出版时间在延迟，工作节奏在放缓。这一情况在2015年表现尤其突出，全省大多数年鉴编纂单位的2015年卷年鉴是在2016年3～4月出版的，只有《吉林年鉴》《长春年鉴》《白山年鉴》等少数年鉴做到了年度内出版。

5. 发展空间不大。在调查中，面对“制约自己专业发展的主要原因”这个问题，有20%的人认为“没有充足的时间”，35.7%的人觉得“缺乏良好的环境和制度”，40%的人认为主要原因是“缺乏专业指导”，1.4%的人认为“领导不重视”，2.8%的人认为是“其他原因”。关于压力的问题，在“工作任务重”“社会期望”“家庭生活压力”“绩效考核压力”和“其他”5个选项中，“工作任务重”给60%的人造成压力，“社会期望”给26.2%的人带来压力，“绩效考核”是18.8%的人的压力，在“其他”项目中，有13.8%的人认为“业务工作以外的事务”“行政杂事”等给自己带来压力。对于从事年鉴编纂业务的个人发展空间，70%以上的人认为“基本没有上升空间”，15%的人觉得“空间不大”，10%的人认为，未来5～10年有可能成为年鉴的副主编或年鉴处（科）的副处长、科长，另有5%的人“不感兴趣”。

三、年鉴编纂队伍建设的途径

1. 培养专业人员。现代化的生产和管理首先强调的是要有专门人才。从理论上来说，年鉴编辑部人员配备有4项原则：一是数量原则，年鉴编辑部应由有一定数量的有专业知识的人员组成，人数应达到大体上可以按专业分工。二是合理的结构原则，编辑部人员在职务、职称上应按高、中、初级组成“宝塔结构”或“平台结构”。三是互补的原则，人员配置上形成知识结构、智能结构、气质结构和年龄结构等方面的合理构成。四是稳定的原则，年鉴编辑工作是一门专业性工作，不是随便什么人都可以承担的，将年鉴编辑部的人员随意换来调去，不利于年鉴事业的发展。

从调查结果看，吉林省的年鉴编辑人员绝大多数未曾受过专门训练，不仅没有学习过年鉴的系统知识，而且相关的编辑学、写作学、文献目录学、出版学、图书馆学等也没有系统地学习过。目前的从业人员来源很广：行政机关、学校、新闻系统、司法系统，均为“半路出家”的外行人。调查中，全省各地普遍反映缺少人才，专业人才更是缺而又缺。就目前来看，年鉴事业已成规模，但年鉴质量有待提高；年鉴工作者队伍在逐步扩大，但系统地受过专门训练的专业人员几乎没有。龚自珍说：“世之盛衰，皆观其人才。”年鉴事业也如此，人才是兴衰的决定因素。两个《条例》中都规定：“从事地方志编纂工作的人员，应当经过专业培训”。可是现实恰好相反，全省经过专业培训的地方志编纂人员凤毛麟角。人才的匮乏在很大程度上制约了地方志事业的发展，如果不能采取有效措施加以解决，这必将成为今后吉林省地方志事业的“短板”。

吉林是高教大省、人才大省，可惜的是，培养的毕业生中没有方志专业的，更没有年鉴专业的。中指组正在着手在全国设立方志学科和年鉴学科的工作，吉林省在这方面不妨早做打算、超前谋划。可以与国家教委、省教育厅等部门协调，探讨在驻长高校中率先增设方志学专业和年鉴学专业。请吉林大学、东北师范大学、长春大学、吉林师范大学、长春师范大学等院校整合现有教学资源、发掘师资力量，同时省方志委定期选派有实践经验、表达能力强的资深志鉴专家为学生开办讲座，采取“2＋2”（两年专业理论学习，两年参与志鉴编纂实践）的方式培养实用型的年鉴学专业学生，由全省方志系统承担学生后2年的实习工作，学生毕业时，全省方志系统择优录用。与此同时，建议省方志委与省教委协调，与相关高校在成人教育方面开展合作办学，开办年鉴专业函授班，每年用半年时间进行面授，开设修志、编鉴方面的课程。如此，坚持若干年之后，可在全省地方志系统内建立一支有学者风范的专业的年鉴编纂队伍。

2. 提高在职人员。年鉴编辑应该在德、才、智、能、识5个方面全面提高素养。德——有坚定正确的政治方向，有事业心，有职业道德，有进取心和合作精神；才——年鉴编辑部理想的知识结构是“通才”与“专才”相结合，建立文史、科技、哲学一体化的心理视角、求知习惯和思维方式。智——眼光敏锐、胆大心细，应变能力强。能——具备组织能力、思维能力、辨识能力、写作能力、公关能力、自学能力。识——见识、眼光。年鉴编辑要具有未来意识、现代意识和年鉴意识。

调查发现，吉林省年鉴人员参加业务活动的主要形式是：52.7％的人只参加过省、市级的业务交流会，14.2％的人听过外省专家讲课（省里请过1次），10％的人参加过全国的年鉴业务会议，30％的人在省内上台点评过年鉴质量（吉林省连续3年组织年鉴质量交叉点评），51.4％的人仅在编辑部内交流编稿体会。参加培训方面，有52.8％的人参加过省级培训（吉林省从2008年以来，每年组织1次培训），32.8％的人参加过市级培训，24.3％的人接受过县级培训，只有7.1％的人参加过国家级培训，15.7％从未参加过任何培训。笔者建议，可以分为3个层次进行在职人员的综合培训：年鉴主编，年鉴编辑，年鉴撰稿人。经过多年的积累和沉淀，在全国、全省年鉴工作者中，能够选拔一批既有理论水平又有实践经验的人。以这批人为基础组成“讲师团”，作为培训的师资。讲师团成员分工负责，定期在全省范围内巡讲，也可以根据各地需要，把选题分派给各讲师团，实行“菜单式”讲授，满足各地提升业务素养的迫切需要。主讲人选择2～3部专业著述作为参考教材，重点结合编鉴实际问题进行讲解，让培训对象达到理论水平与实践能力同步提高的目的。经过1年的实践后，可以形成全省通用的较为固定的培训教材，供业务培训之用。培训应形成常态化，可以1年培训4次，每个季度1次。省方志委年初制订培训计划并下发，各地人员报名。每次培训邀请2位主讲人，讲2个主题。课后有互动，探讨编鉴的理论与实践问题。

此外，可以采用“请进来”的培训方式，由省、市地方志学会不定期地邀请全国各地编鉴等方面的专家、学者为全省各级地方志工作者开办专题讲座，以坚定信心、开阔视野、跟踪前沿、增长见识，提高全省人员的业务素质。每年举办省级活动不少于2次。

“走出去”学习也是提升系统内人员素养的一个方式。抓住全国性的业务会议等机会，派人外出学习、参观、访问、交流，以掌握最新信息、了解同行动态、充实提高自我。每年省方志委派出人员不少于10人，各市级方志工作机构不少于2人，县（区）级不少于1人。

以上举措目的在于提升在职人员的综合素质，要达到这样3个目的：一是帮助他们确立马克思主义的出版观、坚持正确的出版导向、明确自己的社会责任和历史使命；让圈内人成为真正的文化人，因为年鉴这种出版物属于文化产品，“操刀者”应该拥有博大的人文情怀。二是引导大家学习专业理论和专业技能，掌握出版知识和大数据时代的新要求。三是在宣传、策划、编辑、制作等出版流程中，让年鉴人更多地具备创新素质，更好地满足当代年鉴事业发展的需要。

3. 聘请地情专家。当前，全国第二轮修志工作已经接近尾声，年鉴的编纂理应成为地方志工作机构的常态化、重点工作。如果说以前有的方志办人力有限，大家忙于修志，忽略了年鉴的编辑和出版，那么现在形势不同了，编鉴成为年度大事。在专业的年鉴编纂人员尚未培养起来的情况下，各级地方综合年鉴编辑部门可以开阔用人视野，聘请2～3位品德优良、学养深厚、身体健康、热爱文史的退休人员从事年鉴编纂工作。一方面，这类人堪称“地情专家”，具有办好年鉴的先决条件。另一方面，他们身上具有吃苦耐劳、肯于钻研、甘于寂寞、不计得失的精神，这种精神能够带动和影响身边的年轻人投身于年鉴事业，“正能量”可以激发后来人的编鉴热情，在编辑部之内形成新风正气。

调查发现，全省年鉴编纂人员在职正式员工占80%，退休后被返聘的占12.5%，从外单位聘用人员和借用人员各占3.8%。返聘和外聘的16.3%，多数是年龄偏大的老同志，他们极大地补充了编鉴人员的不足，为年鉴的创刊、出版发挥了较大的作用。在这一点上，榆树市、长春市宽城区、公主岭市、白山市江源区等年鉴编辑部门已经取得相应经验，有的外聘的“地情专家”不仅成为编鉴高手，而且能够结合工作积极思考编鉴理论问题，形成论文；有的外聘人员研究当地历史和风俗，开办地情讲座，让更多的社会各阶层人员了解地情知识、感知家乡历史。这些编鉴部门尝到了“地情专家”给年鉴工作带来的“甜头”，值得各地借鉴。

4. 加强理论研究。马克思说过，如果现象与本质能够简单地合二为一的话，那么，科学就是多余的东西了。他又说，一个民族要登上科学的高峰，就一刻也离不开理论的思维。年鉴编纂是实践性较强的工作，需要编辑人员埋头苦干，但“抬头看路”是必要的。目前，限于多种原因，多数县（市、区）年鉴工作者一年中几乎没有“走出去”为自己“充电”的机会，市（州）级年鉴人员参加全国性学术交流的机会也不多。调查显示，2013年，全省年鉴人员50％没有写过理论文章，32.8％的人写过1篇，68.6％的人没发表过理论文章，20％的人发表过1篇。多数人在按照自己的理解、以往的经验组稿、编稿、排版、校对、印刷，对目前世界年鉴和全国年鉴乃至全省年鉴的发展状况、存在问题、研究热点、理论观点等不甚了解，有“闭门造车”之感。有的人以出书为目的，无暇旁顾，缺乏对年鉴工作的理性思考，创新无从谈起，特色难以体现，这也是造成各地“千鉴一面”的原因之一。

在更多的年鉴工作人员变为参照公务员法管理的身份之后，吉林省有67％的人员属于事业单位编制，仍然在评职称，1/3的人不再需要评职称，所以对发表理论文章兴趣不大，和全国多数地方一样，在全省的学术年会上，提交论文的篇数并不乐观，多数论文质量平平。笔者认为，年鉴工作人员的这种身份、编制与年鉴工作的性质极不相称，这种局面对年鉴事业极为不利，这种工作状态会严重影响年鉴质量的提升。希望在全国事业单位分类改革中，能够彻底改变当前状况，让年鉴工作者回归事业属性，让年鉴事业在应有的氛围中得到更大的发展。

年鉴队伍的素质决定着年鉴的质量，决定着年鉴事业的成败。在中国年鉴事业快速发展的今天，提高年鉴质量是当务之急，而建设一支具有开拓献身精神，较高理论和业务素质的年鉴队伍则是重中之重。

（作者系《吉林年鉴》编辑部主任，吉林省地方志编纂委员会年鉴指导处处长）

浅议行业年鉴编辑的基本素养

——以《中国体育年鉴》为例

刘　戈

内容提要：本文结合《中国体育年鉴》编辑工作实际，分析行业年鉴和综合年鉴编辑工作的特点，探讨行业年鉴编辑人员的基本素养，认为行业年鉴的编辑人员应具备良好的政治素养，兢兢业业努力工作的敬业精神，一定的编辑业务水平，较强的公关能力。此外，相较综合年鉴编辑，行业年鉴编辑更应具备一定的行业知识。

关键词：行业年鉴；体育年鉴；编辑素养

在《行业年鉴理论与实践》一书中，行业年鉴是指“主要由中央和地方政府各部门或行业协会、学会、团体等主办的年鉴”，“这些年鉴多由政府部门主管并为本行业服务，其功能与综合性年鉴基本相同①。”目前我国大多数行业都出版有自己的年鉴，如保险业有《中国保险年鉴》、林业有《中国林业年鉴》、农业有《中国农业年鉴》、旅游业有《中国旅游年鉴》等。据中国版协年鉴工作委员会资料，我国的行业年鉴共有300多种②。1964年人民体育出版社以书的形式出版了国家体委编辑的第一本《中国体育年鉴（1949—1962）》，新中国成立13年来中国体育运动发展概貌尽书其中。20世纪90年代随着形势变化，《中国体育年鉴》由书改以期刊形式出版。从20世纪60年代至今《中国体育年鉴》逐年都有编纂并陆续出版，至今无一年短缺。本文结合《中国体育年鉴》（以下简称体育年鉴）编辑工作实际，探讨行业年鉴编辑的基本素养。

1. 行业年鉴和综合年鉴编辑工作的特点。行业年鉴主要为本行业服务，和综合年鉴的编辑工作特点基本相同。

（1）加工程度高。年鉴属于工具书类型，在写作规范和篇幅上有严格要求和限制，而资料提供者并不一定娴熟掌握年鉴的文体形式，致使年鉴稿件有的要删修浓缩，有的要伤筋动骨，调整结构，重新串联衔接，有的甚至要重写。如体育年鉴 2011 年综述栏目搜集的资料来自《中国体育报》、新浪网、搜狐网、各有关单位等，达 122 500 字，经过剪裁加工最终形成初稿 36 000 字。稿件中的资料数据，若要进行修改不能凭估计、猜测、想象，需要有一定依据，为了做到准确精炼，编者需做大量的核对校勘工作。有时为核对 1 个数据，要翻阅大量资料，多方查证。此外，年鉴作者一般由相关的单位部门指定，自行组稿面不大，一般不实行退稿，作者素质参差不齐，对于编辑来说原稿多半来者不拒，没有主动选择余地。体育年鉴作者众多，如行业体协栏目资料来自各行业体育协会，竞赛资料由各项目管理中心提供，数据来源渠道不同，编写格式不一。而年鉴却要求统一的体例、统一的文体。因此需要把资料按照年鉴体例要求重新编排整理。本是一件“百衲衣”，却要求“剪裁”得体，“缝制”精细。

（2）综合性强。年鉴编辑工作综合性从横的方面讲是涉及面宽。行业性年鉴主要反映行业领域中各方面事业的发展状况。体育年鉴的栏目设置既有常规性年鉴栏目特载、文献法规类、资料、综述，还有体育特色栏目成绩纪录、综合运动会、竞赛等，记录群众体育、竞技体育、体育产业等各项体育工作所取得的成就。像体育年鉴地方体育栏目主要为各省（自治区、直辖市）年度体育工作概况，作为全面反映体育发展情况的年鉴，各地体育概况应该是不可缺少的，全国 31 个省（自治区、直辖市）均应有反映，这就要求编辑人员尽力收集完全；还有年度内举办或参加的大型国际国内综合运动会也应记录在案，但有时因种种原因收录不太完整，“巧妇难为无米之炊。”从纵的方面来说，年鉴编辑人员几乎要参加年鉴工艺流程中每一个程序的工作，从调查研究到框架设计、组稿、选题、编审、校读、出版发行、对反馈信息进行研究等，工作战线拉得很长。

（3）时效性严。年鉴作为年刊，往往内容服从时间，需按严格规定预期完工，否则会影响整体发排。年鉴的出版周期过长，登载内容早已成为明日黄花，不利于更好地为读者服务，因此需要编辑人员提高稿件的编纂效率，提前做好一些基础性的资料收集工作，时刻关注行业中发生的事情，在平时工作中按照出版流程时间表在规定时间内完成各环节工作。

（4）复杂性大。主要体现在表现形式、矛盾关系、把握标准。年鉴表现形式复杂，由多种文体和表现形式构成。如有图、表、录、文，文中又分文章式、条目式、调研报告式，条目又分概述式、典型式；从加工程度看，又分一、二、三次文献。编辑只有研究并熟谙这些形式才能胜任这项工作。

矛盾关系复杂。编辑1部年鉴，编辑人员要做的大量工作不仅是文字加工，还要处理好各种关系。如，交叉重复的关系、各部类篇幅比例关系、年度资料与溯前预后资料的关系、宏观与微观的关系、点与面的关系等。需要编辑人员合理设计框架，合理处理交叉关系，避免遗漏和重复。

把握标准复杂。选定条目有条目的标准，编大事记有大事的要求，否则编辑工作没有标准，就会出现不平衡。

（5）行业年鉴编辑工作的独有特点。行业年鉴编辑工作除具有年鉴编辑工作的普遍特点外，更多则展现本行业特点。体育年鉴主要记载1年来体育事业各方面发展的基本情况，读者多为体育系统的管理人员、科研人员、专家学者等有关人士，内容中必然出现很多体育方面专业术语、专有名词。编辑要对稿件内容进行鉴别，从思想、内容、数据、常理、知识、文字、语言、标点、篇幅、文体方面进行把关。如果不具备一定的专业知识，对数据、常理、知识方面存在的问题看不出来则无从下手。

竞赛是体育年鉴的重要特征，也是体育年鉴的特点。竞赛部分的内容占《中国体育年鉴》的60%以上。竞赛部分的核心是竞赛成绩。

体育竞赛有多种分类办法。主要有：①按规模分，可分为综合性运动会和单项比赛。②按层次分，可分为世界性比赛、洲级比赛、全国比赛。③按比赛性质分，可分为锦标赛、冠军赛、邀请赛、选拔赛、测验赛等。④按参加对象分，可分为成年比赛，青年比赛，少年比赛，儿童比赛，大、中、小学生比赛等。⑤按季节分，可分为夏季比赛和冬季比赛。此外，还可以按成绩分为有纪录项目和无纪录项目。比赛成绩有用时间、长度、重量、得分、环数等表示，也有以胜负表示。一些对抗性项目，如摔跤、柔道、拳击、棋类可以不写比赛成绩。比赛办法有循环赛、淘汰赛、佩寄制、主客场制等，反映在积分表中。某些项目为了确定名次排列还需进行排位赛，一般三大球（篮球、排球、足球）及一些项目比赛（如水球、曲棍球等）都有排位赛，确定前八排名次序。这些竞赛知识、项目特点、比赛方法等内容都会体现在稿件中。

2. 行业年鉴编辑人员应具备的基本素养。基于行业年鉴编辑工作特点，要求行业年鉴的编辑人员应具备良好的政治素养，努力工作的敬业精神，一定的编辑业务水平，较强的公关能力。此外，相较一般年鉴编辑，行业年鉴编辑更应具备一定的行业知识。

（1）敬业精神。李克强总理在2016年《政府工作报告》提到“培育精益求精的工匠精神”，工匠精神，即一丝不苟、精益求精、一以贯之。这和年鉴编辑工作要求特别契合。年鉴编辑是一项严肃、细致、具体的工作，需要编辑人员具有高度的事业心和责任感，恪尽职守，无私奉献，无怨无悔。年鉴编辑人员日复一日从事着组稿、改稿、校稿等一系列工作，在这个浮躁时代，工作重复性和成果的不显著会让人感到工作简单枯燥无味，没有挑战性，容易产生惰性。

年鉴编辑人员，只有具备良好的敬业精神，增强责任感和事业心，才能时刻关注社会变迁，把握时代脉搏，进而对年鉴编辑工作精益求精，保持工作激情，并在工作中不断注入新的内容。

体育年鉴编辑工作，文字工作量大、人名多、数据多、资料问题多，工作单调、枯燥乏味。比如面对年终总结、汇报之类文稿，有的条目与往年相似，仅改变语序，更换数据；有的条目官话套话多，信息含量少，缺乏新意和生动感。如果编辑人员没有敬业精神，不加思考，原件是什么样，编辑稿还是什么样，错误问题还在那里摆着，会越干越沮丧，越干越平庸。这样不用心编出的年鉴会有多少人愿意看，又能有多大资政、存史价值。因此作为年鉴编辑人员要有敬业精神，强烈的事业心和责任感，勤于思考，调整心态，严格要求自己，通过不断学习新知识，掌握新情况，保持与时代的“脉搏”同步；正确认识工作中出现的问题，不断树立新目标，创造饱满的工作激情。

（2）政治素质。年鉴是昨天的史实，今天的镜子，明天的见证。年鉴编辑工作不是一项超政治的纯学术工作，有着鲜明的政治倾向性，所以年鉴编辑人员要保持鲜明的政治立场，时刻保持清醒的政治头脑，避免在年鉴上出现政治性失误。严格遵守国家有关出版法律法规。讲政治，必须成为年鉴编辑人员的首要意识和职业习惯。

曾经简单纯净的体育界也不再是一方净土，假球黑哨、违规犯禁、官员腐败等充斥报刊图文报道。年鉴编纂时，要尊重史实，记载的内容应全面、实事求是，既宣传报道取得的成就，也应理性看待负面新闻，客观载入年鉴，以警示他人，并为史鉴。

（3）专业素质。行业年鉴编辑人员不仅需要具备一定的编辑水平，还需要掌握一定的行业专业知识。体育年鉴是一部全面、系统、准确记述年度体育事业发展状况的资料性文献（工具书），要求年鉴编辑人员不仅能从体例、修辞、逻辑、语法等角度编辑处理稿件，而且应当熟悉、了解体育项目的发展规律。专业素质是体育年鉴编辑人员的工作基础，只有具备了相应的专业知识，才能在编辑过程中得心应手、游刃有余，才能充分发挥出编辑水平。

体育年鉴记载和反映年度体育领域的基本状况和体育事业发展新变化、新成就，一年一本，每册近 300 万字，文件、法规制度、综述等文稿所占分量不多，主要是成绩、人名，不仅涉及夏季奥运会 28 个大项和冬季奥运会 7 个大项，还包括许多非奥项目，看似简单，实则繁杂。

作为体育年鉴编辑人员要了解一般体育常识，项目有大项、分项、小项之分，媒体对夏季奥运会宣传很多，大家也熟悉有 28 个大项。而冬季奥运会项目在我国开展并不广泛，过去媒体经常把分项当大项，一说就是参加 15 个大项比赛，而实际上是参加 7 个大项 15 个分项比赛。有的项目甚至未曾开展，2018 年平昌冬奥会共设 7 个大项 15 个分项 102 个小项比赛，中国目前正式开展的项目为 7 个大项 13 个分项 75 个小项，计划新开展雪车、雪橇两个大项和高山滑雪、自由式滑雪、单板滑雪、北欧两项中的部分小项。作为编辑人员也要与时俱进，及时了解掌握这些新开展项目的相关知识。

很多体育项目的比赛规则会随着国际单项协会的规则变化而有相应调整，如从 2012 年年底开始，国际射击联合会大幅度更改比赛规则，其中最大的一处变化就是所有射击项目的资格赛成绩将不再带入决赛阶段，决赛中所有射击选手都将“从零开始”。决赛改成淘汰制。反映在年鉴内容中，所列出的成绩由过去的预赛加决赛变成只有决赛成绩，因为实行淘汰制，项目成绩从过去由高到低排列变成冠军的成绩高于亚军但不一定比季军高。有些赛事中会出现新项目的面孔，过去花样滑冰项目只设男子单人滑、女子单人滑、双人滑、冰上舞蹈 4 个项目，2014 年索契冬奥会花样滑冰比赛增设团体赛，共计 5 个小项，其中团体赛是首次出现在冬奥会上。如果不了解情况按以往编排，就会使得比赛成绩不完整。这就需要年鉴编辑不断学习和掌握最准确的规则。因此，要自觉地培养自己的职业素养，主动学习体育项目专业知识，不断强化专业技能。

（4）业务素质。作为年鉴编辑人员，应该掌握年鉴学的相关概念理论系统，以及组稿、编稿、校对、装帧、出版、发行等年鉴操作知识。特别是编辑方面的知识，掌握编辑规律，熟悉编辑部的运行管理制度，了解关于出版方面的方针、政策、法律法规等。另外，还要注意加强自身文史哲等方面的修养。业务素质的提升有利于提高年鉴编辑人员编辑过程中解决问题的能力。

（5）公关能力。年鉴编辑工作不单纯是编辑稿件，在编辑年鉴过程中还有大量的事务工作。

对外，作为年鉴编辑人员需要与供稿单位、撰稿人之间建立良好有序的合作关系。作为编者，应当清醒地认识到在我国从管理政府向服务型政府转变中，以一纸行政文件来开展工作的时代正逐渐淡出，而且这种居高临下的工作方式已事过境迁，作为年鉴编辑要懂得与撰稿人合作的重要性。同时，还要转变“供稿单位提供什么就编什么”的观念，在组稿上争取主动。不仅在方案下发后的供稿时间与撰稿人联系询问撰稿情况，而且平时工作中要与撰稿人多联系和沟通。

对内，编辑部人员之间也存在沟通协调问题。编辑人员负责的栏目不同，有负责综合运动会的，也有承担具体项目编辑工作的，内容有交叉，各自为战，难免容易忽视编辑之间的信息沟通，造成内容重复或前后矛盾。因此，作为年鉴编辑人员在编纂过程中也应注意加强交流，对不同条目涉及的同一个问题、同一组数据，要互相验证，保持全书前后一致，从而保证年鉴作为工具书的权威性。

行业年鉴编辑在具备敬业精神、政治素质、业务素质、公关能力的基本素养外，尤应注重提高专业素质。大数据时代，对作为信息密集型的工具书年鉴提出了更高要求，年鉴编辑人员在提高素养的同时，也应与时俱进，努力创新，加强新知识、新政策、新方法、新理念的学习，尽力做好年鉴的编辑工作，在内容和质量上狠下功夫，为年鉴事业的发展尽一份微薄之力。

参考资料：

①刘慧，邵权熙：《年鉴的类型》，《行业年鉴理论与实践》，线装书局，2009。
②张衍辉，邵权熙：《行业年鉴及其发展》，《行业年鉴理论与实践》，线装书局，2009。

（作者系国家体育总局体育文化发展中心
《中国体育年鉴》编辑部副编审）

业务外包模式下的年鉴工作

林吟专

内容提要：本文结合深圳市区级、街道级年鉴开展过程中出现的业务外包模式，从年鉴主办单位的角度，浅述这种模式下的年鉴工作特点，出现的新问题及相应注意事项。

关键词：深圳年鉴；年鉴工作；业务外包

全国年鉴编纂出版工作自开展逐步向基层深化，从1980年中央级年鉴创办，到1983年首创市级年鉴，到2014年年底全国有省级年鉴32种，市级年鉴338种，县级年鉴1 941种。年鉴事业从中央到省、市、县（区）遍地开花，2015年广东省在深圳市试点启动街道级年鉴，年鉴事业进一步向基层延伸。2015年，深圳市年鉴事业在全市10区（新区）全覆盖，当年6月5日在全市启动街道（办事处）年鉴试点工作。截至年底，全市共有13个街道（办事处）参与年鉴编纂出版工作，至2016年4月，有4个街道（办事处）已公开出版年鉴*。

在推动年鉴事业向基层延伸的过程中，我们通过调研与跟踪发现，由于基层工作机构设置、人员安排等方面存在困难及年鉴编纂的专业要求，加之近年来服务外包普遍化，基层开展年鉴编辑出版工作时偏向于采用购买外包服务形式（包括业务外包和人员外包

* 2007—2011年，深圳市先后成立了光明新区、坪山新区、龙华新区、大鹏新区，目前，深圳市有福田、罗湖、盐田、南山、宝安、龙岗6个行政区及光明新区、坪山新区、龙华新区、大鹏新区4个功能区，新区有别于行政区，称为“新区”，属于市政府的派出机构，新区所辖街道作为新区的派出机构，有别于行政区下的街道，称为“办事处”。在开展街道年鉴工作中，各行政区所辖街道所主办的年鉴命名为《××街道年鉴》，各新区所辖街道所主办的年鉴命名为《××办事处年鉴》。

等，本文主要研究业务外包情况），年鉴工作出现了业务外包的模式。如深圳市6个行政区和4个功能新区均先后开展了年鉴编纂出版工作，其中1个行政区和3个功能新区采用了外包模式（其中2个功能新区采用人员外包模式，1个功能新区采用业务外包模式）；在试点启动年鉴工作的13个街道（办事处）中，有8个选择业务外包模式，目前完成编纂出版的4部街道（办事处）年鉴，均采用业务外包模式。本文结合深圳市区级、街道级年鉴开展过程中出现的业务外包模式，从年鉴主办单位的角度，浅述这种模式下的年鉴工作特点，出现的新问题及相应注意事项。

1. 业务外包模式下的年鉴工作特点。相比主办单位设有年鉴编辑常设机构，编辑机构内工作人员进行年鉴组稿、编辑、出版、发行的自办情况，采用业务外包模式开展年鉴工作具有以下特点。

（1）主办单位工作由业务性变为事务性。在自办下，年鉴主办单位的主要工作包括组稿、编辑、出版、发行等业务性工作。在业务外包模式下，编辑及出版的主要业务环节由外包单位承担，主办单位的主要工作为监督指导外包服务单位等事务性工作，主要包括前期采购或招投标选定业务外包单位、合作框架及合作的拟定，合同执行过程中与外包单位、供稿单位、业务指导部门等多方的沟通以及对外包单位的监督指导、后期业务审核等，由专业要求较高的业务性工作转变为与多方沟通协调的综合事务性工作。

（2）年鉴编纂流程重要性凸显。相比主办单位自办年鉴的情况，业务外包情况下更加要求年鉴主办单位熟悉掌握年鉴编纂流程。因为在自办情况下，主办单位是否明确细化流程影响不大，工作进度自行把握，有个大概轮廓即可；但在外包情况下，必须明确和细化流程才能向外包合作单位明确权限与责任，作出进度要求和时间限制，这些必须在签订合作协议时明确，这就凸显了年鉴编纂流程的重要性。

2. 业务外包模式下的年鉴工作新问题。业务外包模式下的年鉴工作，存在不少与自办模式不同的新问题。

（1）外包单位选定问题。年鉴编辑工作具有较强的专业性，年鉴有特有的体例要求和编辑规范，不同于一般的文化产品，因此选择外包单位时，要求除了有一定的文化方面资质，还需具备年鉴方面相关业务能力。这增加了外包单位选定的难度。

（2）合同管理问题。外包机构编撰专业性问题，年鉴编辑工作专业性和主观性都比较高，很难事先通过合同细则明确编辑质量要求，合同执行效果也很难通过量化指标考核。合同执行过程中也存在新的沟通问题，在自办模式下，主办单位与供稿单位双边联系，在外包模式下，主办单位不仅要与供稿单位联系，要与外包单位联系，还要做好中间沟通者，保证业务外包单位与供稿单位之间沟通畅通，便于开展组稿。同时业务外包模式下的年鉴工作也存在信息外泄甚至泄密的问题。

（3）年鉴质量不可控。在主办单位自办年鉴的模式下，年鉴编纂队伍相对稳定，一个相对稳定的编纂队伍，随着队伍人员实践经验的丰富和工作中接受继续教育，其编纂水平能保持积极稳定态势，年鉴质量比较可预测。但在业务外包情况下，外包单位的变动，或者固定的外包单位派出参与编纂年鉴的人员队伍变动，都可能影响年鉴编纂质量，年鉴质量不可控。

3. 业务外包模式下的年鉴工作注意事项。

（1）选好外包单位是顺利开展年鉴工作的关键。在业务外包模式下，外包单位的优劣直接影响到年鉴编纂出版的进度和质量，选好外包单位是顺利开展年鉴工作的关键。年鉴主办单位选择外包机构时，应做好备选单位情况分析，尽可能多收集备选外包意向单位，了解和比较外包单位基本情况、代表年鉴、年鉴实施方案设计、合同报价。可以根据主办单位实际设计备选外包单位评分项目与评分标准，评分项目主要包括单位业务中编撰年鉴是否为常规业务、是否拥有高级别的专业史志年鉴编撰团队、是否有代表性年鉴作品、代表性年鉴作品是否获得过奖项、年鉴实施方案是否翔实、合同报价是否公允、是否驻点等；评分标准可根据主办单位对不同评分项目的重视程度设计相应的权重分数。在深圳市××街道年鉴业务外包的实践中，该街道制定了《××街道年鉴》编撰合作单位评分标准（表 1），收集了 4 家意向单位的信息，召开街道年鉴合作单位评审会（实际到会意向单位 3 家），邀请区采购中心专家库 3 名专家及区史志办老师作为评审，在 3 家意向单位介绍各自公司的相关情况及实施方案后，根据评分标准进行实名打分，取平均分数，平均分数最高的单位现场确定为该街道年鉴合作单位；评审会全程安排街道司法部分法律顾问出席监督，并安排录音、录像、计时，保证评审工作的合法性。

表 1　《××街道年鉴》编撰合作单位评分标准

序号	评分项目	评分标准	备　注
1	单位业务中编撰年鉴是否系常规业务	顶格 15 分。按提供年鉴的数量从高到低排列。最多得 15 分，其次得 11 分，再次得 9 分，最少得 6 分。	需提供有关年鉴编纂合同复印件加盖单位公章做佐证
2	是否拥有高级别的专业史志年鉴编撰团队	顶格 10 分。1. 拥有高级、副高编辑职称人员 1 名得 1 分；2. 拥有中级编辑职称人员 1 名得 0.6 分。	需提供相关职称资质证明（如无原件，可用复印件加盖公章）做佐证，并提供工资单复印件（加盖公章）
3	代表性年鉴作品	顶格 15 分。1. 省级年鉴 4 分/部；2. 市级年鉴 3 分/部；3. 区级年鉴 2 分/部；4. 街道级年鉴 1 分/部。	需提供样品
4	代表性年鉴作品是否获得过奖项	顶格 10 分。1. 国家级奖项每 1 个得 5 分；2. 省部级奖项每 1 个得 4 分；3. 市级奖项每 1 个得 3 分。	需提供获奖证书原件及作品做佐证
5	年鉴实施方案是否翔实	顶格 10 分。1. 有方案且方案翔实得 10 分；2. 有方案但方案简略得 5 分；3. 无方案得 0 分。	提供方案纸质版
6	合同报价	顶格 15 分。报价按从低到高排列，最低得15分，其次得 13 分，再次得 11 分，报价最高得 9 分。	

（续）

序号	评分项目	评分标准	备　注
7	是否驻点	顶格10分。1. 安排驻点得10分；2. 不安排驻点得0分。	
8	驻点年鉴编纂队伍	顶格15分。1. 总纂系高级或副高职称、责任编辑2名以上（不含2名），得15分；2. 总纂系高级或副高职称、责任编辑2名得10分；3. 总纂非高级或副高级、责任编辑2名得5分；4. 其他得2分。	需提供相关职称资质证明（如无原件，可用复印件加盖公章）做佐证，所有派出编撰年鉴人员提供工资单（复印件加盖公章）
	小计	满分100分	

（2）应加强年鉴业务外包合同的签订与履行管理。一般合同管理主要包括合同签订管理、合同履行管理、合同变更管理以及合同档案管理。本文主要探讨在年鉴业务外包模式下合同签订与履行管理方面应注意事项。合同签订管理主要包括签订合同的前期调查以及合同的谈判与签署。年鉴业务外包的合同前期调查，主要是对年鉴外包市场及备选外包单位的调查，在深圳市××街道探索年鉴业务外包的实践中，通过合同前期调查发现1部年鉴编辑出版印刷的外包价格超过20万元，而超过20万元的标的物采购超出了街道一级招标范围，因此将年鉴编撰和印刷出版进行拆包，拆分为2个合同分别进行招标，以符合招标采购相关规定。合同谈判指通过协商而争取达成一致意见的行为和过程，谈判的结果决定了合同条文的具体内容，合同要明确并细化双方的职责与义务，如对年鉴编纂出版进度及时限的要求，年鉴交付的时间及地点，合同款项交付的时间及方式，年鉴知识产权及信息保密问题，编纂队伍驻点情况，合同纠纷解决条款等。

（3）应加强年鉴出版前的审核和出版后的评审。在主办单位自办年鉴情况下，为保证年鉴质量，须加强年鉴出版前的审核和出版后的评审；在业务外包模式下，由于存在外包单位对年鉴记载主体存在了解不充分、认识不全面等客观原因，年鉴出版前的审核和出版后的评审显得更加重要。为少走年鉴统稿总纂后推倒重编的弯路，主办单位要分 3 个阶段对外包年鉴进行出版前的审核。外包单位编写完成年鉴大纲后，主办单位要对大纲进行审核，主办单位确定框架纲目后外包单位再根据大纲进行收集资料、编辑、校对、统稿、总纂等。形成总纂稿后要进行再次审核，主要是审核年鉴中所载信息的全面性、内容的真实性、数据的准确性、年鉴体例的规范性，根据审核意见修改形成样书。对样书进行第三阶段审核，主要审核装帧设计、版式编排等。出版后的评审，主要是对年鉴编校质量的评议，同时也是对外包单位业务水平、合同履行质量的评议，主要评审指标为差错率。根据新闻出版总署发布的《图书质量管理规定》，差错率超过万分之一的图书，其编校质量属不合格，图书编校质量差错率的计算按照《图书编校质量差错率计算方法》计算。通过对年鉴出版后的评审，可以衡量年鉴编校质量，也可以衡量外包单位合作质量，为下一卷年鉴外包工作提供参考依据。

（作者系深圳市史志办年鉴工作处副主任科员）

年鉴编纂工作探索

关于突出年鉴特色个性途径的探析

——以9部城市综合年鉴为例

刘　慧

内容提要： 本文围绕创新框架结构层次、公益彩页、装帧设计等方面的内容，论述了如何实现突出年鉴的特色个性，以实现年鉴功能最大化，更好地为当地的经济社会发展服务。

关键词： 城市综合年鉴；年鉴编纂；年鉴特色；创新

中共十一届三中全会以后，特别是2006年国务院《地方志工作条例》（以下简称《条例》）颁布实施后，我国年鉴事业焕发出蓬勃生机的局面，在服务经济社会发展、保存历史文献、传播地情信息领域内发挥了年鉴独特的作用。中共十八大提出“扎实推进社会主义文化强国建设”“要增强文化整体实力和竞争力”，年鉴事业又迎来大发展大繁荣的时代。为了更好地使年鉴在服务经济社会发展、保存历史文献、传播地情信息领域发挥独特的作用。本文选取2013年全国编纂较好的有代表性的《广州年鉴》《哈尔滨年鉴》《苏州年鉴》《扬州年鉴》《西安年鉴》《武汉年鉴》《杭州年鉴》《深圳年鉴》《大连年鉴》9部城市综合年鉴进行研究，探索新常态下突出城市综合年鉴特色的途径和方法，推动年鉴转型升级和健康发展。

一、突出特色个性对提高地方综合年鉴质量的意义

年鉴的特色个性就是在内容和形式上，具有独特风格魅力的表

现，是一本年鉴有别于其他年鉴的分水岭。实践证明，一部优秀的地方综合年鉴要在规范的基础上，以特定时代、特定地域为主导地位，科学地突出特色个性，包括地方特色和年度特色、时代特征。因为特色个性反映时代、地域、行业、专业、事业、年度的特色、亮点，能避免“千面一鉴”“似曾相识燕归来”的状况，使地方综合年鉴常编常新，实现地方志工作“继承和发扬中华民族优秀文化传统，全面、客观、系统地编纂地方志，科学、合理地开发利用地方志，发挥地方志在促进经济社会发展中的作用”（《条例》第一条）的历史使命。因此，作为年鉴编纂工作者，要千方百计地挖掘年鉴的个性，创新年鉴的特色，彰显年鉴的优势，提高地方综合年鉴的编纂质量。

二、创新框架结构层次，突出年鉴特色个性

突出特色个性，是年鉴框架设计的一个重要任务，是年鉴创新发展的必然要求，也是年鉴编纂工作追求的目标之一。纵观多部地方优秀综合年鉴的框架设计，要突出年鉴特色个性，可以通过多个层次来实现，主要方法有：

1. 在一级目中设计独具地方特色和时代特色的类目。一是善于挖掘地方（行业）优势，抓住地方特点，扬长避短，使栏目和选题选材尽量切合实际。抓住地方（行业）的强项，地方（行业）的独到、独特之处合理设计栏目，并适当安排版面，框架就能显示出自家的特色。如《深圳年鉴》开设：特色深圳、网媒在线、企业创新和品牌建设、人居环境等一级目，突出正在崛起的现代化国际型城市特色。二是与时俱进，适应社会发展需要，设计新的栏目，更好地汇集相关资料，增强年鉴的年度特点和时代特色。中共十七届五中全会强调“要加强社会管理能力建设，创新社会管理机制，切实维护社会和谐稳定”。据此，有的年鉴千方百计在框架设计上突出社会管理创新特色。如《大连年鉴》《武汉年鉴》均设置“社会管理综合治理”分目。随着环境保护日益重要，适时提升“环境保护”内容比重。如2013年卷的《杭州年鉴》《广州年鉴》《大连年

鉴》把环境保护从“城市建设与管理”类目中分离出来升格为类目，凸显生态环境保护的重要性，准确地反映这个时代的发展。

2. 设置一批富有特色的分目。地方综合年鉴，作为一个特定区域信息资料工具书，与其他年鉴既有共性，又要有个性。如果共性大于个性，则年鉴就会失去自己的个性特征，只有个性大于共性，年鉴才会特色鲜明，各有千秋。可以通过年鉴框架结构设计一批富有特色的分目，收录特色资料，更好地突出年鉴特色。如《苏州年鉴》设：桑蚕业、钢铁工业、集成电路产业、光伏产业、工艺美术行业、玉石文化产业、姑苏美食、特色园艺活动、吴文化研究等特色分目；《西安年鉴》设：城中村（棚户区）改造、航空制造兵器制造等特色分目。

3. 通过“特辑”“特载”“专记”，收录特色内容。如2013年卷的《杭州年鉴》特辑类目收录：温家宝在杭州调研、贺国强在杭州调研、杭州被评为最美幸福城市、地铁1号线开通、见义勇为英雄司机、最佳男女运动员、杭州荣誉等专题性（概述性）文章。《扬州年鉴》专记类目收录：中国扬州“烟花三月”国际经贸旅游节、中国扬州世界运河名城博览会、对口支援等3个独具特色的年度动态分目。

4. 通过记载大事记突出年鉴特色。大事记是整部年鉴的“纲”，将上一年度发生的大事、要事按时间顺序加以简要记载，使读者对年鉴的整体内容有全面而概括的了解，在年鉴中起到提示性和便览性的作用。如《扬州年鉴》增设“2012年扬州市十件大事”分目，《武汉年鉴》增设“2012年武汉十件大新闻事件”分目，《杭州年鉴》增设“物质文明建设十件大事”“精神文明建设十件大事”。

5. 通过“人物”类目，突出年鉴特色个性。地方综合年鉴在框架结构、总体设计上强调突出当地政治、经济、文化、社会等方面所取得的成就，同时表彰新时期产生的人物，这是其时代特色的重要体现。如《武汉年鉴》人物类目收录：2012年武汉十大新闻人物、武汉“五一劳动奖章”获得者、2012年武汉市享受国务院政府特殊津贴专家、2012 年武汉市有突出贡献中青年专家、2012 年享受武汉市人民政府专项津贴人员、2012 年武汉市“十百千人才工程”入选人员等系列内容，突出了时代特征和年度特色。

6. 通过“附录”类目收录特色内容。如《苏州年鉴》2013 年卷的附录类目收录：政府规章·文件目录、市区地名变动、统计资料等系列具有明显年度特征的分目。

7. 收录一批独具年度特色的条目，突出地方特色和时代特征。如果把年鉴的框架比作年鉴的骨骼，那么内容就是年鉴的血肉，条目作为年鉴的最基本单元和主要表现形式，年鉴的内容通过条目表现出来。如《广州年鉴》的社情民意分目下设：市民对培育世界文化名城有信心、市民认为广州能成为全国质量强市示范城市、市民认为食品安全和社会稳定是建设平安广州的关键、市民认为食品和医药行业需加强诚信建设、市民认为就业结构性矛盾是最突出的就业问题、城市状况市民观感趋升、市民盼政府定期监测公布室内空气质量、过半市民赞成垃圾处理实行按袋收费、市民对生态环境安全感较高等一组条目。这些条目均是全新的、有特色的选题。

三、创新公益彩页，突出年鉴特色个性

公益彩页是年鉴的重要组成部分，高度集中、系统地凝练了年度经济社会发展的精华、亮点，被认为是一部年鉴的点睛之笔，最能彰显年鉴的品位和档次，代表年鉴的风格特色。因此，要精心策划公益彩页，突出年鉴个性特色，提高年鉴的品位。

1. 围绕大事、要事创新公益彩页，突出年鉴特色个性。年鉴公益彩页应与时俱进，紧紧围绕年度重大成果、重大事件，不断调整、更新年鉴公益彩页，通过图文并茂的形式，生动形象地载录一地年度社会经济建设成就、发展变化，充分突出年度特色、地方特色。如《哈尔滨年鉴》设置今日哈尔滨、第 31 届中国哈尔滨之夏音乐会、哈尔滨——红色之旅、文明哈尔滨、哈尔滨的国际友好城市、俄罗斯人眼中的哈尔滨等栏目。《深圳年鉴》设置的第八届“文博会”、第十四届“高交会”、年度 10 件大事、经济建设、社会

建设、深港合作等栏目。彰显了地方经济发展战略特点、亮点，亦突出地域文化、本地民俗风俗，充分展示哈尔滨、深圳的风采和魅力。

2. 抓住社会热点、焦点创新公益彩页，突出年鉴特色。年鉴的公益彩页顺应时代的发展，要善于挖掘社会热点焦点问题，反映时代的脉息。如《西安年鉴》公益彩页策划汉长安城遗址保护、秦岭北麓生态环境建设、缓堵保畅等专题栏目，既反映了社情民意，又具有鲜明的年度特点和史料价值。

四、装帧设计上注重突出年鉴特色个性

年鉴作为一种特殊的文化产品，装帧设计要内涵深蕴，能体现历史文化的博大精深，注重突出年鉴的时代特色、地方特征，要实现传播美育、教育等社会功能。当下，中国年鉴出版事业呈现出一派生机盎然的景象，截至 2015 年，国内在版年鉴数量达到 3 000 多种。这些年鉴在有限的信息资源、相同的读者定位以及办鉴方针和理念下，必须突出自己的特色风格，才能彰显各家年鉴的特色，打破“千鉴一面”的局面。年鉴的特色个性不仅表现为内容的独特性，也表现为形式的独特性。每家年鉴惟其拥有自己的个性，才能具备吸引读者的魅力，成为芸芸众“鉴”中的“天之骄子”。

1. 年鉴封面设计突出年鉴特色个性。审看一本书，首先就是看它的封面设计像不像这本书，也就是封面与书籍内容的艺术感觉是否一致。好的封面必须有自己独特的个性，主要表现在它的个性容纳于书的整体风格之中，并巧妙通过文字、图形、色彩彰显书籍的内涵，体现书的整体风格。年鉴作为文化与知识的载体，它的封面绝对不同于一般的商品包装，也不同于街头广告，它的文化性特征使它具有浓郁的书卷气质。年鉴的个性化封面风格一旦形成，就不宜轻易改变，只能作细微的创新。《扬州年鉴》封面的设计就是成功的典范，它的主色调定格为靛蓝；标志定格为“五亭桥、仙鹤、运河、柳叶”等元素构筑图标，表现了扬州古城内在文化精髓，又承载了强烈的时代精神。

2. 年鉴版式设计突出年鉴特色个性。版面是读者透视年鉴内容的第一扇窗户，凭借对年鉴内容的精巧布局安排，体现编辑思想、体现年鉴的体例，可以说版面是一部年鉴个性风格的最直观表现。综观全国第五届年鉴编纂出版质量特等奖的年鉴，在装帧设计上都具有卓尔不群的风格以及鲜明突出的个性，而且均能通过其版面明显地传达出来。如《扬州年鉴》版面结构简洁、层次清晰、串文图片突出，内容丰富、信息量大，通过蓝、白、黑 3 种冷色调的有机组合，蓝、白 2 个色调与封面的色调相呼应，书眉图标采用封面图标的缩略图，类目、条目释文的文字均为黑色，分目标题颜色与条目标引色统一为靛蓝，造就了端庄清丽、稳重大方的风格，诠释了高雅的书卷韵味，体现出《扬州年鉴》独特的个性。

综上所述，通过创新框架结构层次、公益彩页、装帧设计，是实现突出年鉴特色个性的有效途径，年鉴编纂工作者可以在年鉴的框架结构设计、编撰、装帧、排印过程中，把握年鉴特色个性，不断提高地方综合年鉴的编纂质量，实现年鉴效益最大化，更好地为当地的经济建设、政治建设、文化建设、社会建设和生态建设服务。

参考资料：

①许家康：《年鉴编纂入门与创新》，线装书局，2006。

②莫秀吉：《省级综合年鉴框架设计比较研究》，《年鉴论坛（第三辑）》，中国税务出版社，2012。

③《年鉴编纂出版名词术语释文》，《年鉴通讯》2015 年 1 月第 1 期。

（作者系广西玉林市地方志办公室年鉴科科长，

《玉林年鉴》执行主编）

长沙各区县综合年鉴现状评析

尚 畅

内容提要：本文包括两部分内容，第一部分介绍了长沙市区县年鉴数量不断上升，整体实力逐步增强的现状。第二部分评析了区县年鉴存在的问题及其形成的原因。

关键词：区县年鉴；现状；问题

地方综合年鉴作为年鉴种类中的重要一支，在 20 世纪 80 年代改革开放的形势下面世，随着社会主义新一轮志书编纂发展而兴旺。2006 年，国务院颁布《地方志工作条例》，编纂地方综合年鉴成为各级政府的职责。全国各地、州、区、县政府将综合年鉴编纂作为一项重要任务来抓，地方综合年鉴的数量迅速增加，一大批区县级综合性年鉴应运而生。据第五次全国地方志工作会议统计，全国区县级年鉴的数量达到 1 300 余种。北京、天津、上海、江苏、湖北、广东、海南、四川等省（自治区、直辖市）基本实现县级以上地方综合年鉴编纂全面覆盖。

长沙素有潇湘洙泗、屈贾之乡的美誉，是国务院批准的首批历史文化名城，具有优良的修志传统。长期以来，全市地方志工作一直呈现良好发展的态势，修志编鉴成果不断丰富。为推进地方志事业进一步发展，2015 年 12 月，长沙市人民政府制定并下发《关于进一步加强新时期地方志工作的意见》和《长沙市地方志事业发展规划纲要（2015—2020）》。首次对全市年鉴工作作出全面规划：到 2020 年，全市基本实现区县地方综合年鉴全覆盖。这不仅为全市区县年鉴工作列出了时间表，也对区县年鉴的发展提出了更高的要求。

笔者在全市《意见》与《规划纲要》颁布实施之际，结合各区县年鉴现状，对长沙市各区县综合年鉴发展略作评析。

一、长沙各区县综合年鉴发展现状

长沙下辖6区2县1市（芙蓉区、天心区、雨花区、开福区、岳麓区、望城区、长沙县、宁乡县、浏阳市），随着中央、省、市三级对年鉴工作的重视，全市各区县把地方综合年鉴编撰切实纳入年度工作目标，明确机构、落实经费、配强人员。新形势下，区县年鉴有了长足的发展。

全市已有芙蓉区、雨花区、望城区、长沙县、宁乡县、浏阳市出版年鉴，且是一年一鉴；天心区于2015年启动年鉴工作，年鉴预计在2016年6月出版。余下2个区都在积极筹备当中，开福区于2016年3月启动年鉴工作，目前正处于组织动员阶段；岳麓区正主动与区政府汇报协调，争取2016年顺利启动年鉴工作。

具体情况如表1所示。

表1　长沙各区县综合年鉴编撰出版情况汇总表

主编单位	出版年鉴	编撰队伍	创刊过程	经费（2015年）	获奖情况
浏阳市史志档案局	《浏阳年鉴》	方志科3人	1987年创刊，一年一鉴	20万元	2001年、2012年分获湖南省县区级综合类年鉴二等奖，2004年分获湖南省县区级综合类年鉴一等奖、全国地方志年鉴奖一等奖
长沙县史志档案局	《长沙县年鉴》	史志科3人	1998年创刊，起初四年一鉴，2013年起一年一鉴	25万元	2000年获湖南省优秀志书评审一等奖
宁乡县史志档案局	《宁乡年鉴》	年鉴科3人	2004年创刊，一年一鉴	20万元	2010年、2011年分获湖南省县区级综合年鉴二等奖、全国年鉴编校质量二等奖

（续）

主编单位	出版年鉴	编撰队伍	创刊过程	经费（2015年）	获奖情况
望城区史志档案局	《望城年鉴》	志鉴科5人，聘请1人	2004年创刊，一年一鉴	30万元	2004年、2010年分别获全国地方志年鉴奖一等奖，2013年分获第七届全国年鉴编校质量检查评比三等奖、第五届全国年鉴编纂出版质量评比综合三等奖，2012年获湖南省县区级综合类年鉴一等奖
芙蓉区史志档案局	《芙蓉年鉴》	史志科2人，聘请5人	2014年创刊，一年一鉴	22万元	2014年获第五届全国年鉴编纂出版质量评比综合三等奖
雨花区史志档案局	《雨花年鉴》	年鉴编辑部2人	2003年编辑《雨花发展实录》，2014年年鉴创刊	15万元	
天心区史志档案局	《天心年鉴》	方志科1人，聘请3人	2013年编辑《天心纪实》，2015年启动年鉴工作	15万元	
开福区史志档案局			2016年启动年鉴工作	预计20万元	
岳麓区史志档案局			2010年编辑《岳麓纪事》		

由表1可知，县级年鉴起步较早，最早创刊的《浏阳年鉴》与市级《长沙年鉴》同步于1987年创刊，至2016年正值创刊30周年。区级年鉴虽然起步尚晚，发展劲头却不容小觑。2014年，芙蓉区与雨花区同时启动年鉴工作且均在当年出版，在装帧设计、框架结构、条目质量等方面都得到方志出版社和省市年鉴专家的肯

定。全市各区县综合年鉴的发展呈现以下几个特点。

1. 机构明确，人员配强。一支稳健的年鉴队伍是年鉴事业发展的根本。全市各区县史志档案局明确领导分管志鉴工作，设立专门负责年鉴工作的科室。雨花区、望城区、宁乡县设立年鉴科或年鉴编辑部，专人专职；望城区与芙蓉区在人员组织上，除了配优配强在编人员，还聘请3～5名专兼职编辑充实编辑队伍；其他区县将年鉴工作职责纳入方志科内，一起规划、共同部署，合理统筹调剂修志编鉴的各种资源。

2. 落实预算，经费到位。通过与财政等部门沟通协调，各区县政府严格遵照《地方志工作条例》的规定，将地方综合年鉴的工作经费纳入当地政府年度财政预算中。各区县年鉴工作经费基本保障在15万～30万元之间，为年鉴的组稿、印刷、出版、发行、开发利用提供了可靠的经费保障。

3. 流程规范，体系完善。各区县年鉴在发文、组稿、审校、监督、出版等环节，严格遵循年鉴编撰流程和时间节点。统一由区县政府办向全区（县）辖区内各政府行政机关、企事业单位、二级机构、驻地机构等发放组稿文件；积极组建组稿人信息平台，定期或不定期进行业务培训；按照“三审四校”原则，严格把关，规范流程，确保稿件质量；年终建立考核通报机制，表彰先进鞭策后进。值得推介的是长沙县和浏阳市将年鉴工作与政府年终绩效考核挂钩，在考核中占有一定分值，更好地推动了年鉴工作的有序发展。

4. 循序渐进，质量提升。全市区县年鉴的发展并非一蹴而就，而是一个积累渐变的过程。长沙县由几年一鉴过渡到一年一鉴，雨花区、天心区则以纪事体为基础再成熟演变至年鉴。近两年来，全市区县综合年鉴不断总结经验，查找不足，努力打造精品佳鉴，年鉴整体质量有了质的飞跃。在历年各级各类年鉴质量评比中取得了良好的成绩，特别是《浏阳年鉴》《望城年鉴》屡次在全国综合评比中荣获一等奖，突出了区域特色，形成了具有独特个性的年鉴品牌。

二、各区县综合年鉴存在的问题及形成原因

全市各区县综合年鉴在数量不断上升，整体实力增强的同时，也不可避免地存在着一系列问题。与全国先进省市相比，全市区县年鉴还未实现全覆盖。笔者通过对全市已出版的6部区县年鉴整体研究分析，反映出的问题是各区县综合年鉴在编纂质量、开发利用、理论研究、创新求变、服务经济社会发展等方面仍存在明显不足。

1. 区县间年鉴发展失衡。就长沙各区县年鉴发展现状而言，县级年鉴创刊早、获奖多，形成了较为成熟的年鉴编纂体系。浏阳市（1993年撤县改地级市）、长沙县、宁乡县、望城区（2011年撤县改区）在2004年前全部出版发行年鉴，并在全国、省、市年鉴评比中屡次获奖。相对而言，区级年鉴普遍起步较晚，目前只有芙蓉区、雨花区出版年鉴，其他3个区有的正在筹备有的尚未启动。究其原因，除了地方领导重视程度、人员配置、经费预算等主观原因，还有一些不容忽视的客观因素。

（1）顶层设计的缺陷。我国自古以来就有修志的优良传统，自中共十一届三中全会以后中央大力倡导修志，全国地方志工作进入全新时期。截至20世纪80年代末期，全国大多数县已完成第一轮志书的编纂，县级年鉴也基本是在完成第一轮修志任务后，由原修志机构和班底人马开始编撰，长沙市所辖的浏阳市就很具代表性，浏阳市史志档案局的第一轮市志下限为1987年，完成市志编纂后，原班人马随即启动《浏阳年鉴》的编撰。因此在机构人员、业务水平、经费筹措上，第一轮修志都为县级年鉴的率先发展打下了良好基础。再者，由于中央、省、市并没有专门的法规文件对各地编撰年鉴的任务和时间作出要求，所以很长一段时间年鉴编撰还只是地方政府的一种自发行为。有机构人员、领导重视、财政支持的地方政府就在完成第一轮修志后率先开始编撰年鉴，反之则迟迟未将年鉴编撰提上议事日程，能拖则拖。直至第五次全国地方志会议召开以后，各省市地方志机构才纷纷出台相应的文件，明确年鉴全覆盖的时间表。因此，县级年鉴发展先于区级年鉴有其历史与制度的

原因。

（2）行政职能的制约。年鉴的一个重要特点就是其地域性，通过框架结构来完整体现。一个行政县就是一个职能职权完整的行政区域，无论在财政、规划、交通、教育、金融、工业等各方面都具有相对的独立性与完整性。在设立年鉴框架和组稿当中，县级年鉴门类齐全、数据准确，可以载入年鉴的内容和范围更全更广。而区一级行政区某些职能职权相对缺乏弱化，很多工作都只是全市整体布局的一个面，比如规划、金融、交通、基础设施、工程建设等，这些工作都具有跨区性协作性，难以明确具体由哪个区记载，因此工作实绩与相关数据都无法准确统计，无法通过局部来反映全貌，给区级年鉴的编纂造成很大的制约。

2. 业务理论基础薄弱。一直以来，地方志工作机构的重点在修志，对编纂年鉴重视程度不够，年鉴编纂知识的学习培训欠缺，理论研究更显不足。许多县级年鉴是在基本完成修志任务后才开始着手编纂，区级年鉴则是《地方志工作条例》颁布后在上级地方志部门的要求下才开始编纂，上马仓促，知识准备不够充分。走的是拿来主义、边干边学、先出书再逐步提高的路子。全国如此，长沙市的情况尤为突出。纵览全市各区县年鉴现状，理论研究氛围不浓、学术成果寥寥无几、学术领头人缺失、创新求变意识不强等。这不仅仅体现在区县综合年鉴上，市级年鉴同样面临这种窘迫的局面。深入思考，形成上述局面有其深层原因。

（1）体制不健全。年鉴的主编单位一般为本级地方志机构，省、市两级有专门的地方志机构，而到区县一级却是党史、档案、地方志三合一。受人员编制的限制，区县地方志工作机构人员普遍较少，加之基层工作繁杂，拆迁任务压头，人手更显紧缺，往往是一人肩挑修志、编鉴、党史、工会等多项工作，哪还有时间沉下心来研究理论、钻研业务；再则对于年鉴编纂中央到省市并没有明确要求，直至第五次全国地方志工作大会上提出全覆盖后，地方各级政府才仓促将年鉴编纂提上日程。这也直接导致了区县年鉴工作从起步就只重组稿出书而轻理论研究，只要每年把书出版就完成了上级机构和本级政府交办的任务。对于钻研年鉴业务知识，领导不重视、经费不足、氛围不浓又缺乏激励机制，区县年鉴界的同仁们大多时候也有心无力。

（2）培训是短板。年鉴培训包括两个方面，一方面是对年鉴编辑的培训，另一方面是对年鉴组稿人的培训。往年很多区县上级部门或地方领导说要编年鉴也就直接编了，从原来的史志科抽调几个人手直接上马，先和政府办沟通下个组稿通知，没有培训没有调研没有理论准备，按照市年鉴的框架结构就开始搭架子。各承编单位拿到文件后也是随机将任务交给办公室人员。这样直接造成年鉴编辑不清楚年鉴怎么编，组稿人员不清楚稿子怎么组。如此状态下又怎能编出质量过硬的年鉴，更别提理论研究。虽然近两年来这种情况有所好转，各区县对年鉴组稿人的业务培训有所增强，但是对年鉴编辑的培训往往是忽视的。而年鉴编辑才是整本年鉴的塑造者，他们的业务素质直接决定年鉴质量的优劣。补齐年鉴编辑业务培训短板是各区县年鉴发展中亟待解决的问题。

3. 编校质量有待提高。衡量一部年鉴的优劣，一般包括框架设计、条目编写、装帧设计和检索手段 4 个方面。从全市已出版的 6 部区县综合年鉴来看，对照以上“四把标尺”，年鉴编校质量还有很大的提升空间。

（1）框架结构没有体现地方特色。年鉴框架是整本年鉴的骨骼，直接框定年鉴的内容，明确信息资料的归属与层次。我们在设置框架结构时要从各地实际出发，适当强化地方强项优势，张扬地域个性。仔细翻阅全市已出版的 6 部区县综合年鉴，在框架设计上大致与省市年鉴框架相似，“众鉴一面”，结构单一，少有亮点，存在着以下问题：

一是分类过细、部类过多。区县一级建置虽然五脏俱全，但有些专栏实在不必面面俱到的设立，要有所侧重。如“军事”“铁路”“航空”“电力”“供水”等，这些部类或栏目相对区县一级行政区划来说内容很少，有的区县甚至完全没有相关职能，如果一味追求框架部类齐全，勉强设置，那么只能是在框架中的某些弱项中填充一些似是而非的内容强设部类，其结果往往是内容空泛，资料缺失，不但达不到门类齐全的效果，反而让整本年鉴不伦不类。

二是过分借鉴，失去特色。有的区县在设置年鉴框架时，过分借鉴省市或其他城市年鉴的框架结构，完全忽视本行政区域的实际情况，不深入挖掘地方独特优势，最终使年鉴框架只有千篇一律、大同小异的“规范化”的栏目。一些具有浓郁地方特色的“标签”却没有在设置框架结构时得到充分体现。

三是框架固化，缺乏新意。有的区县墨守成规，10 多年来年鉴栏目从不创新。年鉴框架原则上应该大体保持稳定，但每年应该根据经济社会发展进行局部微调，逐年从实际出发更新一些栏目，使框架结构能敏锐地体现社会经济的不断更新发展。

（2）条目内容空泛要素不全，缺乏民生信息。由于县级综合年鉴是政府组织编纂的公益型公共文化产品，多数年鉴设立由政府领导挂帅的编纂委员会，依靠行政手段组织编纂。年鉴“官书”的性质也决定了党政机关成为年鉴组稿的主要渠道，这也直接影响了年鉴条目的质量。

一是条目语体不规范。年鉴是信息类工具书，语体文风要求简洁严谨准确。由于供稿渠道与组稿人员的局限性，使年鉴条目中充斥着各类单位总结、工作报告、政绩宣传、新闻语体，这些资料既不具备利用价值没有存史意义，读者也不感兴趣。反而应该着重记载的经济变化、事业发展、生产经营、存在的问题却反映不多。这不但违背了年鉴的语体文风使条目内容单薄，也使年鉴的社会实用价值大打折扣。

二是条目要素残缺。由于作者撰稿单纯依赖单位工作总结和报告，概括性浅层次的记述多，有深度有特色的内容少，也导致了条目要素的缺失。就“概况”而言不少县级年鉴的概况对于反映部门、行业、地区的基本情况、基础数据、比较变化、取得的成绩和存在的问题，作者随心所欲想编就编，造成基础信息相当不稳定，基本情况和重要指标数据缺乏应有的连续性和可比性。

三是民生信息缺乏。由于党政机关成为主要组稿渠道，所以年鉴条目中多以大小会议、领导视察、政府工程、部门举措等内容为主，少有反映民生变化的条目，而民生信息恰恰是与群众日常生活息息相关的，读者所关注的，最能反映经济社会发展的鲜活元素。这些条目在年鉴中缺失，大大降低了年鉴的实用性。

（3）统计表、图片等二次文献偏少。许多区县年鉴没有统计资料类目，条目附属的表格也不多，随文图片偏少，普遍存在数字文字化的现象。图表偏少的结果是年鉴内容表现形式单一，版面死板；表格偏少，则给读者利用统计指标数据带来不便，读者要从密密麻麻的文字中找出批量列写的指标数据非常困难，也不便于作横向和纵向的对比。

（4）装帧设计和检索手段需要创新。年鉴的装帧设计是一部年鉴给人的第一直观印象。艺术典雅的、有文化底蕴的装帧设计能有效提升年鉴的品位。然而，纵观各区县年鉴甚至包括《长沙年鉴》在装帧设计上都稍显粗糙浅陋，缺乏设计感与文化内涵，封面设计大多还停留在将一张图片死板地印在封面中央的这种简单原始的方式。检索手段均采用主题检索法，这种检索是目前年鉴界使用比较广泛的检索方式，但也有其不可避免的弊端，有待完善。

4. 开发利用力度不够。年鉴的开发利用一直是年鉴界研究的重要课题。地方综合年鉴的实用性主要体现在为读者及时提供权威、可资利用的信息资料，成为决策参考、研究资料、地情读本。然而现实却并非如此。

（1）重编轻用。许多来，全市年鉴的发展思路都是重“编”轻“用”。许多年鉴主编部门更多地是为了完成上级交办的任务，或者是为了获奖，从未从读者的需要出发。年鉴一直是以“官书”的姿态在生存发展。在实际工作中，一方面，县级年鉴印数少，除了向各政府机关赠阅、向全国各年鉴同行交流以外，一般都是束之高阁，很少主动拓宽“使用”年鉴的渠道。另一方面，缺乏对年鉴使用情况的反馈和评价机制。评价年鉴质量高低，更多是同行间、业界内的自我评价，缺乏最终使用者的意见。年鉴一定程度上没有参与市场竞争的压力，也没有满足读者需求的动力。年鉴只实现了

“存史”的功用，“育人”与“资政”的作用完全没有得到充分发挥。

（2）数字化滞后。现代社会信息爆炸，人们通过网络在短时间内就可以获得海量信息。在这样的背景下，年鉴作为传统纸媒的一种似乎已经落后于这个高速发展的信息时代。目前为止，全市年鉴的数字化仅仅还停留在制作成随书光盘上，年鉴内容没有及时上网更新，广大读者都无法从各区县史志档案局的门户网站上查阅到电子版年鉴，通过年鉴产生的衍生品几乎是一片空白。

从第一部县级年鉴《浏阳年鉴》创刊出版至今，长沙市各区县年鉴编纂已整整走过了30年。总结过去，展望未来。在经济社会高速发展的当下，特别是互联网、信息化对传统纸媒带来的巨大冲击。区县年鉴作为地方政府主持编纂的公益性文化产品，在不断提升自身质量的同时，如何迎接挑战，把握机遇，步入新的发展阶段，这是我们值得深思的命题。

（作者系长沙市地方志办公室年鉴处副处长）

浅谈如何突出地方综合年鉴的年度特色

熊 婕

内容提要： 年度特色是年鉴的重要特性，突出地方综合年鉴的年度性，是其创新发展的源泉。本文作者结合《汉阳年鉴》的编纂实践，从纲目设计、强化动态性条目、精编大事记、精心编排图片和表格等方面，阐述了如何突出地方综合年鉴的年度特色。

关键词： 地方综合年鉴；年鉴编纂；年度特色

地方综合年鉴是记述本行政区域自然、政治、经济、文化和社会等方面情况的年度性地情书，年度性是它的重要特性，也应该是它的一大优势。因为有了这个特性，地方综合年鉴才能收录上年本行政区域自然、政治、经济、文化和社会等方面的基本情况、基本信息以及大、特、新、要事，及时、集中地反映当地地情，为读者提供所需的信息资料。在信息记录传播的方式越来越多样、人们的阅读习惯不断变化、情报资料的收集途径日新月异的新形势下，地方综合年鉴作为地情资料性工具书，要吸引更多的读者，满足多方面的要求，就要更加突出年度特色，提高质量，不断创新发展年鉴事业。而如何突出年鉴的年度特色，在年鉴编纂工作中可以说是一个全面、系统的工作，《汉阳年鉴》对此作了探索。本文结合《汉阳年鉴》编纂实践，谈谈这方面的认识和体会。

一、根据年度亮点调整纲目，突出年鉴年度特色

年鉴的纲目承载年鉴内容的主体结构，是编纂者指导思想的体现。纲目不仅贯彻年鉴体例，而且框定了年鉴的内容。对于年鉴编纂来说，纲目设计是一项十分重要的基础性工作。

地方综合年鉴主要记述一个地方一个年度内的事情，所反映的

内容必须要有年度特色和时代感。地方综合年鉴在进行纲目设计时，就不能年年岁岁都相似，而要坚持常编常新，在保持一些纲目相对稳定、连续记录本地区本年度自然、经济、政治、文化、社会生活等方面发展状况的同时，还要挖掘年度内本地发生的大事、要事、新事、特事等，把握年度亮点，并根据年度亮点对纲目进行调整。如果年鉴纲目中能反映年度亮点的内容比重太少，就难以突出年鉴的年度特色。

《汉阳年鉴》每年都会根据年度亮点调整纲目。在确定篇目时，编辑人员都要广泛搜集资料，深入调查研究，整理全区大事要闻，把握年度亮点和地方特色，选择有年度特点的、有史料价值的大事、要事、新事、特事，以及地方经济社会发展战略的特点、亮点立目入编。如 2015 年的《汉阳年鉴》就突出了建设产业汉阳、宜居汉阳、文化汉阳的发展战略，以及汉阳作为武汉新区的核心区建设四新生态新城、汉阳经济开发区、黄金口都市工业园等亮点。在各个篇目中，也注重突出各个领域的年度亮点。如在武汉四新生态新城分目中，突出武汉国际博览中心建设、低碳示范区建设等年度亮点。在市政建设分目中，突出了鹦鹉洲长江大桥正式通车、江汉六桥建设、武汉地铁 3、4、6 号线等重大项目建设等年度亮点。为了以更直观的方式突出汉阳的年度特色，吸引读者的眼球，《汉阳年鉴（2015）》还设计了“媒体聚焦汉阳”栏目，精选上年度报刊、网络等媒体有关汉阳的各方面报道文章，以影印或摘录的方式呈现给读者。我们感到：通过突出本地年度亮点，也更好地体现了年鉴的地方特色。

二、强化动态性条目编辑，突出年鉴年度特色

年鉴要突出年度特色，除了要以年度新情况、新发展、新特点等更新稳定性条目的内容、全面刷新指标数据之外，最主要的是要设立全新的年度动态性条目。动态性条目以年度内的新事、大事、要事、特事等动态信息为记述对象，如新活动开展、新项目实施、新工程建成、新机构的设立、新政策的实施等。地方综合年鉴只有

大量载录本行政区域内年度内发生的大事、要事、新事、特事等动态信息，才能让年鉴真实、全面地记录一个地方或行业年度内发展变化的状况，也才能使年鉴常编常新。一般说，动态性条目越多，所占比重越大，这部年鉴的年度性才会更明显，年鉴的新意也就越浓。如果年鉴没有年度动态性条目，那么年鉴的目录可以长年保持不变，年鉴的新颖性也就难以得到体现。一般来说，一部年鉴中年度动态性条目要占整部年鉴条目总量的50%以上，这部年鉴的年度性才会比较明显。

近年来，《汉阳年鉴》克服搜集资料难、供稿质量不理想等困难，努力强化动态性条目的编辑。在给各个单位下达年鉴供稿工作任务，培训指导撰稿人时，都要求各单位撰稿人注意收集本地区、本部门、本行业发生的新事、大事、要事、特事及各种区别于往年的重要变化信息，并在年鉴稿件中专门设条目记述。同时，各责任编辑还自主采编，从报刊、网络、信息简报中捕捉本区的大事、新事、要事、特事信息，专门列条目记述，充实相关类目。还从一些单位报送的年鉴稿中挖掘隐藏在稳定性信息中的动态信息。如《汉阳年鉴（2015）》文化分目中【高龙城非物质文化遗产传承园项目建设】【“伯牙子期传说”入选国家级非物质文化遗产】两个条目就是由【非物质文化遗产保护】这个稳定性条目中挖掘整理出来的。再如科技分目中【汉阳区通过科技部国家可持续发展实验区验收评审】是从【概况】中提出单设条目的。

三、精心编写大事记，突出年鉴年度特色

地方综合年鉴通常设立“大事记”类目，将上一年度发生的大事、要事、新事、特事按照时间顺序简要记述，反映本地区年度发展的轨迹。大事记放在一级栏目的位置，这说明大事记十分重要，它是读者了解年度情况的窗口和桥梁，一部好的大事记可以提纲挈领地全面反映这个地区的经济、政治、文化、社会等各方面年度整体情况，从整体上突出反映年鉴的年度特色。

大事记要真正突出年度特色，就必须精编，而不能胡子眉毛一

把手，芝麻西瓜都想要，让一些例行公事的记载充斥其中，而将具有年度特色、意义深远的大事、要事埋没甚至遗漏。要摈弃只有政务、经济才能出大事的传统思维，以多维、多角的眼光，全面捕捉年度本行政区域内社会生活各方面所发生的大事、要事、新事、特事，全面反映年度特色。

编写大事记是一项繁复而细致的工作。《汉阳年鉴》每年都由负责年鉴工作的副主编亲自负责大事记的收集、整理工作。从区委、区政府和有关单位的信息简报、新闻媒体的报道稿件、各单位报送的大事记，以及各单位报送的年鉴稿等方面广泛搜集大事记资料，全面收录本行政区域内年度政治、经济、文化、社会生活等各方面所发生的大事、要事、特事、新事，并提高入鉴标准，力求做到“大事突出、要事不漏、小事不收”，记述的内容准确、语言精练、特色鲜明、亮点突出。

四、精心编排图片和表格，突出年鉴年度特色

年鉴图片、表格能更加生动、直观、形象地记载事物、反映历史，是年鉴内容的重要组成部分。图片、表格的合理运用，也能突出年鉴的年度特色。

年鉴图片选用应注重典型性、资料性，突出反映重大事件、重要成果和热点问题，并做好图片编排，以强化年鉴特色。《汉阳年鉴》每年都围绕年度全区重点工作、重要会议、外事交往、产业发展、城市建设、社会文化活动等主题，广泛搜集图片，并精选能集中反映大事、要事的代表性图片，通过文前“汉阳风貌”彩页“生态汉阳”“和谐汉阳”“发展汉阳”“文化汉阳”等栏目集中进行反映，同时配好随文图片，从多方面、多角度展示汉阳的活力与风貌，图文并茂地宣传汉阳的建设成就。

表格能够直观、全面地反映地方各个方面、各行各业的年度发展变化，增强年鉴年度特色。《汉阳年鉴》十分注重表格的运用，在征稿过程中要求有关单位提供部门、行业的综合统计资料表和非统计性的单项资料表，并精心编辑、核查，力求内容准确，设计规

范。《汉阳年鉴（2015）》很多条目中均配有相应的表格，如街道地区类目每个街道分目下【概况】条目中，配有驻街道重点企业一览表；社会生活类目社会保险分目下【养老保险】条目中，配有2014年度汉阳地区养老保险基本情况统计表；【医疗保险】条目中配有2014年汉阳地区职工医疗保险基本情况统计表，【失业保险】条目中配有2014年度汉阳地区失业保险基本情况统计表，【工伤保险】条目中配有2014年度汉阳地区工伤保险基本情况统计表，【生育保险】条目中配有2014年度汉阳地区生育保险基本情况统计表。《汉阳年鉴（2015）》共有66个表格，通过纵横可比、信息资料简明清晰的表格，增强了年鉴的年度性和信息量。

综上所述，从纲目设计入手，根据年度亮点调整纲目，强化动态性条目记述，并综合运用图、表等多种形式，突出年度特色，以创新年鉴工作，增强年鉴风格和特点。以上，只是笔者在编纂《汉阳年鉴》过程中的一些体会，不足之处，请专家指正。

（作者系武汉市汉阳区地方志办公室副调研员）

提升能力　把好关口
不断提高地方综合年鉴编辑的水平

詹慧生

内容提要： 本文认为，一名合格的地方综合年鉴编辑应着重提升以下3种能力：掌握全局能力，把好“布局谋篇关”；沟通协调能力，把好“组织协调关”；学习研究能力，把好“审稿润色关”。

关键词： 年鉴编纂；编辑能力

一名合格的地方综合年鉴编辑，必须提升3个方面的基本能力，把好3个重要关口。即掌握全局能力，把好“布局谋篇关”；沟通协调能力，把好“组织协调关”；学习研究能力，把好“审稿润色关”。

一、提升掌握全局能力，把好“布局谋篇关”

“布局谋篇”即年鉴的框架设计。年鉴的框架是承载年鉴内容的主体结构，是年鉴的“骨架”。“骨架”能否撑的起、立的住，对于编好年鉴、提高年鉴质量有着十分重要的意义。一部优质的地方综合年鉴要能够通过框架映射内容，通过“骨架”看到血肉。

年鉴编辑要关注全局，既要关注国家的大政方针，还要关注地域内经济社会的发展变化，只有熟知时势和地情，入鉴的信息资料了然于胸，才能在框架设计和体例编排时做到运筹帷幄，让地方综合年鉴所必备的时代特点、地方特色和年度特征得以完美体现，让年鉴层级结构更为清晰、领属关系更为恰当、内容编排均衡适度。

1. 框架要体现时代特点、地方特色和年度特征。年鉴是汇集地域年度信息资料的工具书。年鉴编辑要把握宏观的变化、关注微观的变化，要通过年鉴的框架结构和篇目设置把地域年度内的新情况、新面貌、新发展再现出来，把地域内大事、要事、新事、特事囊括进来、体现出来。

把握大局体现时代特点。年鉴编辑要善于审时度势，把握时代潮流和脉搏，及时抓住重点题材，热门话题，设立新的栏目。比如中共十六届六中全会提出，中国特色社会主义事业的总体布局由社会主义经济建设、政治建设、文化建设的“三位一体”，发展为社会主义经济建设、政治建设、文化建设和社会建设的“四位一体”。党的十八大报告又把“四位一体”的总格局发展为全面落实经济建设、政治建设、文化建设、社会建设、生态文明建设“五位一体”的总体布局，把生态文明建设放在了突出地位。面对诸如此类大政方针的变化，年鉴编辑要快速适应新形势的发展，在年鉴框架中更新设置相关栏目，以便更好地汇集相关资料，增强年鉴的时代性。

熟悉地情展现地方特色。地方特色是年鉴生命力的源泉。地方特色的内容涉及自然环境、历史文化、经济社会发展和社会生活的方方面面，是共性中的个性，是本地独有的、特有的或具有突出地位的事物。年鉴编辑要善于抓住地方的强项和独特之处，设计出颇具特色的框架。一是通过大事记记载突出地方特色。大事记是年鉴中的重要类目之一，它用简明扼要的语言，将一年内发生的重要事件依照发生时间的先后顺序记述下来。在年鉴中起纵向的提纲挈领作用。二是通过突出设置一些栏目和分目凸显地方特色。对于在地方特大、特强的事物，甚至在该地区乃至全国有重大影响的事物，应该尽量突出栏目和分目的位置。三是通过彩页编排和增加图表数量强化地方特色。图片能够形象、直观地表达信息，弥补文字信息的不足，提高地方知名度。地方综合年鉴的宣传彩页要按照一定的逻辑编排，以此来强化地方特色的视觉冲击。大量的图表能够直接、全面地反映地方年度各个方面、各行各业的发展变化，使人看了一目了然，提高有效信息的收入量。

关注发展凸显年度特征。年度特征可以通过专题、专记、特载等来体现，在入鉴内容的选取上，放在突出年度特色的选题之上，以便于实施和操作。同时在审稿改稿和组稿过程中，要选择有年度特点的、有史料价值的、有普遍社会意义的大事、要事、新事、特事，以及地方经济社会发展战略的“特点”“亮点”立目入编。

2. 框架要处理好层级结构的领属关系。年鉴全书是一个有机整体，各栏目（类目）之间、栏目（类目）下分目之间、分目下综合性条目、常规性条目和单一性条目之间，都具有内在有机的联系。年鉴编辑要站在全局的高度，审视层级结构的完整性和内在联系性，设置框架结构时尽量做到分类科学、层次清晰、结构严谨。如果忽略层级结构之间的并列、从属关系，不能有效区分它们的内涵和外延，势必影响框架结构的整体设计。

处理好层级结构中的并列互补关系。栏目与栏目之间、分目与分目之间、单一性条目与常规性条目之间，应该是一种并列互补的状态。它们之间不是包含从属的，而是相对独立又相互补充的。缺了任何一个，年鉴的内容都是不完整的。处理好层级结构中的领属关系。栏目与分目之间、分目与条目之间、综合性条目与其他条目之间，应该是一种承载从属的状态。栏目承载的是年鉴全书，分目承载的是栏目，条目承载的是分目，其他条目承载的是综合性条目。纵向看，年鉴的层级结构是呈梯队形状的“层级负责制”。

二、提升沟通协调能力，把好“组织协调关”

组织协调作为年鉴编辑的重要工作，贯穿着年鉴编纂出版过程的始终。年鉴是众手成书。信息资料来源渠道广，涉及面宽，组稿工作量大；信息杂、资料散，编辑加工整理难度大；时间紧，时效性强，印刷出版步骤多、程序繁杂。对年鉴编辑而言，是劳心劳力的活儿。除了要能坐得下来，还要能走得出去，协调得到位。要通过沟通交流，协调各方力量，按时保质完成年鉴的编纂出版任务。

1. 要建立与撰稿人的良性互动。撰稿人是年鉴稿件的主力，组稿和审稿工作都要依赖年鉴撰稿人的支持配合，因此年鉴编辑一定要妥善处理好与撰稿人的关系，形成良性互动、良性循环。

构建沟通交流的平台。年鉴撰稿人一年供稿一次，编辑与撰稿人平时疏于联系。年鉴编辑应建立诸如QQ群、微信群等交流的平台，适时发布年鉴编纂工作进展和动态，及时交流年鉴编写和修改经验。通过交流平台，以组稿编稿为纽带，以年鉴稿件编写为重点，争取撰稿人的理解信任和大力支持。实践证明，经常与编辑沟通交流的年鉴撰稿人，在组稿和审稿工作中责任心更强、时效性更强、稿件质量更高。

掌握沟通交流的技巧。年鉴编辑在与撰稿人的沟通交流中，要积极主动，有礼有节。在组稿过程中，要尽早确定撰稿人。在组稿任务布置下去后，可以就撰稿内容与撰稿人进行交流探讨，适当地给予解释指点，避免年鉴撰稿人走弯路。对因体例不当、资料性不强需要核实修改的稿件，年鉴编辑要善于发现问题，及时提出可行性的修改意见，指导协调撰稿人按照内容需要进行修改完善。此外，年鉴编辑要以大方得体的举止、亲切自然的态度、熟练精湛的业务，在撰稿人中树立良好的形象。态度生硬、自以为是，会使年鉴撰稿人产生逆反心理，可能导致年鉴信息的缺失。

建立奖优罚劣的机制。机制是一种手段，一种导向。要想提高年鉴对于撰稿人的吸引力和凝聚力，最大程度地调动撰稿人的积极性，发挥他们的主动性，就必须采取一些看得见、摸得着，能比较、有结果的激励措施。比如年鉴稿费发放时，可以把发放标准与完成时间、稿件质量和字数相结合；年鉴印刷出版后，在撰稿人中开展“一、二、三等条目”互评活动；年鉴业务学习交流中，推荐相关单位年鉴撰稿人参加；年终表彰时，对年鉴工作先进单位、优秀年鉴撰稿人进行表彰奖励。

2. 要做好外围的沟通协调。年鉴的编纂出版除了组稿审稿这个核心外，还有许多需要沟通协调的环节。大到年鉴编纂方案的签印、稿件的排版印制、样书的审核审校，小到字体字号行距字间距的确定等，都要实时跟进、协调督办。年鉴编辑要与排版部门、印刷部门、出版发行部门、政府采购部门以及广告代理部门等直接发生联系，要有效控制年鉴编纂过程中的每个流程，保证年鉴在各个环节顺利完成阶段性目标任务，最终按时高质量出版发行。

三、提升学习研究能力，把好“审稿润色关”

审稿改稿是年鉴编纂出版的必经程序，是保障年鉴质量的重要环节，也是一项综合性很强的工作。年鉴编辑承担着稿件“三审三校”的艰巨任务，只有具备学习研究、速学速成的能力，才能有效应对覆盖面广、内容含量大、信息繁杂的年鉴稿件，担当好年鉴编辑的职责，把好审稿润色这一重要关口。

1. 提升驾驭语言文字的能力。年鉴编辑是以语言文字作为载体来进行工作的，驾驭语言文字的能力对于年鉴编辑显得尤为重要。年鉴的语言要求准确、简洁、平实、流畅、不溢美、不隐恶、不夸大、不议论。语言简洁精练，文字的有效信息量就大；语言拖泥带水，文字的水分就大。水分越大有用信息越少，年鉴使用价值越低，年鉴编纂质量越差。年鉴编辑只有具备良好的语言文字素养，才能在审改年鉴稿件时得心应手、锦上添花，通过审改润色让年鉴稿件质量更上一层。也只有具备良好的语言文字素养，才有助于增强阅读理解能力，即使面对不甚熟悉的文稿内容，亦能询文求解，按图索骥，并使之润色生辉。要想提升驾驭语言文字的能力，首先要养成阅读的习惯。通过扩大阅读量，逐步锻炼接收信息、理解信息的能力。其次要提升写作水平。年鉴编辑要勤于积累、敢于动笔，在一次次尝试中，掌握写作技巧，提升能力和水平。

2. 提升学习研究的能力，做“复合型”人才。从职业角度来看，年鉴编辑首先应该做本职领域的“专家”。只有精通年鉴编辑业务的专家或深谙编辑学、年鉴学的学者，才可能从理论高度认识年鉴工作的意义，以先进的理念指导编辑实践。从编辑工作特点来看，年鉴编辑还应是知识上的“杂家”。年鉴编辑所需加工处理的信息资料涉及不同的领域，而编辑鉴别分析信息的能力，有赖于编辑广博的知识。因此，年鉴编辑要能够速学速成，做具备多学科、“立体化”知识结构的“复合型”人才。

要想成为“专家”，首先必须加强年鉴理论、年鉴编辑等业务知识的学习，只有掌握了年鉴编辑的常识和精髓，才能在实际工作中发挥积极指导意义。其次要参加年鉴编辑活动，年鉴编辑要在实践中印证理论知识，积累编辑经验，做到学以致用、用以促学、学用相长。最后还要加强年鉴的学术研究。只有在某一学科或领域有所研究、有所建树的人，才能算得上是真正的“专家”。

要想成为“杂家”，必须加强知识积累。一是要广泛涉猎各种知识。只有不断拓宽知识面，才能厚积薄发。一部地方年鉴既要记述党政机关、法制等上层建筑的内容，又要记述工业、农业、商业、交通、物流等经济领域的内容；既要记述综合经济管理、城市建筑与管理的内容，又要记述科学、教育、文化、卫生、体育等社会事业内容。年鉴编辑只有对所编辑内容的面貌和基本情况有一定的了解和掌握，组稿时才能有的放矢，编稿时才能胸中有数，动笔时才能准确无误。二是要构建新的知识体系。随着经济社会的发展和旧事物的消亡，经济、政治、社会、文化、生态等领域必然会出现新变化，作为年鉴编辑，要时时保持高度的敏锐性，对于各种新现象、新事物和新情况要留心观察、悉心研究，以便作为年鉴的辅助内容，收录编辑年鉴之中。

作为年鉴编辑，必须不断学习，加强自己各方面的知识修养，以提高自己在实际工作中解决问题的水平和能力。如果年鉴编辑不能及时发现并改正原稿中的知识性错误，年鉴出版后，它的存史性功能、服务性功能、资政性功能将大打折扣，甚至贻害无穷。因此，年鉴编辑应该加强学习，积累知识，钻研学术，博学多问，涉猎书本知识和社会方方面面的知识，与时俱进，努力成为编辑的“专才”或通晓地域地情的“通才”。

高素质的年鉴编辑队伍是年鉴生存和发展的基础和保证。年鉴编辑应坚持边干边学、边学边钻，不断优化自身素质，努力提升各种能力和水平，以适应年鉴编辑工作的需要和年鉴事业发展的需求。

（作者单位：湖北省襄阳市党史和地方志办公室）

浅谈《长江年鉴》的编纂特色与创新

王　宏

内容提要：本文以《长江年鉴》的编纂特色与近年来的创新实践为切入点，探讨两者在打造精品专业年鉴过程中所发挥的重要作用。

关键词：专业年鉴；特色；创新

近年来，由于纸质媒体受到数字媒体的冲击，专业年鉴的发展也面临着诸多挑战。由于读者的阅读兴趣点和习惯都发生了巨大的变化，传统的办刊思维模式、编纂内容和表现形式愈来愈成为桎梏年鉴创新发展的瓶颈。如何将年鉴编出新意、突出特色、创新思路、办出精品，应该引起编纂者的高度重视。本文以《长江年鉴》近年来的实践为例，试从突出编纂特色、创新办刊形式的角度探讨如何更好地推进专业年鉴的发展。

一、编纂特色是年鉴风格的具体体现

1. 围绕流域主线，探索跨界特色。作为唯一一部全面、系统记录并展现长江流域治理、开发、保护各项事业进展的大型信息资料年刊，《长江年鉴》秉承以“积极践行新时期治江战略，准确把握治江形势和任务，编纂长江流域自然·水·人发展变迁历史”为办刊宗旨，自1992年创刊以来，始终保持流域性“大水利”专业年鉴的风格与特色，以宏观视野把流域内多个相似或者相近的专业进行归纳和统筹，串联到长江治理开发和保护这条主线上，除水利专业外，其内容涵盖水电、航运、环保、经济带、旅游等，这种有别于其他某一领域和行业的专业年鉴的跨界特色，成为长江年鉴编纂的一大亮点。多年来，我们力求全面、系统、翔实地记载上述六大板块上年度专业的基本情况，准确展示六大领域的真实成就和发展现状，为宣传流域的发展，了解长江、研究长江提供权威资料。

2. 优化框架设计，彰显自身特色。篇目结构的框架设计是年鉴的支点和灵魂所在，年鉴框架设计的变化，就是要紧跟时代步伐和流域发展与时俱进，主动作为，通过对篇目及其内容进行调整完善、推陈出新，使年鉴基础框架和主体内容始终保持科学合理、专业权威、编撰常新的现实性品格。近年来，我们力求创办具有特色化、个性化、风格化的专业年鉴，有的放矢地进行谋篇布局。秉承“流域特色是基石，时代特色是主线，年度特色是亮点”的原则，不断强调框架设计的优化，力求通过整体谋篇布局彰显鲜明特色。

在凸显流域特色方面，《长江年鉴》勇于突破创新：一是打破按行业或专业分层立篇的年鉴常规，将举世瞩目的三峡工程和南水北调工程单独立篇，以突出长江流域特有的重大工程内容。二是前瞻性地在业界首创“长江经济带”篇目，并随着党和国家对长江经济带发展战略定位的逐步落地，不断优化调整该篇目的记述重点，以充分反映作为中国经济升级版新支撑的长江沿岸城市圈的各项建设进程。

在凸显时代特色方面，《长江年鉴》通过强化最严格的水资源管理制度、水生态文明建设、水利信息化等内容在相关篇目的记述力度，将年鉴的核心思想从过去的以反映水利、水电、航运等工程建设为主，逐步转向以反映人水和谐的可持续发展治江新理念。特别是针对我国新能源近年来持续快速增长的新态势，我们的编纂思路逐步拓展到风能、太阳能光伏、核能等能源形式，并具体落实到2016年卷的编纂大纲中，将原来“水利水电工程”的篇目改为“水电与新能源”，多视角地反映流域能源结构优化和发展转型的现状，以适应流域生态保护和绿色发展的新理念。

在凸显年度特色方面，《长江年鉴》不断加大对当年度“十件大事”“要闻”两个年度性彩页栏目的策划，近年来将聚焦视野从过去的流域水利扩大至水电、航运、环保、经济、旅游等多个领域。2016年又在现有篇目基础上，策划“谋篇布局‘十三五’助力长江经济带发展”主题专栏，通过向流域相关单位的高层领导约稿，探讨水利、航运等治江核心行业如何充分发挥本行业的支撑和保障作用，全面推动长江经济带发展。

二、创新是年鉴发展的不竭动力

《长江年鉴》是由水利部长江水利委员会、中国长江三峡集团公司、交通运输部长江航务管理局共同主办，长江流域各省（自治区、直辖市）水利（水务）厅（局）、环境保护厅（局）、电力系统各大公司、旅游局等单位参编的流域性专业年鉴。3家主办单位都是长江流域水利、航运、水电开发治理与保护的权威部门，其参编单位也是流域各地相关专业的主管单位或国字号企业，其专业上的代表性不容置疑。因此给《长江年鉴》的创新也带来了动力和探索的机遇。

1. 增加发布功能，提升权威效能。为进一步提升《长江年鉴》的权威发布功能与品牌价值，2015年年底，长江年鉴社本着开门办鉴的原则，改变过去年鉴社内部评选的模式，首次联合长江流域水利系统相关单位、长江航务管理局、湖北地方志编纂办公室以及《中国水运报》《长江航运》杂志等多家传媒单位，策划评选“2015年长江水利十件大事”“2015年长江航运十件大事”，并在《长江年鉴》2015年卷、“长江之鉴”微信平台，以及新华网和长江航务管理局、长江水利委员会官网等多家媒体上刊出，引起广泛关注，反响热烈。

2. 创新微信载体，融合新媒体。在已有传播形态的基础上，《长江年鉴》积极吸纳其他新媒体长处，融汇整合，为己所用，找准突破口，打通与受众的实时互动与交流路径。为此，长江年鉴社大胆尝试，通过精心策划于2015年3月上线“长江之鉴”微信公众号，以“网络长江大事要闻，品读古今知往鉴来”为出发点，设置主题丰富、形式多样的时事新闻类栏目和文化知识类栏目，为鉴志突破时限性短板、深入挖掘自身信息资源、拓展增值服务做出了先行示范。融合发展的新业态不只是将传统媒体和新媒体作简单嫁接，而是为将来进一步地要探索构建纸质出版、多媒体光盘、数字出版、数据库服务、移动终端等多层次融媒体平台的途径，从而为读者更好地提供定制化、差异化的信息资料服务。随着信息技术发展，为适应人们的阅读习惯，扩大读鉴用鉴载体与范围，在同步制作《长江年鉴》电子光盘的基础上，与清华大学中国学术期刊（光盘版）电子杂志社合作，将《长江年鉴》每卷内容输入中国知识资源总库，初步形成符合年鉴编纂流程和要求的信息平台。

3. 策划摄影选题，宣传推广品牌。近年来，随着沿江各地环境与资源的不断过度索取，长江这条母亲河逐渐不堪重负，频频敲响生态警钟，引起社会的广泛关注。国家领导人近期多次强调，当前和今后相当长一个时期，要把修复长江生态环境摆在压倒性位置，共抓大保护，不搞大开发。为进一步贯彻习近平总书记关于长江经济带绿色发展新理念新思想，提高年鉴影响力，更加真实准确记录流域的变迁，我们反复酝酿，决定针对当前流域的生态保护这个热点问题进行更直观的关注和反映。结合最近几年《长江年鉴》图片质量不高、数量减少的情况，我们把摄影作为切入点，将选题聚焦在“绿色守护，人水和谐”之上，于 2016 年 4 月起策划发起了该主题的摄影比赛，并在《长江年鉴》的 3 家主办单位官网上发布比赛启事，邀请流域各界和社会上的摄影爱好者积极参与。届时将通过专家评选，对获奖的作品和人员进行表彰奖励，并且获奖作品将作为彩页专辑在《长江年鉴》2016 年卷中刊载，从而在丰富年鉴内容的基础上，对自身品牌进行了宣传推广。

三、特色与创新互为补充、相得益彰

《长江年鉴》在办刊实践中，始终坚持在创新中求发展，在特色中保质量。为此，全体编纂人员在编纂工作中牢固树立精品战略和质量意识，建立和完善各项规章制度，规范编纂，通过完善框架设计、优化栏目选题选材、精选条目、抓好编校质量、做好装帧设计，印制出版，同时积极策划主题活动、定期培训撰稿者，并配合微信线上线下互动等，使《长江年鉴》各项工作切实做到高标准、高起点，同时按照“记载历史，服务流域，创新发展，特色鲜明、编纂精品”的办刊要求，力求做到专业性、科学性和资料性的统一，使年鉴具有时代特色和流域大水利特点，充分发挥知往鉴来的作用。与此同时，每年利用开办撰稿人培训班、研讨会以及发编纂函等形式，广泛征求流域相关单位以及年鉴界、新闻出版界专家，以及主办单位和参编单位意见，并在此基础上谋划和提出年鉴编纂大纲，力求在上一卷的基础上更上一层楼；积极选派业务骨干参加全国性的年鉴培训和会议，以加强培养后备队伍；与专业年鉴、省级年鉴、城市年鉴进行研讨及书刊互换，学习借鉴别人的长处，同时定期召开内部评鉴会，并邀请第三方专家进行审读，以便找出自身不足与差距，及时改进。正是通过这一系列的措施保障，才使得《长江年鉴》的特色与创新相得益彰，并多次获得全国年鉴编纂出版质量评比的若干奖项，从而推进年鉴事业可持续发展。

参考资料：

①王守亚：《着力提高年鉴的实用性》，《年鉴信息与研究》2008 年第 1 期。
②唐建平：《关于年鉴规范与创新的思考》，《中国地方志》2013 年第 4 期。

（作者系长江年鉴社社长，执行主编）

创新是年鉴编纂的灵魂

——《安阳年鉴》编纂探讨与实践

王书才　谢帅方

内容提要：本文结合《安阳年鉴》的编纂实践，对理论创新、机制创新、内容创新等问题做了有益的探讨。

关键词：年鉴编纂；创新

年鉴作为年度资料性文献，为各级领导科学决策提供了可靠依据；为各部门增进了解，加强协作，提供了及时而有权威的信息；为企业了解、开拓市场提供了有益的资料；为社会各界了解地情提供了参考、借鉴。

为了适应形势发展的需要，跟上时代发展的步伐，积极探索年鉴创新之路，努力做到综合年鉴编纂的与时俱进，是年鉴事业发展的必然选择。

一、理念创新是先导

理念是人们的一种思维习惯。年鉴编纂理念是年鉴编纂的指导思想，是影响和制约年鉴编纂行为的思维和意识。年鉴工作者确立正确的编纂理念是规范和保障年鉴编纂行为的必要前提。在《安阳年鉴》编纂之初，编纂委员会就如何做好年鉴编纂进行了认真研讨，确立了要提高年鉴质量，做到常编常新，必须树立以下几种理念的指导思想。

1. 落后于实践就是对历史不负责任。随着改革开放的深入发展，历史的步伐在不断地前进，新的工作、新的成就、新的领域、新的知识、新的社会生活在不断涌现。如果年鉴的内容，特别是框架设计，每年都以相似的姿态呈现在读者面前，历经几年、甚至十几年而一成不变，就可能会有大量的新生事物被遗漏，这样就不能全面地记录当代的历史，作为史志人，这实际上是对历史极其不负责任的态度。

2. 简单照抄照搬就是失职渎职。年鉴就是一年一鉴，它要求把本年度政治、经济、文化、社会等各方面的发展变化全方位、多角度地准确反映，它是昨天的记录、今天的镜子、明天的见证，编写、编好年鉴是年鉴工作者的职责所系。从资料搜集的角度看，要有扑下身子，甘于吃苦，对有用的资料搜集不全誓不罢休的韧劲，方法灵活，善于沟通，不怕麻烦；对已经搜集的资料还要进行研判，去伪存真，去粗取精，把真正有价值的资料保存下来。如果不能做到这些，致使年鉴每年都以相似的姿态呈现在读者面前，那将是年鉴工作者的失职渎职行为。

3. 不按时完成编纂就是错失机遇。当前，《全国地方志事业发展规划纲要》已经实施，正是史志事业大有可为的历史机遇期。在年鉴编纂过程中，撰稿人和责任编辑一定要发扬滚石上山、负重前行的精神，树立爬坡实干、拼抢机遇，不让事业在我手里贻误的思想，严格按照年鉴编纂流程图规定的时间节点按时完成征稿、组稿、改稿、校对、出版等各项任务，确保在规定时间内编纂出质量上乘的年鉴。相反，如果年鉴不能在出版年度的上半年内及时出版发行，那么它的资政作用、育人价值将会不可避免地受到削弱，那是错失机遇的行为。

4. 坚守质量第一。质量是年鉴的生命，也是其价值所在。编纂年鉴是百年大计、千年大计。在编纂过程中，我们既要按照工作计划，稳步推进，又要坚守质量第一、精益求精的理念，真正以强烈的事业心和责任感来对待这项千秋大业，在立言的同时，立功立德。要始终坚持高标准、严要求，力争使每个环节、每个细节都不出差错，切实提高年鉴的内在质量，编纂出经得起市场检验、经得起读者检验、经得起历史检验的年鉴，尽最大努力把年鉴编成精品年鉴、示范年鉴。

二、机制创新是保证

1. 实行全员分工负责制。近几年，安阳市史志办创新年鉴质量保障体系，在年鉴编辑任务的分解与实施方面，实行全员参与，每位责任编辑都承担一定数量的编写任务，共同担负起年鉴质量提升的责任。这种做法就是以人为导向，让每位责任编辑都能在编纂精品佳鉴这一总目标的指导下，实施各自的分目标，充分发挥每位责任编辑的积极性和创造性。努力营造一种团结向上、宽松和谐、协作共商的人际关系和工作关系，既相互合作，又相互竞争，从而形成一种健康的、良性的质量保障体系。

2. 创新资料搜集机制。资料搜集机制创新，主要是培养主动搜集资料的工作习惯。责任编辑搜集资料，如果仍靠“守株待兔”式的方式得到稿件，将会影响到稿件质量和工作效率，并直接影响年鉴的质量。为此，变指令性采稿为指导性采稿，变粗放型采稿为规范型采稿，变被动型采稿为主动型采稿已是必然趋势。即由以前的有什么菜做什么饭，转变为现在的想做什么饭就购什么菜。为此，除了像往年一样向市直各单位和各驻安单位约稿外，我们还通过报纸摘录、网络下载、采访记录、当事人口述等多种途径搜集稿件。例如，《安阳年鉴》“政法”类目“典型案例”中收录的关于非法集资的案件，有很多是从《安阳日报》上摘录的。再如，“住宿·餐饮业”类目中“安阳特色菜选介”中收录的资料有不少是从互联网上下载的。这样，年鉴的稿件来源渠道广泛了，资料翔实了，内容丰富了。这种“拿来主义”式的多元化征稿方式，既拓宽了供稿渠道、保证了稿件质量，又提高了编辑本领、增强了综合素质，同时，年鉴的资料性、科学性、著述性也大大增强。

3. 规范编纂流程，实行五审五校制。为了提高年鉴质量，在编纂2014年卷《安阳年鉴》过程中，结合工作实际，我们实行了五审五校制。“五审”即：首先由责任编辑审改撰稿人上交的初稿，然后交副主编审改，副主编根据编纂方案要求审改后，交给主编通审，之后再召开由主编、副主编、年鉴科参加的通稿会，会议期间解决疑难问题、有争议的问题。通稿会除了审改年鉴的内容外，还要通审封面、彩页、装帧、设计、图片等全部内容。最后，由市政府主持的监审会审改通过后出版印刷。“五校”制即：严格执行责任编辑自校、科室互校、科与科互校、副主编通校、主编通校的方法，尽力化解疑难问题，使年鉴的差错率降到最低。这种五审、五校制度，为《安阳年鉴》2014年卷在内容、形式、装帧、印刷等方面质量的提升提供了巨大支撑。

三、内容创新是根本

随着经济的快速发展、社会的不断进步，各种新事物、新问题、新情况不断出现，年鉴要客观、准确地反映经济、政治、社会等的发展面貌，每年都应该根据形势的发展变化，对内容设置做出适当的调整、优化和创新，使之尽可能分类科学、系统完备、层次分明，从而做到因事设类，突出重要信息资料，如实展示年度工作中的新发展、新成就、新特点、新经验、新问题及大事、要事、特事，进而凸显时代特色、地域特色和年度特色。

1. 框架创新。框架设置更加科学合理。翻开《安阳年鉴》2013年卷、2014年卷，很多变化令人耳目一新。一是中国共产党安阳市委员会、安阳市人民代表大会、政协安阳市委、民主党派、社会团体等内容从以往的“政治”章中析出，单独设章。二是“城建环保”章一分为二，分别设立“城乡建设”和“环境保护”章。三是通过对以往“政务”章的认真梳理和重新归类，大部分内容在新设置的“安阳市人民政府”章中进行叙述，另一部分散记在各分目中的零碎内容，如“城乡居民生活”“民政”“人口和计划生育”“残疾人事业”“慈善事业”等与新征集的“红十字事业”组合后，在新设立的“社会民生”章中进行展示。《安阳年鉴》通过这样的梳理和升格记述，使框架设置更加科学合理。

新增贴近人民生活的类目。随着社会主义市场经济的建立和完善，服务行业快速发展壮大，各种社会中介组织不断涌现并迅速成长，而且遍布于社会生活的各个领域，为经济社会发展起到积极作用。在 2013 年卷、2014 年卷《安阳年鉴》中，专门设置“社会中介组织”章，详细记述了行业协会、会计师事务所、律师事务所、评估行业、公证机构、房产中介、拍卖行业、咨询公司等各领域中介组织的产生、发展、现状及为民服务等情况。

《安阳年鉴》还专门设置“住宿餐饮业”章，详细记述了安阳市的主要宾馆酒店，如华强建国酒店、洹水湾国际酒店、安阳宾馆及中原宾馆等的位置、面积、规模、功能、服务群众等情况。该章还收录了安阳市的餐饮业情况，如安阳食事、筵席、特色菜、小吃街等情况，特别是在“安阳特色菜”条目中，详细介绍了安阳的八宝布袋鱼、三熏、粉浆饭、皮渣、扁粉菜、血糕等的配料、制作、工艺、形状、吃法等情况，为外地人来安阳旅游、住宿、就餐提供了信息服务。

以上各章的设置，不但增加了《安阳年鉴》的信息容量，拓展其内容的覆盖范围，凸显其实用性，而且突出了《安阳年鉴》框架因内容而设，内容因框架而定，不断创新框架，使年鉴年年编、年年有新意的特点。

2. 条目创新。《安阳年鉴》2014 年卷除了通过常规条目反映事物发展的脉络和轨迹，保持年鉴资料的稳定性和连续性外，还通过收录动态条目体现年鉴的生命力和年度特色。例如，在“教育”类目中，除了像往年一样收录县级政府教育工作督导评估、学校资助工作、三好学生评选等常规条目外，还从当年安阳教育实际出发，增加了“首届基础教育教学优秀成果评选”“制定第二期学前教育三年行动计划”“启动信息技术应用能力提升工程”等动态条目；另外，还新增了“翰林小学奠基开工”“新建紫薇小学”“安阳县六中并入市八中”“安阳正一中学”等新建、合并或更名学校，从而增加了年鉴的资料、信息容量。在“县区概况”类目中，在介绍安阳县的基本情况时，除了收录概况、农业、工业、第三产业、社会事业、服务型政府建设等常规条目外，还根据 2014 年安阳县发生的一些重要事情，设置了“中国·安阳国际商贸城奠基开工”“田云超荣登 3 月中国好人榜”“解放安阳纪念馆开馆”“安阳县被农业部确定为国家级现代农业示范区”等动态条目。《安阳年鉴》正是通过收录这些“显”“新”“深”的动态条目，很好地彰显了年鉴的年度特色，使年鉴做到了常编常新，同时也具有了更大的实用价值和收藏价值。

3. 增加随文图表，增强可读性。《安阳年鉴》2014 年卷除了前后彩页部分收录的反映该市面貌的 261 幅彩照、安阳市政区图、安阳市区图外，还收录了反映安阳航空运动文化旅游节、中国文字博物馆、安阳市教育发展情况、安阳市医院发展情况等多种随文图表，使年鉴栩栩如生，既节省了文字，直观地表达了年鉴的未言之意，又给读者留下了深刻的印象和回味的空间。随文图表的增加，真正实现了年鉴图文并茂，增强可读性、直观性的目标。

四、年鉴编纂的几点思考

1. 领导重视是编纂工作顺利进行的保障。年鉴属于官书，编纂年鉴是政府行为，市委、市政府对年鉴编纂工作一直十分重视。年初启动编纂工作时，召开了全市年鉴编纂工作动员大会，分管史志工作的副市长亲自担任编纂委员会名誉主任。会前，分管副市长就多次认真修改会议材料，开会时，分管副市长和副秘书长又到会并作了重要讲话，部署了编纂任务。市政府办公室还印发了《关于认真做好〈安阳年鉴〉编纂工作的通知》。在编纂过程中，分管副市长非常关心年鉴编纂工作，经常听取汇报，参加有关会议，并帮助解决工作中遇到的实际困难和问题。特别是 8 月年鉴定稿之前，分管副市长刘建发又亲自主持监审会，召集安阳师院专家教授和相关局委分管领导 20 余人，再次对年鉴稿进行审改，提出可行的意见、建议 30 多条，并亲自和有关局委领导打电话约稿。同时，市政府还将年鉴编纂经费列入市财政预算，严格落实，从而有力地保证了年鉴编纂工作的顺利开展。

2.《地方综合年鉴编纂出版规定》是年鉴编纂的基本遵循。俗话说，没有规矩，不成方圆。《地方综合年鉴编纂出版规定》就是年鉴编纂的基本遵循，它从年鉴的性质、指导思想、框架、资料、内容、出版等方面对年鉴的编纂做出了基本规范。一部精品年鉴一定是一部非常规范的年鉴。年鉴作为资料性的工具书，就要以《地方综合年鉴编纂出版规定》为准绳，不断提高规范化水平。要自觉用《规定》规范工作程序、工作环节和时间节点，年复一年，按时在上半年内出版；要自觉用《规定》规范年鉴的版式、形式和规格，各种年鉴可以五光十色，但一部年鉴不能五花八门；要自觉用《规定》规范语体、文体、用词、计量、数据、名称等一切与年鉴编纂有关的方面，力争为读者提供准确、统一的信息资料和知识内容。

3. 及时出版，确保时效性。年鉴作为地方的年度资料性文献，应该紧紧围绕当地党委政府的中心工作，体现党委政府的重大决策部署，并且在保证质量的前提下，注重其时效性。“时”，即要尽可能快捷地反映有关内容；“效”，即要有使用价值或实用性。翻开一本年鉴，从彩页和篇目框架，就应该能够看出党委政府全年的指导思想、执政理念和工作思路。如在《安阳年鉴》中，党的群众路线教育实践活动、实施蓝天工程、建设安阳经济升级版、便民、为民、利民、惠民、引领服务业大发展等这些大政方针都得到了充分体现。在一定程度上，这也成为我们编纂《安阳年鉴》过程中处理一些重要内容时遵循的原则和依据。

4. 年鉴与互联网相结合，发挥更大效能。目前，“互联网+”已经成为一种趋势，各个领域纷纷加入“互联网+”这个大潮流中。年鉴也应该顺应潮流，有互联网思维，与互联网融合，向网络年鉴的方向发展。按照网络特点设计年鉴版面结构，采用图片、视频、音频、动画等形式，编排年鉴内容，以通过微信、QQ等社交媒介使年鉴呈几何量级传播，扩大年鉴影响力，拓宽受众覆盖面。总之，在这个移动互联网风起云涌的时代，年鉴只有与互联网融合，才能在“互联网+”的新常态下获得新生和发展，从而发挥其应有的价值。

总之，年鉴创新只有起点，没有终点。在创新中发展，在发展中创新并臻于完善，这是《安阳年鉴》永恒的追求。

（作者单位：河南省安阳市政府地方史志办公室）

与时俱进　自我超越

——谈《濮阳年鉴》创新实践

陈玉莲

内容提要：本文介绍了《濮阳年鉴》在框架调整、资料选编、条目精编、强化校对、缩短周期、加强管理等方面不断提高年鉴编纂质量的探索过程。

关键词：年鉴编纂；创新

创新是一个民族进步的灵魂，创新是中国新时代主旋律。年鉴作为记录时代的载体，自然要随着时代变化、事业发展不断创新。关于创新的定义有多种，不再列举。笔者认为，对于年鉴来说，创新就是从“知不足”到“不知足”再到“知不足”的自我完善、自我超越、自我提高的过程。《濮阳年鉴》1987年创刊，经历了探索阶段、完善阶段、提高阶段，走过29年，连续编纂出版29卷，积累3 000多万字的信息资料。《濮阳年鉴》背靠政府，面向社会，永不满足，不断创新。从形式到内容、从框架设计到条目编写、从体制机制到规范化管理、从进度到质量等在不断探索中改进提高。《濮阳年鉴》在全国年鉴质量评比中多次获得一等奖和特等奖。

一、框架调整与时俱进

年鉴的质量包括内在质量和外在质量，一部好的年鉴应该是内在质量和外在质量的全面提高，内容和形式的完美结合。所谓年鉴的内在质量包括条目编写质量，资料的科学性、准确性、实用性、信息的含量和价值。年鉴的外在质量包括框架设计、装帧设计等。年鉴的框架设计是否科学合理，直接影响年鉴质量。年鉴的框架没有也不可能有固定模式，而是随着形势的发展而变化发展的，所以必须适应形势，与时俱进，不断调整完善。

《濮阳年鉴》创刊以来，经历中国社会大变革大发展时代，随着中国各项改革的不断深入以及开放的不断扩大，社会各个领域发生深刻变化。作为反映一地政治、经济、社会、文化等发展变化的年鉴也应随之调整变化。在计划经济时代构建的地方综合年鉴的框架结构，已容纳不下社会主义市场经济中出现的新的情况、新的信息资料，如日益发展的非公有制经济、物流业以及信息咨询与服务、高新技术产业开发、产业集聚区等。《濮阳年鉴》从1995年卷开始，改变过去的大部类结构，采用了适应市场经济的比较灵活的小部类结构。突破原来按行政管理和事业分工的框架，增设新的类目，调整类目及分目结构，由原来的14个类目调整增加到30多个。之后，在保持框架相对稳定的基础上，每年根据时代特色和年度工作特点，适当增减。做到稳中求“变”，变中出“新”，趋向科学合理，形成鲜明特色。为突出年度工作特色，增设了如“创建国家卫生城市”“创建国家园林城市”“创建全国文明城市”“一创双优”“建市三十年”等分目。为突出地方特色，设置了“中华第一龙”“石油开采业”“濮范台实验区建设”等分目。为突出时代特色，设置了“产业集聚区”“重点项目建设”等分目。为突出年鉴的资政作用，增设了“专文”“调查报告”类目。为突出城市功能，将“环保”与“城建”并列，并将“城建·环保”“交通运输”前移，将“县乡概况”改为“区情·县情”后置，同时压缩了乡镇概况篇幅，改变记述方法，抓住特色，突出重点，与县区这个面相互补充，点面结合，相得益彰。

二、资料选编突出新意

事物不断变化，事业飞速发展，特别是信息时代，瞬息万变，一日千里。反映事业发展的年鉴资料必须是鲜活的。但是，年鉴的框架结构具有相对的稳定性，在这种情况下，就要在资料选择上下功夫，充分反映不断变化的新情况、新问题。把握重点，举出亮点，突出新意。

1. 注意挖掘深层次的资料。深层次资料是最能反映问题、有较高价值、而又不太容易搜集的资料，这些资料一般对记述的主要内容起补充说明作用，容易被忽视。这些资料往往是活生生的，贴近现实的资料。如某企业一职工的摄影作品多次在全国书法比赛中获奖，新闻媒体有报道，但文化部门不掌握其情况，所在企业只提供生产、效益等情况，没有提供这一信息。所以，为掌握这样的资料，就让撰稿人、年鉴编辑平时留意，根据线索，主动搜集。

2. 适当运用横比和纵比的动态资料。任何事物都不是孤立的，与自己过去，与其周围的事物都有或多或少的联系，要把某事物放在一条线上作纵向比较，看其发展变化，放在一个面上作横向比较，看其所处的位置、大小及优劣。同时，收录必要的历史性资料。在统计资料里，应尽可能收录历史年份或相关年份的资料，以保证数据的连续性和可比性。如《濮阳年鉴》中“2012 年濮阳市国内生产总值达到 994.53 亿元，比上年增长 12.2%，增速居河南省第二位，是 1983 年的 76.33 倍（本计算结果未包含物价因素，下同）；人均生产总值达 27 789 元，是 1983 年的 55.36 倍。建市 30 年，全市国内生产总值增长 12.6%。全市财政总收入 84.85 亿元，比 1983 年增长 55.36 倍。全市公共财政支出 149.1 亿元，比 1983 年的 8 900 万元增长 148.21 亿元”。这样记述，不仅有本地本年度的数字，还有在全省所处的位置，有与建市之初数字比较，从而，使读者不仅对濮阳市本年度国内生总值、人均生产总值、财政收入等一目了然，还了解到濮阳市在全省所处的位置以及自己的发展情况。

3. 加强“忧”资料记述。为增强年鉴的客观性，更好发挥“鉴”之功用，必须既报喜又报忧。事物都是一分为二的，常常是喜与忧共存，成绩与问题相伴。尤其在社会主义初级阶段，在市场经济培育发育时期，在改革开放的新形势下，各行业、各部门都有成功的经验，也有失败的教训，有健康成长的新事物，也有伴生的腐败现象，有行业状元、模范人物，也有堕落腐败分子。所以年鉴在主要记述成绩的同时，也要敢于揭露问题，总结教训，增加一些“忧”资料。从一定意义上说，教训与经验同样可贵，“忧”信息资料同“喜”信息资料同样有价值。不过，选择“忧”资料要更加慎重，要择其影响较大的、有定论的事件，不能有负面效应。一般不选录未结的案件，无较大意义的反面人和事。记述时直书其事，不细述过程。《濮阳年鉴》在“司法公安”里选录了典型案例，在“商业·贸易”里有“市棉麻公司珠海填海造地工程损失严重”“市棉麻公司新疆购棉巨款被骗”条目等，改变了年鉴只报喜不报忧的现象。但是，在这方面，做得还不够，需要进一步加强。

4. 增加便民性资料。年鉴要面向社会，扩大读者，变“官书”为“官鉴民用”之书，为领导决策提供依据，为群众提供指南，为经济发展架桥梁，充分发挥其“镜子”“工具”“指南”“桥梁”的作用。所以，年鉴要适当增加一些群众关心的衣、食、住、行、游、购、求医、入学、就业等方面的信息资料。《濮阳年鉴》做了大胆尝试，在“附录”里收录了一些便民资料，如A级旅游景区名录、星级饭店名录、旅行社名录、便民电话等。

三、精编条目浓缩信息

条目是年鉴框架的基本构件、主体部分，是年鉴的主要表现形式。条目的选题与编写质量是衡量年鉴质量的重要因素，条目内容应写的丰富充实、信息密集。《濮阳年鉴》在条目的命题和编写上下了很大功夫，使条题简明，文题相符，一事一条，尽量减少一般性条目，增加特色条目。如“工业”类目下的条目，由介绍一个一个的企业概况，变为介绍一个企业的新产品、新技术或新举措，突出特色，删去了许多雷同资料。“区情·县情”类目下，由介绍一个一个乡（镇）概况，变为介绍典型乡的典型事件，压缩篇幅，浓缩了信息，提高了质量。但由于稿源和资料的限制，反映社会热点问题，反映新特情况的条目偏少，反映群众感兴趣的生活、文化、精神等方面的条目偏少。

四、强化校对减少差错

校对是年鉴编纂出版中的重要环节。其重要性不亚于年鉴编辑，需要重视和认真对待，稍不细心，会出差错。《濮阳年鉴》非常重视校对工作，制定了校对工作规范及校对工作流程，实行编辑核对责任制及副主编核校制。经过编辑自校、互校、自校、唱校、自校终校，前后5遍校对，每次编辑校对结束后，由副主编核校，核校主要是看编辑校改的是否正确，编辑间校改是否统一。在文字基本定版之后，再用计算机软件校对，如黑马校对等。

五、控制进度缩短周期

年鉴姓“年”，贵在及时。年鉴的年度性是年鉴的重要属性。一本年鉴编二年、出三年，就没有了时效性，就不能很好地发挥“鉴”的作用。《濮阳年鉴》创刊初期，一年组稿，二年编辑，三年出版。有人调侃说，“编年鉴，年年编，年年不见新年鉴，年鉴出来没了鉴”。为扭转这种局面，1995年《濮阳年鉴》首次实行执行副主编竞争上岗，实行责任承包制，定任务、定时间、定质量，定奖惩，提高了工作效率。该卷从组稿到出版仅用了8个月时间，创造了《濮阳年鉴》出版的高速度，实现“当年年鉴当年见”。2003年以后，《濮阳年鉴》严格实行“3、6、9”编纂出版计划，即每年3月完成组稿、6月送厂印刷、9月出版发行。每个阶段按照时间节点，严格控制，台账推进，细化时间，明确任务。10多年的实践证明，这个计划是切实可行的。

六、加强管理提高质量

年鉴的质量是年鉴的生命，加强管理是提高年鉴质量的有效途径。《濮阳年鉴》在管理方面，学习借鉴，总结探索，不断加强。

1. 加强编纂规范化建设。相继制定了《濮阳年鉴》编纂规范、编纂流程、行文规则、校对规定、出版计划等，使年鉴工作规范有序运行。

2. 创新工作体制机制。《濮阳年鉴》坚持党委领导、政府主持、史志机构组织编纂的工作体制。年鉴经费纳入市财政年度预算，保证了年鉴出版。年鉴征集稿件通知每年年初由市委办公室、市政府办公室联合下文，强化市委市政府的领导。在编纂工作中，史志办制定了进度质量双控制双考核体系，实行进度通报，质量评比，综合考评。

3. 加强年鉴队伍建设。首先是建立培养一支高水平的撰稿队伍，形成较稳定的供稿网络，这是年鉴工作的保证。培训撰稿人是年鉴的基础工作，通过培训会、经验交流会、座谈会、个别指导等形式进行培训。选择各部门一些懂政策、懂业务，具有较高文字水平的人撰稿，这是主渠道。同时，请各行业内行的权威人士撰稿，请有关新闻单位的记者撰稿，请一些关心年鉴事业的老同志、热心人，搜集信息，撰写稿件，实行撰稿人聘任制。开展评先创优活动，评“年鉴先进工作者”“优秀撰稿人”“优秀条目”等，通过这样一些活动调动撰稿人的积极性，提高年鉴稿件质量。其次是加强编辑队伍建设。对年鉴编辑进行综合考评，每年 1 次，实行百分制，量化考核，结果与评先评优及个人进步挂钩。开展“年鉴编纂学讲评”活动。每年年鉴出版后，在全市史志系统开展“年鉴编纂学讲评”活动，年鉴编辑结合学习年鉴理论及编纂实践经验，对本年度年鉴进行再审视，主要“找差”“挑刺”。对自己所负责的部分和本年年鉴，总结得失，提出改进的意见和建议。分管领导针对编辑所讲，现场点评，指出努力方向。同时，组成评委会，进行打分评比，从中评出一、二、三等奖进行表彰。学讲评活动气氛活跃，形式民主，教学相长，达到了共同学习提高的目的。采取多种形式，对年鉴编辑开展业务培训活动，如外出学习、以会代训，专门培训，专题研讨、专家授课、以老带新等。通过这些活动，持续提升年鉴编纂水平和创新能力。

七、创新手段强化功能

地方年鉴的主要功能不仅是“存史”，更重要的是“信息服务”，服务当地建设和发展。年鉴作为信息载体，不创新就会失去读者，不创新就没有前途。《濮阳年鉴》不断创新服务手段，增强服务功能。

1. 编辑手段信息化。实行计算机编辑文稿，编辑人员人手一机。稿件网上传输，机上修改，提高了工作效率。

2. 对《濮阳年鉴》进行数据化处理。及时通过濮阳地情网站、地情数据库，呈现给读者，方便查阅。

3. 搭建《濮阳年鉴》微信服务平台。对年鉴信息进行再加工，使之更简明、更形象、更直观，更快捷，更贴近生活、更贴近读者。

4. 编纂年鉴手册。一部年鉴，上百万字，重达 1 千克，不便携带和查阅。为弥补其不足，2016 年，计划出版与《濮阳年鉴》配套的掌上《濮阳年鉴手册》，以精美、轻小、实用的新形象与广大读者见面。

年鉴创新是一个永恒的话题。《濮阳年鉴》在创新方面进行了一些尝试和探索，与自己比，有很大的进步，也在不断超越，但是，与兄弟地市年鉴相比，还有不少差距。我们将一如既往，扬百家之长，避己所短，与时俱进，不断创新，打造精品年鉴，为当地经济社会发展，提供更快捷、高效、立体、综合的地情服务。

（作者系河南省濮阳市地方史志办公室副主任，
《濮阳年鉴》副主编）

突出硚口区情　打造精品年鉴

毕成国　肖　莉　芮东晓

内容提要：本文针对年鉴的框架设计特色、编纂质量、严格程序等方面，记述了《硚口年鉴》打造精品年鉴的探索之路。

关键词：年鉴编纂；精品年鉴

年鉴具有“鉴往知来”的独特作用，它全面记述上一年度的重大事件、重要成就，反映党委、政府在组织经济建设、管理社会事务中的经验，具有很高的权威性和实用性。多年来，我们立足硚口实际，始终贯穿工匠精神，在致力把《硚口年鉴》打造成精品年鉴方面做了一些有益探索。《硚口年鉴》创刊于2007年，至今已连续出版9部，多次获得全国、全省、全市一等奖，其中，《硚口年鉴》（2007）荣获湖北省首届年鉴编纂出版质量评比综合类一等奖，《硚口年鉴》（2009）荣获第四届全国年鉴编纂出版质量（地州县区）综合一等奖，全国地方志系统第二届年鉴（县区级）综合一等奖，武汉市地方志优秀成果（年鉴类）一等奖。《硚口年鉴》（2013）荣获湖北省第三届年鉴编纂出版质量综合特等奖，条目编写奖。《硚口年鉴》（2014）荣获第五届全国年鉴编纂出版质量评比综合一等奖。框架设计、条目编写、装帧设计3个一等奖。我们的主要做法和体会是：

一、突出区情，精挑细选

区级年鉴作为系统记述本行政区域的年度资料性文献，应根据年度的不同特点，精心设计框架栏目，精心组织拟订条目，精心选取随文图片等，保证年鉴内容的全面性、系统性，力求在各个环节精挑细选，确保质量。

1. 在框架设计上，紧扣区委区政府的中心工作。年鉴框架是年鉴的“骨架”，也是支撑全书的基础。年鉴框架一旦确定，并非一成不变，而应当结合时代的发展和当年的实际情况进行适当调整，既有规范性，又具有创新性，既坚持实事求是的原则，又体现与时俱进的风格。国务院副总理刘延东指出：“地方志工作要找准时代定位，紧跟时代步伐，忠实记录中国共产党领导人民坚持和发展中国特色社会主义的光辉历程和丰功伟绩，翔实记载中华民族走向复兴、实现中国梦的伟大征程。”《硚口年鉴》框架设计在保持传统的自然、政治、经济、文化、社会五大框架基本稳定的基础上，结合年度热点、重点、焦点工作，专设公用事业、专记等子栏目，既突出集中辑录中心工作的特点，又体现围绕中心服务大局的办鉴思想；既彰显地域特色，又体现发展趋向，还探究行业规律，不断沉淀历史资料，为读者有效利用提供方便。以《硚口年鉴》(2015)为例，在专记中突出了全区主抓的“汉正街传统市场搬迁”“化工企业搬迁”“城中村改造”3件大事，结合实际，凸现了建设现代商贸强区、美丽生态硚口过程中的新变化和新亮点，增强了年鉴的资料性和存史价值，地域特色鲜明，这也是我们获得全国年鉴编纂出版质量评比综合一等奖的重要因素。

2. 在拟订条目上，紧扣各部门核心职能。年鉴记述反映的地情以地域为界限，必须坚持着眼基层，属地反映。因此，凡属区域内各单位，不论隶属关系、经济性质，均可按条目要求搜集有关资料。同时，机关职能部门撰写年鉴资料应注重反映基层情况，着眼于管理对象和服务对象的变化与业绩，使年鉴为基层服务，为经济社会发展服务。始终坚持遵循“重、大、新、特、续”的原则，将在全区具有重要地位和重大价值，占用大量人力、物力、财力的事项；有较大影响的事项；能反映新情况、新发展、新成就、新问题的材料；有年度特征、地域特色、单位特点、专业特性的事项；把与上一年衔接的事项和年度创新事项等拟成具体条目，指导编写，以确保编修高质量的年鉴，更紧密贴近中心，更有效服务中心工作。条目内容要客观、真实、完整、准确，条目撰写应注重事物的现状和结果，过程、做法应略写，大事、要事、新事可以适当详写，一般事物可概括写或略写。撰稿中注重运用表格形式反映本地区、本行业的基本情况，同时也适当记述预测性信息。比如《硚口年鉴》（2015）附录，增加报刊文选及题录，把全区创建美丽生态硚口、“城中村”改造、汉江湾全民健身中心等能够反映年度特色的新事件、新活动、新成果摘选出来，使编纂内容和形式突出时代特色、地方特征、年度特点，也从侧面真实记录了硚口区人民的奋斗历程和经济社会发展方方面面。

3. 在图片选择上，紧扣重点工程和重点工作。图片作为增加年鉴信息量的一大板块，带给受众的是强烈的现场感和真实感，可以抓取读者“眼球”，达到“一图胜千言”的效果。近几年，《硚口年鉴》注重彩图整体一致，协调统一，坚持让图片说话。公益图片选录着重反映年度重大活动、重要工程、重点建设以及各行各业的荣誉榜，单位彩页专版侧重展示行业特色、工作成效、部门风采。选择图片要精心，做到整体布局主题鲜明，内容记载杜绝雷同，摒弃效果不太好、质量不高的照片，突出大气浑厚、庄重严谨的风格。既要注重随文插图与内容的高度契合，又要注重事前、事中、事后的对比。2014 年以来，《硚口年鉴》通过不断增加图片数量和提高图片质量，进一步反映了全区建设的新发展、新面貌，人民群众经济生活的新变化、新情况，增强了视觉冲击。如《硚口年鉴》（2015）专门对当年世界中学生田径锦标赛暨第 2 届亚洲中学生田径锦标赛开辟一个版面进行图片介绍，不仅凸现了硚口作为体育强区的地位，先后走出了李娜、伏明霞等 15 名世界冠军，被誉为“世界冠军的摇篮”，更展现了硚口区人民奋发向上，创造更加美好未来的激情。

二、注重质量，精益求精

年鉴的质量是一个永恒的话题，作为存史的资料，其内容的编写、图片的选用、全书文稿的编纂，必须牢固树立质量意识，严格按精品年鉴的标准来操作。

1. 积极争取求支持。《硚口年鉴》启动后，及时成立编纂领导小组，共同研究解决编纂中的问题。编纂方案以区政府办公室文件名义下发，由区地志办负责搜资、编修以后分送市年鉴社和出版社审核后形成样书，再送交区政府分管区长亲自审核把关的模式规范运行。区财政每年拨付近10万元用于年鉴的编纂、印刷费用及聘用人员的工资等，提供了强有力的经费保障。主动联系武汉地志办，每年通过请市地志办专家讲课、交流、培训等方式，积极争取上级主管部门支持，切实提高编辑人员的业务能力和职业素养。

2. 精心谋划早启动。严格按“3月启动、7月定稿、10月出版”的时间要求，每年3月即着手制订年鉴编纂方案，细化各单位撰稿任务，明确交稿时间，并送区政府分管区长审核后，以区政府办文件形式发至各参编单位，召开全区史志工作会予以部署，区政府分管区长亲自讲话提要求。区地志办注重边编纂边征资，在总结吸取上年度编纂的基础上，不断修改完善当年的编纂方案，充实条目内容，形成良好的机制，确保了工作的连续性。

3. 围绕职能搜资料。为顺利实现“当年组稿、当年印刷、当年发行”，坚持分级负责，要求各承编单位紧扣各单位的法定职能，围绕依法定程序履行法定职责的主线，将具有重要地位的资料，悉数收集起来，尤其是将能反映新情况、新发展、新成就、新问题的资料，有年度特征、地域特色、单位特点、专业特性的资料以及与上一年有连续性的资料一律重点收集到位。注重把年鉴资料征集做到常态化，切实按编纂要求，应收尽收不遗漏、应收早收不断档，避免供稿单位每年拿工作总结应付了事。

4. 科学管理提质效。每年区地志办在召开培训会时就将组稿任务进行科学分解，明确承编单位、组稿内容与字数、截稿时间，保证了稿件的来源和质量。对供稿单位分管领导、撰稿人登记建档，年鉴编辑部每周至少与撰稿人通过电话或QQ联系1次，业务指导与进度督办同步推进，随时掌握编纂动态，确保组稿工作的有序展开。责任编辑平时关注本地媒体新闻，注意从网络、报纸、电视、广播等媒介上寻稿，多方搜集资料，经严格筛选后编入年鉴，充实和弥补了供稿资料漏报的情况。

5．创新载体扩影响。随着互联网的蓬勃发展，开辟了一个新的阅读时代——电子化的阅读时代，年鉴的载体将不再依赖纸张，而是存储在电脑、手机等记忆空间上供人翻阅，具有物理空间小、查阅方便、保存齐全等优势。为了增加互联网时代的受众性和服务功能，我们把创刊以来编纂的9部《硚口年鉴》上传在政府网站，供大家免费读取和下载，在实现资源共享的同时，增强了年鉴的覆盖面和受众性，达到了年鉴创新传播与社会发展的要求。

三、严格规范，精雕细刻

年鉴编纂是严格规范流程的工作，必须牢固树立工匠意识，严把组稿、编辑、校对等各个环节，强化质量控制，把好“六关”。一是把好中心关。编辑人员坚持年度大事、要事平时收集积累，编辑之前勾画轮廓以知概要，确保条目拟定大事不丢、内容编写要事不漏、创新发展新事突出，既保持同一事物连续性，更注重新变化、新成就。二是把好审稿关。推行承编单位负责人审稿制度，文稿经单位领导审签同意盖公章后方可呈报。区地志办严格按照编写规范对照检查，坚持报送一篇，修改一篇，反馈一篇，完善一篇，定稿一篇。重大缺项一律退回重写，细小纰漏逐点核实准确，汇总入鉴，不少年鉴稿件往往反复修改5次以上方能定稿。领导名录则交由区委组织部审核把关。同时，审核各部门提供的相关数据要做到口径一致。三是把好体例关。力求文字顺畅、语言凝练、标点规范、单位统一、数据准确，杜绝交叉重复和逻辑错误。对涉及的名称、时间、数字、计量、标点符号等，都严格执行国家标准和国家新闻出版广电总局的规范要求。及时学习了《标点符号法》《出版物上数字用法》等新出台的国家标准，全面掌握国家标准的最新要求。四是把好保密关。严格遵守国家政策法规，防止内容失泄密，重大事项请示有关部门寻求政策依据，切实保证资料的真实性。每年在年鉴印刷前，都要交给区保密局送审，确保不泄密不失密。五是把好培训关。《硚口年鉴》参编单位多达100多个，为确保年鉴稿件质量高、供稿速度快，注重采取多种方式加强培训工作。区地志办主持召开全区史志工作培训会，传授年鉴编纂任务技能，邀请武汉地志办专家进行授课。对重点部门和重点作者开展互动式培训。建立 QQ 群进行网上培训，还多方组织创造条件让本办编辑人员参加全国、省、市的各类培训班。通过多种方式的培训，作者的撰稿能力得到了很大提高，提供的文稿简洁质朴，可读性强，信息量大。六是把好校对关。稿件的文字、标点、领导名录等内容坚持编辑人员初编、分管领导编审、主要领导审核把关的“三读三校三审”制度，尤其是在校对阶段，能充分尊重武汉地志办和出版社的审查意见和建议。注重综合审查结构是否完整、标题是否规范、图文是否匹配、注释是否恰当、目录是否对应、索引是否齐全、版式是否美观，确保将差错消除在印刷之前。

打造精品年鉴系统复杂、具体、繁琐，涉及布局设计、体例特征、一图一表、一字一句等方方面面，不仅要求编纂人员要勤奋努力，耐心细致，更要与时俱进，不断创新，才能发挥好传承历史、展现当今、启引未来的作用，实实在在成为地方的“精神名片”。

（作者单位：武汉市硚口区地方志办公室）

整体提升编纂质量　着力打造精品年鉴

——编纂《成华年鉴》的做法和体会

杨宗学

内容提要：本文记述了《成华年鉴》争取领导重视、克服组稿困难、治慢治拖后来居上，努力提升编纂质量，着力打造精品年鉴的做法和体会。

关键词：年鉴编纂；精品年鉴

《成华年鉴》于成都市成华区地方志办公室成立之初的1999年创办，前期出版了2本多年卷，2009年开始逐年编纂、连续出版。近年来，成华区加强年鉴编纂工作，树立精品意识，以质量为根本，突出创新和特色，着力提高编纂质量和编纂水平，先后编纂出版发行《成华年鉴》2013年卷、2014年卷、2015年卷。2015年，在由中国出版协会主办、年鉴工作委员会承办的第五届全国年鉴编纂出版质量评比活动中，《成华年鉴》荣获综合一等奖，同时获得框架设计、条目编写、装帧设计3个单项奖。

一、领导重视，奠定年鉴健康发展的基础

成华区对年鉴编纂高度重视，年鉴编纂出版工作列入区政府年度工作计划，成立了区委书记、区人大常委会主任、区政协主席为顾问，区长任主任，区四大班子分管领导任副主任，区级有关部门主要负责人和各街道主要领导为成员的地方志编纂委员会，区委区政府主要领导亲自听取汇报、提出要求，分管区领导定期检查年鉴工作，及时了解情况，落实保障措施。年鉴编纂经费列入财政预算并及时给予拨付，保证了工作的正常开展。每年3月初，以区委

办、区政府办发文《关于做好〈成华年鉴〉编纂出版工作的通知》，对年鉴编纂工作提出要求，由区地志办全面负责年鉴的编纂和出版发行工作，各街道、区级各部门支持年鉴工作，成立以主要领导为组长、分管领导为副组长的编写组，确定责任心强、文字功底好、熟悉情况的同志负责编写工作，工作网络的健全为做好年鉴编纂工作创造了条件。

二、着力治慢治拖，提升工作效率

客观地说，《成华年鉴》过去存在诸多困难和问题，主要是出版发行迟缓，2012 年出版 2011 年卷，写的是 2010 年的事，根本就不能满足读者的需求。一方面是自身努力不够，另一方面也是由一些客观原因造成的，比如在一些人的心目中，地志办不重要、对年鉴编纂工作不支持不配合、对编辑人员催稿不理不睬、交的稿件质量极差，年鉴编辑人员大量的时间和精力，浪费在催稿和等待中。2014 年开始转变工作思路，化被动为主动，在做好《成华年鉴》2013 年卷编辑、审校和出版工作的同时，着手新一本年鉴的编辑，将 2014 年卷的编纂工作从年中提前到年初启动，年内先后出版《成华年鉴》2013 年卷和 2014 年卷 2 本年鉴，解决了年鉴出版始终慢一拍的问题，真正实现当年出版发行。我们主要采取了三项措施：一是做好年鉴组稿工作，对收稿难的问题专题研究，认真分析交稿迟缓的原因并“对症下药”：对因工作繁忙而交稿迟缓的单位，主动进行沟通，得到其理解和支持；对因不重视年鉴工作而交稿迟缓的单位，采取上门走访，宣传地方志和年鉴工作的重要性，认可年鉴工作的单位逐渐增多。二是做好年鉴撰稿人员的培训和指导，由于年鉴作者不是专职，大多是各单位综合科室的工作人员（本身还有其他多项工作），有的是不了解情况的新同志，对年鉴的性质、功能和体例不了解，无法提供年鉴所需要的有效信息，对其进行编写培训十分必要；在两办（区委办、区政府办）启动文件的同时，制定出《成华年鉴》编写大纲，对年鉴执笔人员进行专题培训，使其清楚编写的要求、应该把握的重点，按照年鉴撰稿要求提供稿件。三是制定规范的编辑工作流程，以确定的出书时间，倒逼各个阶段工作完成时间节点，确保各项工作如期完成。

三、树立精品意识，紧抓编辑质量生命线

文章千古事，得失寸心知。在提升工作效率的同时，牢固树立精品意识，努力提升年鉴编纂质量，着力打造精品年鉴。获奖作品《成华年鉴》2014年卷，就做足了4个方面的功夫。一是在提升编辑水平上下功夫，《成华年鉴》邀请年鉴界的资深专家做指导，由编纂经验丰富的同志任执行主编，编辑部由熟悉区情的老同志和年轻的文字硕士组成，加强业务学习，不断提高编纂水平；编纂中注重细节，始终把质量标准作为第一，将精心编纂贯穿于编辑、审校和出版的全过程，使年鉴质量不断上新台阶。二是在框架结构上下功夫，年鉴紧紧围绕区委、区政府中心工作和事关全区建设与发展的大事要事，以成华区自然经济社会为标准设计框架结构，按类目、分目、条目组成内容，努力做到条目题材新颖、信息量足、编排科学、主题鲜明。三是在紧跟时势上下功夫，《成华年鉴》围绕“党的十八大把生态文明建设放在突出地位，成华区创建中西部地区首个省级生态区”主题，紧跟时事、突出重点，特别设置“环境保护与生态建设”类目，并放在经济类词条之前，突出了年鉴紧跟发展主题、记录时代强音的重要特性。四是在方便读者上下功夫，《成华年鉴》为方便读者查阅，书前有详细目录（中英文）、内文中有页眉、书后有主题索引，在主题索引中收录索引词条2 000余条，索引深度高达1.99；《成华年鉴》顺应互联网渗透到各个领域的潮流，在率先建立的数字方志馆中，将各年卷的年鉴全部收藏为电子书，供读者在线查询和下载使用。目前，正在探索年鉴在线编纂。

四、加强图片编辑，图文并茂，彩页出彩

地方综合年鉴作为政府蓝皮官书，是对外宣传的城市名片。一张好的名片，自然需要夺人眼球，当今年鉴对图片的需求和要求逐

渐提高，但年鉴彩页编制的理论研究却还十分匮乏。彩色图片板块（图片专辑）作为年鉴的“图鉴”，是年鉴重要的、不可或缺的重要部分；照片是条目内容的形象化，能使条目内容直观、形象地显现出来，正文的照片与内容相辅相成，可起到互相见证的作用，是对文字的有力佐证。《成华年鉴》从2009年卷开始，卷首设彩色图片专辑，内文条目中配相关黑白图片，2015年开始全书彩色图片。2014年卷《成华年鉴》彩页根据成华区情设置有活力成华、美丽成华、幸福成华、宜居成华、财富成华和数字成华等七大主题栏目，2015年卷图片专辑根据年度大事设群众路线主题教育活动、产业功能区建设、北改工程、民生福祉、基层社会治理和服务创新等主题栏目，把“本土特色”和“大事要闻”巧妙地融入多个主题专栏中，卷首彩色图片专辑围绕主题、图说成华，既可单独作为图片年鉴，又与内文相互呼应，从不同角度展示“生态城区，现代城东”的风采。

（作者系成都市成华区地方志办公室
《成华年鉴》执行主编）

创新电力企业年鉴　迎接新一轮工业革命

——《国家电网公司年鉴》编纂出版实践感悟

王春娟

内容提要：本文在深入分析、全面总结《国家电网公司年鉴》创刊以来编纂出版经验的基础上，系统阐述了年鉴编纂理念、组织机制、队伍建设、内容质量等方面的收获体会，概括介绍了年鉴在框架内容、表现形式、管理系统方面所进行的创新实践。

关键词：企业年鉴；年鉴创新；数字出版；管理系统

《国家电网公司年鉴》自 2006 年正式创刊，至今已连续出版 10 卷，以国家电网公司年度工作为主体内容，在展示年度工作业绩和企业风采的同时，发挥“存史资治、启迪未来”的功用。在各级领导的关心支持下，在年鉴编委会的具体指导下，年鉴编辑部始终围绕经济社会发展主旋律，把握国家电网公司和国家电网发展主基调，在优化理念、精心组织、严格审核、培训提升的基础上，不断探索年鉴内容、形式以及出版方式的创新。

一、立本固基

1. 牢固树立年鉴精品意识。明确定位，体现服务宗旨。国家电网公司作为关系国家能源安全和国民经济命脉的国有重要骨干企业，肩负着重要的经济、政治和社会责任，编好《国家电网公司年鉴》，忠实记录公司改革发展，具有十分重要的现实意义和长远的历史意义。年鉴编辑部始终按照“总结、存史、培训、交流”的功能定位，充分发挥《国家电网公司年鉴》作为集史实性、资料性、连续性、综合性及权威性为一体的大型工具书的实用价值、史料价值和参考价值。对于各级领导，年鉴具有重要的决策参考和战略指导作用；对于电网员工，年鉴具有重要的顾问指导和参考借鉴作用；对于后继电网人，年鉴具有重要的史料参考作用；对于新入职员工，年鉴可以帮其学习新知识、新技能，掌握公司核心价值观，具有重要的教育培训作用；对于社会各界，年鉴具有重要的横向联系和企业窗口作用①。

突出亮点，凸显年度工作特色。精品年鉴总是在规范中不断地求变，按照精品化要求在内容和形式上捕捉新亮点，从内容到形式，从设计到印装要巧妙构思、精雕细琢，凸显年度特色，增加信息量和生动性。从框架设计到内容选择充分考虑公司年鉴面向的各层次、各类型读者的实际需要和检索习惯，设立中英文目录和内容索引，提供大事记、重要会议、统计资料等，增强年鉴的实用性。淡化宣传色彩，增加年鉴的信息量。

2. 完善年鉴组织联络机制。国家电网公司党组和公司领导高度重视是做好公司年鉴编辑出版工作的强大动力。他们高度重视公司年鉴的编辑出版工作，提出很高的要求，寄予很大的希望，并给予组织保证，同时也十分关心和支持年鉴工作，这就为年鉴各项具体工作的开展提供了坚强后盾。

公司总部各部门、公司各单位的大力支持是做好公司年鉴编辑出版工作的基础。公司各部门、各单位高度重视公司年鉴工作，给予了大力支持，无论是撰写稿件，还是内容的修改完善以及最终的把关，始终积极与编辑部配合，表现出较高的工作执行力。

公司年鉴编辑部的有效推进，为公司年鉴的顺利编纂出版创造了良好条件。年鉴编辑部积极协调，抽调了具备丰富年鉴经验的编辑力量，努力提高工作质量和效率。为确保按时完成出版任务，解决不能及时交稿和审稿的问题，编辑部提出“超前收资、超前沟通、超前计划”的要求，即要求撰稿人超前收资，及时关注当年本部门、本单位的重点工作以及照片、视频素材，日积月累，为下一年度年鉴撰写做好素材储备；要求撰稿人与本单位或本部门超前沟通，确定好各自年鉴工作机制，及时争取到各自分管领导和相关人员支持，为后续工作打好基础；要求撰稿人超前计划，按照年鉴交稿、审稿、征订时间节点，规定好具体交稿时间，留出汇报、落实意见的时间，杜绝“等、靠、要”的工作模式。

3. 加强年鉴编撰队伍建设[②]。加强管理，多方借力提高编撰水平。从领导到具体负责人对年鉴出版高度重视，形成年鉴编撰工作的坚强合力。确保领导、编辑部、撰稿人相互之间的沟通渠道保持畅通。借力领导审查，切实保障年鉴的全面性和科学性；借力专家审核，有效提高年鉴的规范性和合理性。加强培训，提升编纂队伍水平。组织召开年鉴工作会议，对撰稿人进行年鉴编纂知识培训，贯彻年鉴编纂理念和要求，规范撰稿人的文字写作风格，统一资料信息选取标准，明确文字术语使用规范和条目字数，说明图表选取原则和图片上交要求，为年鉴内容保质保量打好基础。

从上至下，贯彻年鉴历史情怀。提高年鉴编辑部工作者忠于历史、反映历史的使命感和责任感，怀有一颗感念历史、执着对待历史的情怀。贯彻这种情怀，使得年鉴工作者素心面对历史，怀着对历史规律、历史真实的执着追求和满腔热忱，打造出优秀企业年鉴。

4. 严格审核提高年鉴内容质量。年鉴指导思想正确鲜明、与时俱进。我们始终坚持以马列主义、毛泽东思想、邓小平理论、“三个代表”重要思想和科学发展观为指导，坚持正确的政治方向，按照企业的发展战略目标、工作方针和总体要求，全面、系统、客观地反映企业在经营管理、科技创新、队伍建设等方面的工作内容，确保年鉴内容符合党和国家的路线、方针、政策。

公司领导高度重视，逐级审核。各级领导认真审查样书，并提出修改调整意见，为年鉴质量审核把关、付出心力。2016 年国家电网公司年鉴编纂队伍由 32 个总部部门、6 个分部部门、27 个省级电力公司和 37 个直属单位的撰稿人组成；年鉴审稿采用撰稿人审核—撰稿部门或单位领导审核—主编审核—党组审核的多级审核制度。为了编纂好公司年鉴，各级领导和撰稿人无不倾注了大量心血，特别是主编从工作的组织协调、框架结构的设计、具体内容的审定以及出版发行等各个环节，都给予了指导、帮助和关心，使得公司年鉴编辑出版工作优质高效开展。

内容全面，客观再现公司发展。年鉴内容充分体现史实性、权威性、全面性、实用性。条目内容要求真实、客观、完整、实用、连续。选择体现企业发展和本质的主流事件或有一定影响力的事件，选择有史料价值的事件。尊重历史，突出时代特征和企业特点。要求各单位、各部门站在公司层面，高度真实、系统地记载各方面工作进程，忠实反映工作成绩和存在问题。

把握关键环节，不断提高质量和水平。要求各撰稿人把握好框架设计、撰稿、审稿和选配图片几个关键环节。框架设计要科学，做到条分缕析、结构清晰，符合年鉴的内在要求，同时控制好年鉴规模；文字撰写要对所表达的内容进行认真分析归纳，去粗取精，忌政治性差错、事实性差错、数字差错、文题不符、核心内容缺失、空话套话大话多、逻辑混乱、词语语法差错、不讲规范等，文字要准、直、全、新、特、实、精、切题、客观、规范；审稿把关一定要到位，防止内容、观点、数据等出现重要差错，防止有泄密、可疑和不当的内容；配图质量要高，真正起到“图为文添彩”的效果，利用图片真实客观地记录公司重大、重要事件。

二、创新超越

1. 框架与时俱进，体现公司发展变化。在保持统一性、规范性和连续性的基础上凸显年度特色[③]。《国家电网公司年鉴》总是在规范中不断地求变，按照精品化、个性化的要求在内容上不断捕捉新亮点。例如年鉴可以根据新情况、新发展、新举措、新政策、新问题变换栏目和条目设置，2012 年年鉴框架针对近年来电网发展方式和公司发展方式的转变，对框架做了较大调整，使年鉴框架更加合理和科学；同时年鉴“特载”“大事记”“荣誉及人物”等篇目根据年度特色工作每年进行更新。

按照经济社会发展周期及时回顾总结。在 2016 年年鉴中设立“十二五”创新发展篇目，展示“十二五”期间公司发展成效，同时各单位栏目中也增加“十二五”发展回顾条目，提供“十二五”

各单位发展的信息数据。在2013年年鉴中设立“国网十年”篇目，展现国家电网成立十年来的经营业绩、电网发展和公司发展成就。

2. 形式不断创新，适应读者阅读习惯的变化④。灵活设计护封体现年度特色工程。《国家电网公司年鉴》封面始终保持精装圆脊、烫银压凹工艺的延续性，以庄重为主要基调，而护封则灵活地以反映企业年度特色的元素为设计对象，既庄重又生动，杜绝了读者审美疲劳。灵活利用图表增强知识可读性。为打造精品年鉴，编辑高度重视资料表现形式的多样化，以丰富的表现力，或提高鉴赏性，或提高实用性。为此编辑部根据读者喜闻乐见的表现形式和阅读习惯，巧妙构思，创造性地改变内容表现形式或编排方式，有效提高读者获取知识信息的途径，增强信息资料的表达效果。

巧妙布局文前彩页，直观概览年度发展。翻看年鉴，首先映入眼帘的便是年鉴文前彩页，包括经营指标、公司发展和电网发展概览。设计上编辑部也是绞尽脑汁，既要选择最重要、最核心的数据和内容，又要恰到好处地以图文生动表现，无不体现编辑部的良苦用心。年鉴编纂最能体现大智慧、小技巧的就是数字图表的选取和设计，我们选用反映工作业绩、概况类的图表置于文前，其中增加数据、图表的对比分析更具表现力、说服力，例如将当年数据指标完成情况与上一年度数据或者经济社会发展周期初期数据作为参照进行对比。正文图文并茂，增强新颖性和实用性。当今人们的工作节奏普遍加快，往往应接不暇，为了进一步适应读者阅读兴趣、阅读习惯和阅读需求的变化，编辑部以人为本，精心选择照片，信息直观、一目了然。同时强调新颖、实用，以充分反映工程概貌、工作现场、活动情况的图片为主，避免或少用死气沉沉、拒人千里之外的会议类照片。

增加二维码视频，适应数字出版转型发展。为进一步满足读者对各种媒体形式资料的需求和适应数字化转型发展多媒体时代读者阅读习惯的改变，我们年鉴编辑部在2016年创新性地增加重要事件、重要工程、重大活动以及重要会议的视频，通过二维码插入在相应文字内容旁，读者只要通过微信扫描即可了解多维度的信息资料，起到生动便捷、直观展现的效果。

3. 创建国家电网公司年鉴出版管理系统，打造年鉴编纂、培训、信息整合、内容检索、数字阅读的平台。系统应势而生。要把企业年鉴作为一种信息资源来生产，使之成为一个巨大的信息资源库⑤。多年来，编辑部在国家电网公司年鉴编纂出版过程中积累了大量的内容资料、丰富的编撰管理经验和培训资料。所以，国家电网公司年鉴出版管理系统的构建不仅可以满足当前的市场出版需求，还可以提升撰稿人的写作效率、保证年鉴出版质量。

构建《国家电网公司年鉴》出版管理系统，是促进年鉴管理、编撰和出版转型的有利探索。在社会信息化的趋势下，年鉴出版应自觉又迅速地走上数字化、网络化的道路。通过在线办公、编撰培训、沟通交流构建编撰管理平台促进管理转型；细分音频、视频、图片、文字数据构建资源整合平台促进编撰转型；按照时间、使用频率、关联度等方式构建信息检索平台促进出版转型。

构建国网年鉴出版管理系统，是提高服务读者、服务企业、服务经济社会发展能力的有效途径。中国版协年鉴工作委员会常务副主任王守亚提出，“客观公正、真实准确地记述经济社会发展情况，以其翔实而丰富的资料内容，为现实服务、为存史服务、为读者服务，是我们年鉴工作者的职责所在。”在信息化时代，年鉴的功能也日益多样化，既要强化“存史资治”功能，又要充分发挥其作为公共文化产品的公益作用。针对以往年鉴有制作少宣传，或只是单向传播，影响力、查阅率和知晓率都较低的情况，年鉴编撰人员利用系统资源，进行宣传推广，搭上“信息化的顺风车”，使其服务平台借速升级，让年鉴从书架走向读者、走向生产一线。

系统功能设计。为进一步规范年鉴出版流程、加强年鉴编撰队伍管理、提高年鉴出版质量、扩大年鉴资源利用效率、增强年鉴出版影响力，2015 年起，编辑部尝试构建国家电网公司年鉴出版管理系统，主要功能包括：①年鉴职责规范：明确年鉴总部、分部、省公司、直属单位的归口管理部门和撰写人，完善年鉴责任人联络机制及应当履行的职责。②年鉴流程梳理：梳理年鉴年度出版各个工作环节的主要工作内容、进度要求和需要注意的事项。③年鉴稿件管理：实现年鉴作者投稿和编辑审稿功能，具备在线稿件上传、下载、审核、退稿的功能，对交稿必备要素进行规定设置，提交图片和文字的关键标引，提高年鉴工作管理的规范化和可控性。④年鉴编撰培训：提供培训视频、年鉴类电子书、历年条目参考样例等内容，提供撰稿人自学年鉴撰稿功能。⑤内容查询参考：信息化、数字化发展迫切需要将年鉴历年的各类资源、知识信息、图片照片进行整理和归类，提供给各类用户参考和查询资料功能。⑥系统增值服务，增加年度重要工程和重要出版物的视频和文字资料，例如年鉴工程纪录片、社会责任报告等，充实年鉴信息资源库。

系统界面设计。包含：首页、作者投稿、编辑审稿、年鉴介绍、过刊浏览、图片资料、培训园地、投稿指南、联系我们。

参考资料：

①许家康：《许家康集》，线装书局，2011。

②丁卫国：《浅谈年鉴编纂队伍的培养和提高》，《年鉴信息与研究》2006 年第 5 期。

③许家康：《年鉴创新必须进一步解放思想》，《年鉴信息与研究》2004 年第 1 期。

④杨启燕：《企业年鉴创新探说》，《年鉴信息与研究》2009 年第 1 期。

⑤陈湘君，吴献立：《开创企业年鉴新局面的思考》，《年鉴信息与研究》2009 年第 1 期。

（作者系国网英大传媒中国电力出版社《国家电网公司年鉴》编辑部副主任）

试论企业年鉴图片资料征集规范化

贾兴福

内容提要：本文介绍了企业在年鉴图片征集渠道规范化，征集的图片资料规范化的具体做法。

关键词：企业年鉴；图片；规范化

“图”是年鉴体裁的重要组成部分，一部好的年鉴应该以文为主，以图为辅，图文并茂。图片不仅可以增加年鉴的信息量，而且在各种传媒飞速发展、人们越来越习惯视觉阅读的今天，图片如同一部年鉴的“门面”，能首先吸引人们的视线，增强年鉴的可读性。企业年鉴图片部分作为一种宣传形式，在市场经济条件下，更加需要有吸引力和可读性。因此，出版高质量的年鉴图片内容，规范图片资料的征集就成为一项重要的基础性工作。

图片资料征集的规范化包括征集渠道的规范化和所征集图片资料的规范化。

1. 征集渠道的规范化。年鉴图片资料的征集历来比文字材料的征集困难，年鉴工作者都有这样的体会。年鉴图片既具有史料性，又具有新闻性，更具有原始的真实性。如反映某项活动，文字可以随后撰写，而图片必须即时拍摄，时过境迁是无法补救的。正由于这种困难和随着人们对企业年鉴图片的愈加重视，年鉴图片资料的征集呈现多渠道的态势。一般有以下 3 个途径：一是由各单位随稿件一并提供，二是向企业内新闻工作者及社会人士征集，三是编辑部组织人员出外拍摄。这些征集渠道都是行之有效的。如《川西北石油年鉴》编辑部在征集图片资料时，与川西北新闻中心负责人取得联系，记者站每年能产生大量的新闻图片，每季度清查 1 次，保存具有永久保存价值的，删除一般性图片。编辑部人员每季度去收集1次图片，图片既丰富又有较翔实的说明文字，可谓事半功倍。但细究这样的征集方法又是不规范的，提供者是否有义务、有权力向编辑部提供这些图片？这些图片一旦在真实性、版权等方面出现问题，谁来负责？编辑部组织人员外出拍摄也具有较大的局限性和不规范因素，如企业内召开某个重要会议，拍摄由宣传、新闻工作者负责，不是编辑部人员的职责。在图片匮乏时编辑部组织人员去补拍一些可补拍的照片，毕竟年鉴是编辑上一年的内容，严格意义上说更是不规范的。

近年来，企业年鉴得到前所未有的发展，出版年鉴的企业大都设立年鉴编辑部或办公室，企业下属各部门、单位也都确定了年鉴工作负责人、撰稿人，形成较完善的年鉴工作网络。由年鉴工作者收集本部门、本单位的图片资料并随各单位稿件一并提供给编辑部，是他们的工作职责，也是规范化的征集渠道。在整个社会体系中，企业是一个相对独立的系统，通过多种渠道征集来的图片，它们大都来自于企业各部门、各基层单位的宣传工作者、有关工作人员之手，如汇集到报社的大量新闻图片，大多数是由各单位通讯员投递的。

加强企业年鉴图片资料规范化征集应注意以下3点。

（1）加强制度建设。制度是规范化的具体体现，图片资料的征集应当形成制度，责任到人。各单位年鉴撰稿人有责任收集本单位的图片资料，宣传部门、有关工作人员也有义务向撰稿人定期提供图片，这样有章可循形成制度，不仅可以大大提高图片征集效率，而且还能保证图片质量。

（2）加强宣传。每一部企业年鉴的出版，对图片的征集都是一次有力的宣传。企业年鉴一般由出版社出版，而且永载史册，年鉴所采用的图片，不仅提高了图片所有者图片的使用率，而且提升了图片本身的价值含量。因此，年鉴工作者应当用各种形式加强宣传，改变图片持有人的意识，将向他们征集改为鼓励他们投稿，使图片的征集渠道自然畅通，良性循环。以《川西北石油年鉴》图片征集为例，一些新闻、摄影爱好者已成为熟悉年鉴图片资料要求、有经验的投稿者，他们投送的图片有价值、质量高，已经成为《川西北石油年鉴》图片资料的重要来源。

（3）建立激励机制。定期开展年鉴图片的评比，对投稿多、质量高的单位和个人进行表彰和宣传（图片被刊用，发放丰厚的稿酬），以点代面，扩大影响，引起人们对年鉴图片的关注。这是促进年鉴图片征集的有力手段。

2. 征集的图片资料规范化。目前出版的企业年鉴大部分都有图片版，但有些企业年鉴的图片版面过于单一和简单，仅为领导合影、重要会议等。要充分发挥图片版面的作用，使之全面丰富，让读者通过图片对一个企业、一个部门的真实情况能有直观醒目、全面翔实的了解，必须规范年鉴图片资料的征集范围。年鉴图片资料的征集范围应该覆盖一个单位、一个部门的经营管理、生产建设、各项活动的方方面面，在此基础上要突出“新”“大”“特”3个方面。所谓“新”就是收集到的图片资料要反映新的情况、新的发展、新的问题、新的趋向等。如川西北气矿又一口井获重大油气突破就属于新情况、新发展、新问题。在“新”中要特别关注“首次性”。“首次性”发生的事件往往都具有历史意义，是一种质的改变和进步。所谓“大”就是本单位发生的具有全局性和重大意义的事件，反映这些事件的图片具有较高的史料价值和保存价值。如单位每年召开的职代会，党代会等。所谓“特”就是具有年度特色和本行业特色。如川西北气矿天然气输入西气东输管线等。

在收集年鉴图片资料的过程中常出现这样的情况，某单位提供了一定数量的图片，但最终却只有几张图片能入选，原因有二：一是一组照片反映同一事件，十几张照片拍摄的都是某领导来考察，结果只能选1张。二是图片内容很好，但照片不清晰，画面效果不好，或照片很好但文字说明含糊，关键性要素不能落实准确，不得不放弃。因此，所征集图片资料的文字说明和图片质量必须规范化。具体应做到以下几点。

（1）照片文字说明要简单明了，背景文字要尽量减少，说明要和图片内容相吻合，不能把照片说明变成事件、工程或单位简介。

反过来，反映同一事件的图片也应控制数量，一般选送不超过 3 张，只选编 1 张。事由、时间、地点、人物、单位名称、摄影者姓名要准确无误，不能缺少必要项或必要项含糊不清，如时间只填写某年，不能确定月份和日期。

（2）对图片在技术质量上则要求照片色调高雅，构图明快，图像清晰，反差分明等。尤其作为彩页版的图片最好不用数码照片，要采用技术上乘的照片或“反转片”，好的图片才能保证好的印刷质量。规范所征集图片资料要提高年鉴工作网络中各网点撰稿人的收集、编审能力，面对征集的第一源头，他的眼光、选择和标准化程度，以及图片的数量、质量，直接决定了所征集图片资料规范化程度的高低。因此，要大力加强对供稿者的培训，不断提高其业务素质，是保证图片资料规范化的关键。

企业年鉴图片资料征集的规范化，是在征集的实践过程中不断总结经验、长期约定俗成的。因此，这项工作不是一朝一夕可以完成的，应该加强研究，加强制度化建设，丰富规范化内涵，在工作中不断推进、落实、提高，让更多更好的图片资料汇集到编纂者手中，出版内容丰富、画质优美的图片版，使企业年鉴更加具有吸引读者的魅力。

（作者系中国石油西南油气田川西北气矿石油志主编、副编审）

年鉴稿件编辑探微

——浅析"实、简、加、换"法

高文智

内容提要：本文试就年鉴稿件编辑过程中的要求，结合年鉴稿件编辑过程中的实例，分析总结了"实、简、加、换"4种方法。简言之，就是"一体两翼"之法。

关键词：年鉴；稿件；编辑；方法

一部年鉴，从其构成而言，包括文字和图例部分。从其编纂体例角度而言，则包括述、记、传、志、图、录、表等。无论是述、记、传，还是志、表、录，都事关文字的表述。所以文字在年鉴的整体构成中居于重之又重的地位。把握好了年鉴的文字稿件编辑，那高质量的年鉴则就成功了一半，甚至可以说成功了一大半。所谓"内容为王"，依然是从文字的表述为载体的角度说的。所以，文字编辑不容忽视。在年鉴稿件编辑时，其实为了提高文字编辑的质量和效率，还是有一定方法可以遵循的。简言之就是"一体两翼"。具体来说主要表现在以下4点。

1. 一体之"实"法。所谓的"实"，既是对年鉴的整体要求，也是对稿件编辑的具体要求。既是年鉴语言表述的要求，也是年鉴风格的彰显。它是年鉴外在形式与内在要求一致的表达原则。既如此，在年鉴稿件的编辑过程中，就应该对事件如实记述，并且使用规范的语体文（记述体）记述，忌用广告语等。如年鉴稿件中出现的"滋味醇厚悠长，菌香四溢""该产品具有无色清亮透明、窖香浓郁、幽雅细腻、绵甜爽净、回味悠长之独特风格，深受广大消费者喜爱。"这些都属于不实表述。说理性、要求性、号召性话语亦应忌用。如“××县区，主动适应经济发展新常态，妥善应对各类风险和挑战，加压紧逼，真抓实干，经济社会发展呈现出稳中有进、进中提质的良好态势，实现了‘十二五’圆满收官”。不但如此，也应切忌话语表述夸大与过头。如“全社会固定资产投资完成800亿元，为历年最好”，此句中“历年最好”话语表述不准。借用常说的一句俗话“没有最好，只有更好”。如果说从统计开始至今为历年最好，可以；但今年以后的情况又是怎么样的呢？今年已经最好了，以后就只能朝下坡走了？显然不合适。

从文字表述角度就要求表意要准确，不能出现模棱两可的表述，或是模糊表述。所以出现如“基本”“左右”等词，都是不应该的。如“省市两级现代化农业园区面积1 533.33公顷，整体占比3.3％左右。”既然比例已经是3.3％了，比较具体，那么再出现“左右”，表意上就有矛盾。其实，“3.3％左右”也往往是口头表达的随意性的体现之一。作为年鉴编辑，应该严格按照书面表达来规范。又如“投资5 000万元的瓶装水生产线扩能技改项目基本建成，进行试生产。”中国人说话时，往往比较含蓄，不愿将话说满、说得绝对，即使已经完成了的事，在口头表达时往往加一“基本”词。这进而演化为在书面表达时也不自然带了进来。所以这是一种口头表达的延续，书面记述时应改正。另一种情况是，撰述者或说话者，对所写的具体情况的进展并不是完全掌握的，所以加“基本”一词，即显示不过头，又给自己所掌握的情况留有一定余地。其实，结合后句“进行试生产”可知，“基本建成”其实就是“建成”。

其实，“实”法，既是志书编纂过程中的总原则，是根本要求。也是具体年鉴稿件编辑过程中的一项具体可操作的方法。在年鉴稿件文字编辑时，首先应该时刻谨记“资料翔实、行文严谨朴实”，以此为原则，审阅文字表述。相信定可将具有存史价值的文字史料留之后世。

2. *两翼之“简”法*。此处的“简”，其实还是在贯彻“实”法这一原则。它实际是为了使稿件编辑达到“翔实、朴实”而采取的具体做法之一。真正做到年鉴稿件多一字则显冗余，少一字则显不足的效果。年鉴稿件编辑过程中，如何做到行文简洁流畅，或是言简意赅呢？在年鉴稿件的编辑中，应注意以下几点。

首先，省略修饰性形容词、程度副词等定语和状语成分，以凸显主谓宾成分。具体说就是表达干练。最简单的句式标准就是“谁干（做）什么”。这其实用到的是中学时就已学过的语法知识，保留主谓宾中心成分，去掉定状补。所以，一般如“的”及其前的定语应去掉，“地”及其前的状语亦应去掉，“得”及其后的补语形式尽量别出现，抑或出现亦应酌情考虑改造和去掉。这样一“简”，语句本身就简练了，而且也保留了语言表意的最基本的信息成分。同时将感情色彩也排除在外，尽管语言表述比较干瘪，但从志体要求而言是最符合的。以此为代表的例词有“大力”“全力”“着力”“圆满”“不断”“扎实”“认真”“深入”“广大”“充分”“亲切”“成功”“隆重”等，如“大力开展‘招商引资、重大项目突破年’活动”“全力加快城乡一体化步伐”“着力推进绿色发展、低碳发展、循环发展”“圆满完成市上下达的任务”“不断健全长效管理机制”“扎实开展‘治污降霾，保卫蓝天碧水’行动”“认真落实餐饮油烟治理等措施”“深入实施‘创绿生态十大工程’”，涉及的这些词汇应删去。又如“免费有线电视覆盖广大农村”，“广大”应删去。“对××产业给予充分肯定”，其中，“充分”也应删去。“陈永成受到党和国家领导人的亲切接见”，应去掉“亲切”。“成功打造精致、人文、幸福、美丽的品牌形象”“隆重举行第二届全民读书节启动仪式”，应去掉“隆重”。还有一些带感情色彩的褒贬词汇亦应删掉。如“严格”“喜获”之“喜”等词都要去掉，表达平铺直叙，用中性词即可。又如“积极”“顺利”等词的使用，如“顺利通过国家科普示范县创建验收”“积极培育‘互联网＋’新业态”。另外，记述中的同位语处理，如“亭口镇围绕‘丝路古驿、红色热土、乌金重镇、山水亭口’这一目标”中“这一”是前面“丝路古驿、红色热土、乌金重镇、山水亭口”的同位语，此处保留前面的部分，删去“这一”即可。

其次，明显语义重复的词或是赘语，如“涉及到”，“涉及”本来就含有“到”的意思，所以应为“涉及”，去掉语义上重复词。如“达”“共”等词亦应去掉，例“全年共放映 2 759 场次”，应为“全年放映 2 759 场次”。又如“用户达到 2 万人以上”，应去掉“达到”。不过，有时“达到”一词，不见得一定就得删去，还得看具体情况。总的原则是以不影响读者理解和撰写者想要表达的意思为准。要使撰写者想要表达的意思更加明了，使读者阅读更加便捷。一般而言，如果句中有谓语成分，紧接其后又出现“达到”一词，则“达到”一词可删去。如“羊存栏达到 18.6 万只”，删去“达到”一词，此句表意无误，让人明白同时，更加简洁明了。此句句式就变为“羊存栏 18.6 万只”，读者可以将“存栏”理解为句子的谓语部分，“18.6 万只”可以作为补语成分。又如“机械化清扫率达到 42%，集中供热覆盖率达到 49%，垃圾无害化处理率达到 98%”，也是这种情况，都应删去“达到”，更为合适。如果句中再没有其他动语做谓语中心，有且只有“达到”可以充当谓语中心时，则“达到”一词不能省略。如“肉、蛋、奶产量分别达到 3.42 万吨、1.64 万吨和 4.32 万吨”。甚或从语言使用简练的角度来考虑，可以将“达到”一词换为“为”。有些表达中，即使“达到”一词前面没有其他可以充当谓语的词，删去“达到”也不影响表意，则删去“达到”，从语言运用省力的角度来说，也是可以的。因为汉语中就有一种句子，叫非谓语句。

再次，“着、了、过”等动态助词一般也应去掉。志体一般表述的为完成时，如果在文字表述时，再出现表示已完成状态的“了”字，则会显得重复与多余。如若出现表示正在进行状态的“着”或已经完成的状态的“过”字，则又会有些矛盾。文字表意形式在前后表述时的矛盾，文字的外在形式和志体本身的内在要求之间的矛盾，这都是需要注意的。尤其是，年鉴记述往往都是上一年度的事情，这一般在凡例中都已有说明，如无特殊说明，所述事件应在上年度内。那么，“年终”一词，使用时，往往也会显得冗余，必要时也应删去。如“××承担职业果农培训工作任务，年终培育县级职业果农20名。”此处没有特殊说明，应为上年全年培训情况，那么“年终”一词与志体约定的表述出现文字形式层面与志体要求的含义层面的矛盾。这一矛盾的表现还表现在如“××联合相关部门全年累计开展专利培训35场次”，既然提到“全年”，则其所开展的专业培训就是上年度整个一年的情况，“累计”在此亦有些多余。

还有，因为志稿记述事件往往都已发生，叙述时为完成时态。所以，年鉴稿件编辑时出现诸如“即将”“拟”“已经”“已”“完成”“预计”“目前”等表示时间的词一般应去掉。如“申请项目支持经费拟759.4万元”，其中的“拟”字，表达的为计划要申请的。从志体表述要求出发，一是记述一般用完成时态；二是撰写稿件时，本就是站在当下写过去，等年鉴印刷出版时，又过去了几个月了，稿件中的“拟”申请的情况究竟如期落实了与否，应该早有定论了。既然已有定论，就应该按照最后形成的来记述，如若就是当初拟申请的759.4万元，就应去掉前面的“拟”字。如若不是这一数字，是其他具体数字，那么也应核实具体数字后再删去“拟”字。总而言之，“拟”字一般都要删去。如“对××建筑进行了亮化，形成了点线面相互辉映的城市夜景”，其中的动态助词“了”字，就可删掉。语言表达更加简练，而且也符合志体语言形与意的统一。如“社会消费品零售总额预计完成800亿元”。又如“目前均已全面开工建设”中，“目前”表明时间并非完成时态，所以跟踪此项工作的后续进展情况，完成了，则记载此表述时要去掉“目前”二字。如，“至年底，已化解积案4件”，本身就已含完成时表述，此处“已”字，与志稿文义要求重复，所以应删去“已”字。

最后，以月份为节日活动名称时，注意书写标准。还是把握“简要明了”“不致产生误解”的原则。根据《出版物上数字用法（GB/T 15835—2001）》，“含有日月的专名采用汉字数字表示时，如果涉及一月、十一月、十二月，应用间隔号‘·’将表示月和日的数字隔开，涉及其他月份时，不用间隔号”。如“利用‘五·一八’世界博物馆日和世界文化遗产日开展大型宣传活动”中，

“五·一八”应该为“五一八”，去掉中间的间隔号。不会使人产生误解。又如“‘一·二八’事变”，如果去掉中间的间隔号，则成为了“一二八”，那么究竟是十二月八号，还是一月二十八号，会引起歧义。所以不能删去。

3. *两翼之“加”法*。如果说“简”法是年鉴稿件的瘦身行为的话，那么相对于“简”法而言的，则就是“加”法，也可称为“补”法。年鉴稿件有时会出现一些信息的缺漏，以致使文字所要传达的信息模糊不清。大大影响年鉴的阅读性和社会价值。此时就需要对稿件的文字信息进行补充操作。这其实也是在紧密围绕“翔实、朴实”的“实”法原则而进行的。那么，哪些情况下可能会用到“加”法呢？各种组织、机构、法律法规、文件、会议等专有名称使用全称。使用简称的，在适当地方括注于全称之后。人物直书姓名，不冠褒贬词语，不在姓名后加身份词；必须说明身份的，首次出现时在姓名前冠以职务（职称）。新华通讯社没有译名的，首次使用译名的括注外文全称。记述自然资源涉及本地生物名称的，首次出现时使用二名法，括注本地俗名。注释符合学术规范，便于查找原文。注释形式全书统一。引文和重要资料注明出处。以上这些，都是在强调括注的重要性。这往往也是被稿件提供者所疏忽的。所以在年鉴稿件编辑时，应该注意这些方面。这就使用到“加”法。每个部门有每个部门的实际，不同地区也有不同地区的现实。一个地方或部门所做的工作，可能很多，甚至出现一些部门专用语，或地区专用语，或者是一些简称等。因为年鉴是供社会普通读者阅读的，为社会提供服务的，它不是部门或地区的专志。所以对年鉴稿件中的这些普通读者生疏的名称要加括注，进行解释。如“县公安交警大队牵头组织安监、交通等部门开展‘五个统一行动’”，此句中“五个统一行动”第一次在文中出现，具体指什么，并没有交代；或许撰稿者和公安系统内相关人士了解，但是，年鉴是为社会服务的，是供大众参阅的，所以要让普通读者能看懂，这里应该补加括注“（整治旅游客车、‘营转非’客车统一行动；整治套牌假牌车辆统一行动；整治营运客车、危险货物运输车统一行动；整治校车统一行动；整治‘酒驾’‘毒驾’统一行动）”。在记述时有的单位或图表要素不全等，这些都要进行“加”法工作。如“先期投资 1 700 万的甘泉宫大遗址保护工程进入发掘阶段”，此句中的“1 700万”缺少货币单位，究竟时“美元”，还是“人民币”，也要补上。通读稿件发现，通篇涉及资金时，都是以“人民币”为单位。另外，向具体稿件提供者核实后，得知也是人民币，所以在“1 700万”后应加上“元”。

4. *两翼纽带之“换”法*。运用“简”法，精简语言文字的表述，达到简而不漏、要而不缺，首先会使所编辑的稿件极大的瘦身，减轻后期校对的阅读量和工作量，极大地节省时间。运用“加”法，充实稿件信息，补充完善相关资料，使年鉴信息翔实，资料可靠。但是，仅仅做到这两步还不够。有时，年鉴稿件中，涉及资料不全、信息缺漏，又存在形容词的滥用，或是表述不规范等问题。这就需要综合运用“加”“简”之法，既要瘦身，又要补身。同时还需要用到“换”法。何谓“换”法，具体应如何操作？这里结合笔者年鉴稿件编辑过程中的实例予以说明。所谓的“换”，是指调换、转换。即调整、调换那些不符合《地方志书质量规定》要求的话语表述。具体如何做，表现在以下方面。

第一，人称表述上的调换。主要是第一人称叙述要转换为第三人称的记述。第一人称最直接的表述字词就是“我”“我们”，所以在编辑时应该去掉，或改换。如信访的稿件中“我们采取人盯人的方法，将重点稳控在当地”，就应该注意在衔接前面表述的同时，要么去掉“我们”，或改“我们”为“信访局”。一词之变，其实也是记述角度的变换。又如，“全年我市进京非访 52 人 118 次”中，第一人称代词“我”字，也应该变换，或去掉。结合前文表述，为衔接前文文意，可将“我”字改为“全市”较好。其实，细细品读，每个字词都是有生命力的。无怪乎孔子曾以“春秋笔法”来著史。同一件事，用不同的字词来记述，显示编纂者的主观情感。志书既然要求客观记述，那就应该坚持用那些不带主观情感的字词。例“西安咸阳国际机场雄踞泾阳南塬”，此处“雄踞”有溢美之意，应该为中性词“位居”。又如“占”字多以第一人称的角度来记述，还有“××来咸”之“来”字，也是以第一人称角度记述的。这在记述时，就应该调整记述角度，换一个字词，如可将“占”字换位“为”，可将“来”字换为“到”等表述。例，“累计完成投资30 230万元，占年度投资计划的100.67%。”后半句应改为“为年度投资计划的100.67%”。

第二，因为年鉴稿件是由多部门提供，出自多人之手，不同部门或单位有其专业性差异，每个稿件撰写者，或多或少存在认知领域的差异，所以就造成了年鉴稿件中数字单位标识，标点符号使用等出现不一致。所谓“没有规矩不成方圆”，这就要求年鉴稿件编辑时首先要依国家标准进行规范。如“亩”要换算成“公顷”，例“300 亩”，就要换算成“20 公顷”。而“占地 235 亩”，要换算成“占地 15.67 公顷”。同样，“公里”换算为“千米”；如“5 公里”，换算为“5 千米”比较合适。“25MW”，则应为“25 兆瓦”更符合规范。“22 000平方米”，换算为“2.2 万平方米”。又如“东西长8.1km，南北宽 6.5km，井田面积 52.7km^2”，应将“km”改为“千米”，将“km^2”改为“平方千米”。再者如“30 万方煤层气开发等项目”中，标准单位应为“立方米”，所以应改为“30 万立方米煤层气开发等项目”。如数字表示，如果后有小数的话，一般保留小数点后两位，如果所保留的两位小数中第二位是“0”的话，可以去掉这个“0”，小数点后只保留一位。也可将一些小的单位变换为大单位记述的数字，如“农技宣传资料 23 700 份”，可换算为“2.37 万份”，“接受群众咨询 18 600 人次”，可换算成“1.86 万人次”等。“占地 18 000 多平方米”，改为“占地 1.8 万多平方米”。坚持一定规范，这样全书风格统一、前后一致，一目了然。

第三，在一些计量单位的表述时，应执行国家质量技术监督局1993 年发布的中华人民共和国国家标准《量和单位》。如关于度量衡单位，要按标准的公制使用。除公斤、公里、公顷以外的“公字号”单位都应停止使用，如长度单位中的“公尺”“公分”应分别改为“米”“厘米”，面积单位中的“公亩”，应换算为“平方米”

(1 公亩等于 100 平方米)，容积单位中的“公升”应改为“升”。市制单位一般不用，但是表示面积较小时或特指时，可用“亩”。如，人均 2 亩地，建设万亩绿色无公害苹果基地。又如历史上旧的计量单位和外国计量单位用法。如，“斗”“石”；英制的“哩”“码”“磅”；日制的“坪”“町”等，在引文或叙述当时历史史实时可以使用，但要做出法定计量单位的换算注释。(1 斗等于 10 升，1 石等于 10 斗) 又或是温度应采用摄氏制，不用华氏制和列氏制。如历史记载中用华氏制和列氏制，可照录，然后注明相当的摄氏度数。(1 摄氏度等于 1 开，1 华氏度等于 1 列氏度，等于 5/9 开)

年鉴稿件的编辑方法并不是止于一隅、无法沟通协调的孤立系统，它们之间其实是有着内部的紧密联系的。单从“简”“加”之法与“实”法的沟通上来说，往往是可以通过“换”法来协调。如年鉴稿件编辑时，条目记述中应坚持“记述体”或“语体文”，忌用总结式话语。如表述中常见的“第一……第二……首先……其次……再次……一是……二是……三是……”，这些总结性的标志性话语可以省略或删除。这就用到了“简”法。或者具体的事件，真有必要记述，也应变换角度记述有实质性内容的话语。这又用到了“换”法。总而言之，年鉴稿件编辑，最终要达到以“实”为原则，综合运用“简”“加”之法，使有存史价值的资料留存。年鉴稿件编辑工作是一项复杂的事情，并不像书本上所讲的那么直观。每个年鉴工作者，在自身的实际工作中可能会有不同的体悟与发现。以上仅是笔者在年鉴稿件编辑时所总结的一些个人感悟。其实很多时候，以上 4 种方法都是混合交叉运用的。可能一句话语中，既用到了“简”法，也用到了“加”法和“换”法，同时，编辑时又时刻以“实”法为主体，兼顾两翼之法的具体运用。

(作者单位：咸阳市地方志办公室)

地方综合年鉴对语言记述的几点思考

欧长生

内容提要： 本文认为，语言作为一种社会文化现象，是多元地域文化的载体，是社会生活的组成部分，有着时代的深深烙印，折射着社会的发展与变化，年鉴应当每年记述，重要的是要明确记述的重点，创新工作方式，既不重复上一年度的内容，又要把握准语言变化的脉动。

关键词： 年鉴编纂；语言记述；方言

一、年鉴记述语言的必要性

从我国年鉴编纂的新一轮爆发期来看，正是我国改革开放处在风起云涌的大变革时期，政治、经济、文化、社会和生活等各个领域都进入了一个前所未有的巨大变革之中。社会发展的变化催生着语言的变化，因为语言是人类社会传递信息、实现交际的重要媒介，是一个动态的开放性系统，作为沟通情感、交流信息和表达情感的方言，它总是随着社会的发展而发展。词汇是语言的重要组成部分，在语言的 3 个要素中，它比语音和语法更具变动性、开放性和复杂性。各个时代经济发展的脉搏，科技进步的成果，生活变化的轨迹，文化潮流的走向，人际关系的改变，以及由此带来的人们思维、观念，心态的变化等，都会在词汇中留下道道印痕。因此，词汇就以其敏感，活跃的特点，及时而又直接地反映着这些变化，于是，也就自然而然地涌现出了一大批新词语。在汉语词汇的这种变动态势与特点中，不容忽视的一个现象是，随着国门的开放和网络的迅猛发展，以及 80 后、90 后、甚至 00 后的语言“离经叛道”，外来词大量进口，新词汇不断涌现，使语言内容日渐丰富，也为年鉴记述语言内容提供了厚实的基础。

二、部分年鉴中记述语言的情况

纵览目前国内公开出版的地方综合年鉴，对语言内容记述没有做统一的规范，在编辑说明中也没有看到相关的条款，2012 年 7 月 13 日中国地方志指导小组四届三次会议通过的《地方综合年鉴编纂出版规定（试行）》也未见有规定，因此，各综合年鉴对语言的记述主要是根据志书的编纂规范和主编的意愿来确定。翻阅部分公开出版的地方综合年鉴，可以看出不同年鉴对语言记述的不同。

在翻阅中，《浙江年鉴》（2015）《黔东南州年鉴》（2015）《龙岩年鉴》（2013）《石狮年鉴》（2014）《大丰年鉴》（2015）《海沧年鉴》（2015）《寿宁年鉴》（2015）等均未记述语言的相关内容。

《福建年鉴》（2015）《重庆年鉴》（2015）《新疆年鉴》（2014）《广西年鉴》（2014）《大连年鉴》（2015）《深圳年鉴》（2015）《广州年鉴》（2015）《苏州年鉴》（2015）属于有设专条记述语言内容的。对有记述的年鉴进行认真阅读，也看出各年鉴记述的重点、标题的设置有所不同，笔者将这些年鉴中的语言记述情况一一做个简要介绍。

1.《福建年鉴》（2015）。在省情概况中设栏目记述语言，栏目下设概况、闽方言、客家方言、吴方言、官话方言岛、畲语等条目记述相关静态性内容。设置上比较醒目，记述上比较详尽，但缺乏对词汇变化、方言研究和普通话推广等动态性方面内容的记述。

2.《重庆年鉴》。在重庆概览中设“重庆方言”条目来记述语言。主要记述重庆民族构成、分布，通行汉语，重庆方言属于汉语北方方言区西南官话的成渝片，介绍了声韵调系统、重庆方言音系和词汇语法与普通话的差异、重庆方言的调查研究及其成果等。

3.《新疆年鉴》（2014）。在概况中设“语言文字”条目，简单介绍新疆 13 个主要民族的语言使用种类，以及一些民族有语言无文字的情况，比较简洁。

4.《广西年鉴》（2014）。在概况中设“语言”条目记述，反映广西 12 个民族的使用语言和方言，各民族的方言特点、分布以及与汉语的关系等，民族特色浓郁，并介绍了推广普通话的情况和对方言传承的冲击等。

5.《大连年鉴》(2015)。在概貌中设“方言”条目，记述大连地区汉语方言属北方官话，带有山东胶东半岛口音，反映大连居民从山东移民的历史，介绍了不同地区方言的发音和只有 3 个声调的特殊性，并举例一些独特的方言俚语。

6.《深圳年鉴》(2015)。在市情概貌中设“语言”条目，记述深圳本地方言粤语、客家、粤客混语，简单说明了全国各地方言在深圳都能找到，反映深圳城市移民多的特点，同时也介绍了机关单位英语使用的情况。

7.《广州年鉴》(2015)。在概貌中设“广州方言”条目，记述广州白话是粤语的代表方言，有广义和狭义之分，交代了广州方言形成的历史，无鼻塞音和 9 个音调等语音特点和语法规律，并简单介绍广州对外开放中广州方言的重要作用。

8.《苏州年鉴》(2015)。在市情概要中设“方言”条目，说明苏州方言属于吴语，是吴语的代表。介绍苏州方言的分布、形成、语音和语法等 13 个特点，普通话使用情况和普通话对吴语的影响等。

三、年鉴记述语言需要把握的几个方面

语言是社会生活的组成部分，随着社会的发展而变化，具有延续性和渐变性的特点，年鉴必须反映新时期一方之人的语言面貌，否则，作为“百科全书”的年鉴就会有所缺憾。笔者认为，年鉴记述语言要着重把握以下几个方面。

1. 关于称谓和设置问题。省级年鉴基本有语言内容记述，城市年鉴也大多涉及方言记述，而县区年鉴则最多在首部有记述方言外，更多地方在这方面有所缺失。通览一些年鉴，有的将方言、语言混为一谈，有的是方言，有的是语言，甚至是指明何地方言。从语言学来说，语言是个大概念，包括口语、书面语、肢体语言等，而方言则是一方之人之言，具有鲜明的地域性，年鉴所记述语言最

重要的应当是方言，也比较符合年鉴地域性的特点，但是，年鉴除了地域性外，还有很强的时代性，如方言词汇随着时代的变化而变化、推广普通话、方言研究与保护等语言活动，单纯用方言统领不了相关内容。因此，建议在年鉴中统一称谓为“语言”为妥。至于语言放在什么位次记述，从多部省市级出版的年鉴来看，语言放在各地概况或概貌的篇中设条目较为适宜。

2. 关于语言记述要素的问题。年鉴中的语言肯定要记方言，就是要记述一方之人的方言面貌，但不能简单重复上一卷年鉴的内容。首部年鉴的方言大多从语音、语法、词汇 3 个方面来记述，专业性太强，可读性和趣味性不强。因此，从年鉴编纂来看，语言记述既要有专业性，更要有通俗性：一要简要记述方言的变迁，随着全球化浪潮滚滚而来，各种强势语言对方言产生不可忽视的冲击，越来越多的人已经不会使用方言了，要通过对比方言和普通话的异同点，总结方言特点，并记清纯方言使用人群、带普通话语调方言使用人群、口口相传的方言歌谣等，发现方言经过时代变迁而出现的变异现象，找出方言的渐变性究竟体现在哪些方面，自然而然地实现与前志的对接。二要记述普通话推广情况，随着改革开放的不断深入，社会流动性越来越大，已经没有单纯的方言区了，普通话日益成为社会交往和社会流动的重要媒介，可以通过记述普通话推广的主要活动、使用普通话人数变化、推广普通话保护本地方言等，特别是要注意记述对一些不规范用语的纠正，如常见的一些错误广告用语（药品广告：“咳”不容缓，山地车广告：“骑”乐无穷，网吧广告：一“网”情深，涂料广告：好色之“涂”）等，反映社会的发展变迁，突出年鉴的时代性。三要注意收集当地广为通用的新词新语，改革开放以来，社会生活发生了巨大变化，经济、科技发展日新月异，新的经济现象不断出现，新技术、新产品不断更新，产生了大量反映新事物、新观念的词汇，如“晒”“囧”“入世”“IC 卡”“生态”“U 盘”“克隆”“意识流”等。新词归纳起来有网络用语如“东东”（东西）、“大虾”（大侠）“斑竹”（版主）“恐龙”（很丑的女人）“GG”（哥哥）等，缩略语如编程（编制计算机程序）、招办（招生办公室）、数控（数字控制）等，外来词汇和港台方言如“秀”“IT”“搞掂”“埋单”等。另外，还有今昔叫法大异其趣的如：我不叫我，叫偶；什么不叫什么，叫虾米；这样子不叫这样子，叫酱紫；过去叫商场，现在叫购物中心；过去叫旧货，现在叫二手货；过去叫点子，现在叫创意；过去叫关系密切，现在叫零距离接触；过去叫瘦弱，现在叫骨感；过去叫徐娘半老，现在叫资深美人；最可怕的是过去叫铁杆追星族，现在叫骨灰级粉丝，打着旗号到图书城签售现场，没把一些老名家吓个半死。凡此种种，举不胜举。

3. 关于工作创新问题。各地编纂首部年鉴都会抽调很多热心的专业人士参与，确保了年鉴有较强的专业性。每年一鉴虽然还可以采取“众手成鉴”的工作机制，但随着年鉴承编单位的快速变化，队伍素质参差不齐，懂编鉴且热心的专业人士相对缺乏。为此，必须创新工作思路，可以通过课题招标、政府采购的方式，将语言部分承包给愿意承担的专家来续修，确保质量；也可以通过开展“区域内方言发展变化情况专题调查”的方式，用分设一些子课题的办法，聘请有关方面的专业人士来完成。要创新年鉴出版方式，除了纸质年鉴，还可以出版光盘、电子、甚至是网络年鉴等，特别是网络年鉴，因为容量无限大，可以详尽收录田野调查的原始方言资料，如纯方言生活对话、歌谣、俚语、习惯语、叙事诗，以及同一地域不同社会群体的方言等，为方言遗存特质找寻一个宽阔的“窝”。

“少小离家老大回，乡音无改鬓毛衰”，在游子的心中，方言就是流动的故乡，就是识别他乡与故乡的重要标志，就是一种亲情和牵挂，更是浓浓乡愁的具体体现。语言是活的现存的历史，是各种地域文化存续的载体，在全球化的冲击下和普通话的大力推广中，方言在迅速产生变化，老方言会逐渐在人们的口头消失。所以年鉴应当设置语言内容，记清老方言，记好新方言，展现地域文化特性，增强海外侨胞、港澳台同胞的祖国认同、文化认同。

（作者系福建省方志委年鉴工作处处长）

《广东年鉴》“全国排头兵”提示语应用辨析

陈宏亮

内容提要：本文以《广东年鉴》“全国排头兵”提示语这一创新举措为研究对象，叙述其由来，通过《中国百科年鉴》提要与《广东年鉴》“全国排头兵”提示语进行比较分析，论述了提示语的应用特性，并从缩小“排头兵”评选区域范围、放宽收录内容条件、提高采编的主动性三方面提出推广应用“全国排头兵”提示语启示。

关键词：《广东年鉴》；年鉴编纂；排头兵；提示语

年度关注、“全国排头兵”提示语、链接、图片是《广东年鉴》四大亮点，其中“全国排头兵”提示语全国首创，目前唯一在用。《广东年鉴》“全国排头兵”提示语应时而生，是坚持不断创新的结果，增强了年鉴的实用性与可读性。

一、“全国排头兵”提示语由来

2012年12月，中共中央总书记、中央军委主席习近平到广东考察。这是习近平总书记在党的十八大之后第一次到地方调研。他肯定30多年来广东改革开放取得的成就，要求广东努力成为发展中国特色社会主义的排头兵、深化改革开放的先行地、探索科学发展的实验区，为率先全面建成小康社会、率先基本实现社会主义现代化而奋斗。这“三个定位、两个率先”为广东经济社会发展定位导航，为广东开拓科学发展新局面指明方向。

2013年是广东全面贯彻落实党的十八大和习近平总书记视察广东重要讲话精神的开局之年。广东在经济、社会、文化等方面取得显著成绩，多项指标居全国首位；在科学发展方面，继续深化改革创新，勇于先行先试，多项举措开创全国先河。《广东年鉴》在编纂工作中如何记录好广东在改革开放中取得的新成就和在科学发展中采取的新举措，如何服务好广东实现“三个定位、两个率先”目标大局成为当务之急。

《广东年鉴（2013）》参考了《中国百科年鉴》在部分分目增设“提要”的做法，“在部分分目设置‘全国排头兵’提示性内容，反映广东各行业、各领域和各地区居全国前列的指标、先行先试举措等特色、亮点”。“全国排头兵”提示语成为点睛广东领跑全国的亮点，帮助读者深入阅读和使用年鉴。此后，“全国排头兵”提示语成为《广东年鉴》系统记录广东改革开放取得的新成就与探索科学发展新举措的利器，并沿用至今。

二、《广东年鉴》“全国排头兵”提示语应用

为便于反映“全国排头兵”提示语的特质，笔者通过比较论证的办法，把《中国百科年鉴》提要与《广东年鉴》“全国排头兵”提示语（简称：提示语）进行类比，以助读者理解与利用。

《中国百科年鉴》1980 年创刊，1995 年随《中国大百科全书》完成出版后停刊，是中国第一部综合性百科年鉴，为我国年鉴发展树立标杆作用、产生深远影响。1985 年“对各部类的分目有意识地增添一些提要，借以引起读者阅读的兴趣。”《广东年鉴》1987 年创刊，是广东省综合年鉴，连续五届获全国年鉴编纂出版质量评比综合特等奖，年度关注、链接等创新举措具有一定影响。2013 年在部分分目首设“全国排头兵”提示语，反映广东领跑全国新成就和新举措。

（一）格式与分目内容融为一体

提要和提示语格式类似，提要收录纲要、要点，各部类分目都可以提炼出提要，用框体标示出来，如同插入提要卡片，活跃年鉴版面；提示语只在部分分目设置，主要发挥提醒、明示“排头兵”内容，突出亮点的同时又与分目内容融为一体。提要和提示语都采用年鉴条目通用的说明体和记叙体，记录成绩多用说明体，记录新

举措多用记叙体。基本样式如图 1 和图 2 所示。

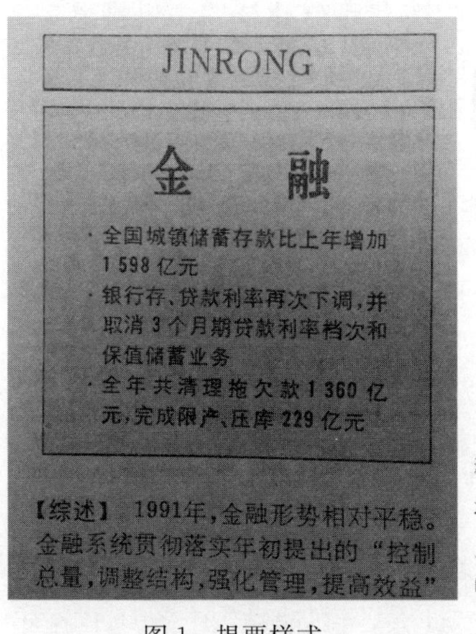

JINRONG

金 融

· 全国城镇储蓄存款比上年增加 1 598 亿元
· 银行存、贷款利率再次下调，并取消 3 个月期贷款利率档次和保值储蓄业务
· 全年共清理拖欠款 1 360 亿元，完成限产、压库 229 亿元

【综述】 1991年，金融形势相对平稳。金融系统贯彻落实年初提出的“控制总量，调整结构，强化管理，提高效益”

图 1　提要样式

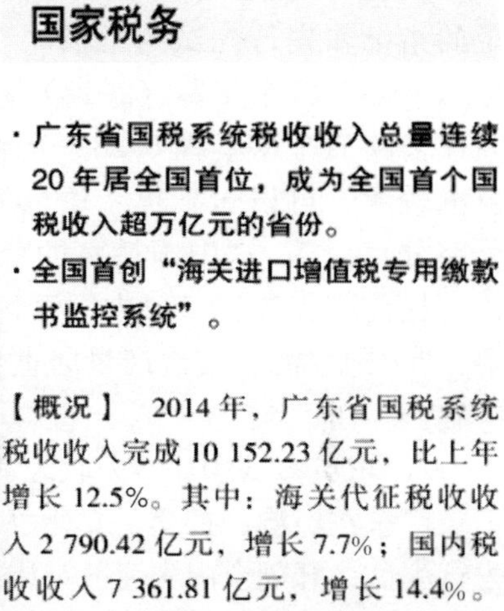

国家税务

· 广东省国税系统税收收入总量连续 20 年居全国首位，成为全国首个国税收入超万亿元的省份。

· 全国首创“海关进口增值税专用缴款书监控系统”。

【概况】 2014 年，广东省国税系统税收收入完成 10 152.23 亿元，比上年增长 12.5%。其中：海关代征税收收入 2 790.42 亿元，增长 7.7%；国内税收收入 7 361.81 亿元，增长 14.4%。

图 2　提示语样式

（二）点睛作用突出

提要具有提要钩玄功能，主要有概括和引导作用。通过精辟简明概括分目内容要点，让读者迅速了解分目大致内容，抓住分目的要点。读者通过提要就能判断分目内容是否满足自己所需，通过提要提升自己对分目内容的兴趣和注意力。提示语具有画龙点睛功能，主要有标示、吸引作用，通过直观明了标示“全国第一”“全国首创”内容，突出亮点，增强内容吸引力，吸引读者注意力，很容易就把读者吸引到条目内容中来。提要和提示语都是增强年鉴可读性的利器，在读者浏览年鉴时，眼前掠过的提要或提示语成为刺激他们阅读分目内容的动力。如果没有提要或提示语，标示的内容很容易淹没在众多文字之中，直接影响阅读效果。

（三）内容“第一”“首创”标志明显

提要主要是提示分目内容要点，既可以是分目内容的基本情况、基本数据，也可以是大事要闻的内容。具有突出价值的内容都收录。如《中国百科年鉴（1988）》公路分目提要：“全国共开辟公铁分流线路 2 300 多条。以工代赈修建公路、机耕道 2.7 万多公里。”提示语收录的是各行业、各领域和各地区居全国首位的指标和先行先试的举措。“第一”和“首创”是其最明显的标示。如《广东年鉴（2015）》公路运输分目提示语：“广东省高速公路通车总里程 6 280 千米，居全国首位”。提要收录内容范围较大，可以包括提示语内容，如《中国百科年鉴（1987）》公路分目提要：“中国最宽的公路桥梁——哈尔滨松花江公路大桥，提前一年竣工。”《中国百科年鉴（1991）》建材工业分目提要：“中国水泥、玻璃产量居世界首位。”这些提要也属于提示语内容。

《广东年鉴（2013）》收录“全国排头兵”提示语 92 条，其中记录广东在经济、社会、文化等方面居全国第一位的指标有 42 条，先行先试、开创全国先河的举措有 50 条。《广东年鉴（2014）》收录提示语 68 条，其中第一位指标 41 条，首创举措 27 条。《广东年鉴（2015）》收录提示语 86 条，其中第一位指标 50 条，首创举措 36 条。

（四）语言简明精练，采编方便

提要是对分目内容高浓度概括，传递信息较多，言语要求简短、精练，精确简约地反映内容梗概。提示语传递信息少，针对性强，点到即止。词语要求准确，简单直接。提要与提示语都是编辑人员对稿件内容进行摘录和编辑加工，提要采编需要年鉴编辑人员对年鉴内容有高度的分析、思考、归纳、综合能力；提示语偏重于摘录，容易操作，对年鉴编辑人员的要求相对较低。提要与提示语都要用精炼概括的语言突出分目内容，文字应言简意赅，简明扼要，把事情说出来、讲完整。

综上分析，提要与提示语各有异同，特质明显（表 1）。提要是提炼内容基本概况和突出重要事件，应用广泛，但特色不明显。提示语点睛“全国第一”或“全国首创”内容，针对性强，特色鲜明，但比较零碎和分散，容易被淹没。

表 1　提要与提示语比较简表

	《中国百科年鉴》提要	《广东年鉴》提示语
格式	框体	条目体
功能	提要钩玄	画龙点睛
作用	概括和引导	引导
内容	内容要点、大事要闻	第一、首创
优缺点	突出要点；特色不鲜明	突出亮点；零碎分散

三、启示

《广东年鉴》“全国排头兵”提示语形式新颖，亮点突出，可以提高年鉴的质量和吸引力，对推动年鉴创新发展具有很好的启发作用。但个性鲜明，其他年鉴推广应用具有一定的难度。笔者试从以下几方面开拓思维，以期对其他年鉴有所裨益。

（一）缩小“排头兵”评选区域范围

《广东年鉴》“全国排头兵”提示语所记录的指标为全国之最的内容，指标数据放在全国范围进行比较，因而数据要求高而且数量较少，全国其他年鉴难以推广应用。省级、部属年鉴可以参照《广东年鉴》提示语做法，其他年鉴应用提示语时，可以缩小“排头兵”评选区域范围，以便于市、县（区）级年鉴的推广应用。譬如《汕头年鉴》可以以广东省区域作为“排头兵”评比范围，收录居广东第一位、广东首创的指标。以此类推，《南澳年鉴》可以收录居汕头第一位、汕头首创的指标。

（二）放宽收录内容条件

要成为“排头兵”，有其评比指标或考核标准，跟“第一”“首创”等考量分不开。“排头兵”提示语限制了收录内容。要推广其他年鉴应用，可以放宽提示语收录内容的条件。只要提示语不局限于“排头兵”内容，而是扩大为特色内容、亮点内容，或者扩大为提要内容，其他年鉴就可以普及推广，同时还利于突出年鉴的特色亮点。

（三）提高采编的主动性

不管是缩小“排头兵”评选区域范围，还是放宽收录内容条件，提示语的应用最终要落在编辑人员身上。提示语或提要都是年鉴编辑人员的二次加工，容易产生不全面或没有突出亮点等问题，这就需要提高编辑人员素质。首先，编辑人员要有“排头兵”意识，有挖掘“排头兵”内容或特色亮点内容的敏锐性与素质。其次，要发挥编辑人员的主动性。譬如《广东年鉴》除供稿单位提供“排头兵”内容外，还要求编辑人员每天进行报纸资料摘录，主动收集资料，成为“排头兵”内容补充的一条重要渠道。

年鉴创新是一个永恒的话题，永远在路上，《广东年鉴》与时俱进，首创“全国排头兵”提示语，为吸引读者注意力打开了一扇窗，希望透过这扇窗可看到万紫千红。

（作者系广东年鉴社副社长）

《扬州年鉴》框架结构的调整与优化

陈永华

内容提要： 本文介绍《扬州年鉴》从框架设计开始，每一个环节、每一个细节都坚持以“创新”和“质量”为主导，规范和创新并举，特色和特点并重，推进《扬州年鉴》框架结构的调整与优化，努力把《扬州年鉴》打造成扬州的名片。

关键词： 年鉴编纂；框架设计；创新；特色

年鉴框架是年鉴内容的总体设计，是年鉴能否成功编纂的关键。2015年，《扬州年鉴》解放思想，开拓进取，举创新大旗，以质量为本，调整和优化框架结构，为编纂精品《扬州年鉴》打下了坚实的基础。

一、坚持科学性和合理性，找准规范与创新的结合点

年鉴框架是年鉴基本内容的结构系统，是提高年鉴编纂质量系统工程中第一个重要环节。

《扬州年鉴》自1991年出版第一卷以来，经过若干年实践的沉淀，逐步走向规范、合理、成熟的目标，形成了相对稳定的框架结构和编纂风格，能够较好地体现年鉴的工具性、资料性、系统性；同时，又能紧密结合时代特征和城市风格，突出有别于其他城市的地方特色。

框架结构是最能体现一个城市的地域特征、年度特色及年鉴亮点的窗口，为年鉴创新提供了广阔的空间。笔者认为，框架结构的创新不能赶时髦，不能为了创新而创新，更不能以创新的名义而随意地改变框架的结构、层次，否则就会偏离年鉴框架的分类规则，造成框架结构内部逻辑关系混乱，把原本是好事的“创新”变成了

“邯郸学步”，贻笑大方。

近年来，每年编纂工作启动之前，编辑部都要对全年的地方党报、大事记进行一次系统浏览，了解全市一年来的重大决策、重点工作、重大活动。在此基础上，结合年度特色、地方特色，对新一卷年鉴的框架结构进行充分酝酿，反复讨论，经过深思熟虑后再提出修改意见。

为了找准规范和创新的结合点，《扬州年鉴》按照年鉴自己特殊的体例要求和鲜明的结构特色来思考、解决问题。《扬州年鉴》2015 年卷的框架结构几易其稿，其间经历了多次的讨论和修改，仅专题讨论会议就开了 3 次。此外，框架结构的讨论稿还广泛征求各方面的意见。经过多次的讨论和不同观点的碰撞，在年鉴的框架结构设计方面，《扬州年鉴》确定了自己的原则和思路，即：以规范为根本，以创新促进步，立足规范，努力创新，统筹兼顾规范与创新的关系。在此基础上，对《扬州年鉴》的框架进行调整与优化，走出了一条有自己特色的道路。

二、紧扣城市特色和时代特点，把握年鉴表现的主题和重点

首先是把握城市特色。扬州的文化特色和环境优势十分突出，扬州是国务院首批公布的 24 座历史文化名城之一，古迹名胜众多，文化底蕴深厚；近几年在城市建设、古城保护与利用方面成绩尤为突出，2006 年被联合国授予“联合国人居奖”，2011 年创成全国文明城市。扬州在历史上是消费城市，曾有“扬一益二”的美誉，商贸服务业十分发达，特别是以“扬州三把刀”为代表的餐饮、沐浴、美容美发业在大江南北享有盛名。工业经济方面，扬州近年来以“项目为王”，抓重大项目建设，加大园区开发、沿江开发力度，形成了机电、化工、船舶、汽车、工艺等特色产业。扬州文教事业有较高水平，从扬州中学走出的两院院士就有 50 位。

其次是把握时代特点。上年度市委、市政府的重大决策和举措，地方的重要成就和重点工程，群众关注的热点和焦点，都是

《扬州年鉴》把握的年度特点。主要包括重要节会、开放开发、农业现代化、工业产业结构调整、生态科技新城建设、江广融合地带建设、西区新城建设、文化博览城建设、非物质文化遗产保护、环境保护、关注民生以及居民收入、市场物价、医疗服务、学生入学、劳动就业、社会保障等，这些内容无不充满时代气息和具有年度特征。

三、合理设计、精心定位类目、栏目、条目的作用和关系

年鉴的框架结构，主要由类目、栏目、条目 3 种不同层次的主体架构组合而成。《扬州年鉴》在进行框架结构设计时，充分研究和思考了这 3 种主体在“创新”和“提高质量”方面应当承担的作用。

1. 一级类目的设置重点是保持稳定并符合规范。类目的设置参考《国民经济行业分类标准》，同时强调符合现代社会分工的实际，坚持分类与社会分工相结合的原则，门类齐全，归属得当。实践证明，近年来调整、新设的一级类目不仅使年鉴整体框架更加全面、合理，而且具有可操作性和稳定性。概括起来，《扬州年鉴》框架重点围绕 3 个方面进行创新、调整、优化。

一是体现与时俱进。《扬州年鉴》创办之初，设有 25 个类目。在以后的编纂工作中，根据扬州经济社会发展的新情况，对类目名称和排列顺序作了若干调整、完善和补充，目前相对稳定的有 36 个类目。类目的调整变化，适应了经济和社会发展的需要。如近年来所增加的开发园区、信息化与软件服务业、历史文化名城保护、旅游业、环境保护等内容，无一不是充满了浓郁而鲜活的时代气息，是时代主旋律的见证。

二是体现年度重点。《扬州年鉴》抓住年鉴的“年度”属性，力求每年突出“年度主旋律”。近年来的年鉴，分别突出了上海世博会、“三创一申”、抗震救灾、党的群众路线教育实践活动等具有鲜明年度特征的“闪光点”，进行浓墨重彩的记述；在卷首彩页中

用大篇幅描述年度事件、突出年度重点，用《数字扬州》栏目的对比突出当年经济社会发展所取得的新成就。此外，《扬州年鉴》还根据市委、市政府年度工作重心调整内容。如“工业”部分，近年来，对地方经济增长贡献比例逐渐减小的纺织服装产业、食品工业等行业，相继缩减了记述的篇幅；增加了“信息化与软件服务业”“新兴产业”以及为民办实事等内容。2015 年卷把类目“社会民生”分为“人力资源”“人民生活”“社会保障”“社会事务管理”4 个类目，以便更好地突出对民生的关注及所做的实事。

三是突出地域特色。《扬州年鉴》着力从扬州独特的文化传统与产业结构方面挖掘地域特色，反映城市的个性。如：“历史文化名城保护”类目的设立，充分反映了扬州作为国务院首批公布的历史文化名城的特色以及扬州市近年来大力建设文化博览城，开展古城保护与利用所取得的成绩；“旅游业”类目的设立，正契合了扬州市作为首批中国优秀旅游城市的身份，亦为浓墨重彩地记述扬州市近年来大力发展旅游经济决策、举措和成果提供了可能；“建筑业”类目的设置则是以扬州建筑业的发展实际立目，近年来扬州市建筑业各项经济指标以及多个“中国建筑之乡”、中国建筑工程鲁班奖都为该类目的设立提供了有力的依据；“环境保护”类目的单列则是契合了当今世界的发展潮流，也符合扬州市作为“联合国人居奖”城市、国家环境保护模范城市、“中国人居环境奖”城市、全国生态建设示范市的地位。

*2. 二级栏目力求全面反映城市的经济社会发展实际和管理者的决策方向。*体现城市特点、重大事件、重要举措和热点问题的内容从上千个一般条目中凸显出来，在突出的位置、用较多的篇幅得到重点记述。新设的二级栏目更是成为突出城市特色的重要载体。如，在“概貌”中设立“风景名胜”栏目，集中展示扬州市丰富的旅游资源和景点精华，既服务旅游城市建设又方便读者需要；为了突出扬州的餐饮沐浴文化特色，在“商贸服务业”类目中大胆地将“扬州三把刀”作为记述餐饮沐浴和美容美发行业内容的栏目名，本地读者看了心领神会，外地读者看到则有猎奇之心，颇有“引人

入胜”的效果。在“工业”类目中所设立的二级栏目，不拘泥于通常意义上的工业门类，而是按照扬州市重点产业结构布局，分成“石油化工产业”“汽车及零部件产业”“船舶及配套件产业”“机械装备产业”“新兴产业”“电力工业”等栏目，既不违背行业分类标准，又能全面反映扬州市的重点支柱产业、传统特色产业和新兴产业发展情况，准确把握了市委、市政府在产业结构调整中做出的重大决策、采取的重要措施以及取得的显著成效。

《扬州年鉴》2015 年卷设置了党的群众路线教育实践活动、“烟花三月”国际经贸旅游节、世界运河名城博览会、大运河入选世界文化遗产、跨江融合发展、风景名胜、现代物流业、扬州“三把刀”、古城保护利用、文化遗产保护、文化博览城建设、蜀冈—瘦西湖风景名胜区、旅游资源开发、文学艺术、公共文化、人才工作、劳动就业、居民生活、居民消费、社会保险、住房保障、社会救助与福利等多个新、特栏目，从不同的角度把握了社会主义核心价值观的政治方向，契合了经济社会的发展实际，反映了名城扬州的独特风采。

3. 条目是年鉴的主体，在框架设计过程中给予充分重视。从框架设计的角度，《扬州年鉴》对条目的选取提出了 3 个新思路。一是加大细节性、微观事物的记述力度。我国史学的经典巨著《史记》，就是通过对大量鲜活的人物和生动有趣的故事来记载史实、总结历史，其中许多精彩的细节更是脍炙人口，流传千古，由此可见，往往是一些细节的、动态的事物更能被历史留下。年鉴中记载一定的宏观信息是必要的，但是过多的宏观记述，缺乏微观和细节的记载，就会显得空泛、无趣，甚而大大降低其可读性和存史价值。《扬州年鉴》2015 年卷既有对各项事业发展宏观轮廓的勾勒，更重视对生动鲜活的细节的描绘。如“中国淮扬菜‘非遗’传承人大师工作室”“世界中餐高层论坛暨扬州‘三把刀’标准发布会”“瘦西湖隧道冠名权慈善拍卖”“朱俊再次捐献造血干细胞”“颜良甫当选中国消费维权贡献人物”等条目，都是对某一具体的事或人进行生动的记载，贴近时代、贴近生活，使年鉴的内容具体且实在。二是及时反映时代发展、社会进步的过程中出现的新事物、新现象。这些新生事物在其初始阶段也许只是“星星之火”，但它们代表了一种趋势，必须在年鉴中得到及时的反映。如《扬州年鉴》2015年卷收录的“电视购物专项整治”“农产品电子商务”“实施‘单独两孩’新政”等条目就起到了这样的作用。三是增加实体化条目的数量，对于在全市有影响有地位、群众关心关注的工商企业、医疗教育单位等实体直接用条目来反映。如“中国石化销售有限公司扬州石油分公司”“扬州京华城全生活广场”“三盛国际广场开业”“苏北人民医院”“扬州大学”“‘情满扬州’春节慰问活动”等，以起到“一滴水可以折射太阳的光辉”的作用。

四、借鉴“互见”手法反映特色

“互见法”是《史记》中记述人物和历史事件的独特方法，即将同一事物分散在不同的地方记述，以一个地方的叙述为主，其他地方的为补充。年鉴编纂，比较忌讳内容的交叉重复。“互见法”不是简单的重复，而是互相补充、加强，从而起到突出重点的作用。2015年，在进行框架设计时，《扬州年鉴》大胆采用“互见法”来突出反映城市特色和年度特色。

1. 通过系列彩色图片组合形象直观地展现主题，是为图片与正文的“互见”。一是在公益彩页方面，确定“城市荣誉”“数字扬州”“年度视点”“名城风采”4个版块，特别是“年度视点”版块，按照扬州市党的群众路线教育实践活动、“烟花三月”国际经贸旅游节、世界运河名城博览会、省领导到扬调研、国际性会议、重大项目、重点工程、重要交流合作、文化扬州的顺序安排多幅精美图片，通过跨版的形式展现给读者，具有十分强烈的视觉冲击力。二是随文图片的选择和使用，勇于打破以往每个类目均衡安排图片的思维定势，在“风景名胜”“开发园区”“城乡建设与管理”“历史文化名城保护”“旅游业”等特色类目、栏目安排大量与文字内容密切相关的彩色随文图片，图片的数量明显多于其他类目。这些彩色组图与正文中相关内容的记述相映成趣、相得益彰，既给读者留下了深刻的第一印象，又生动直观地佐证了正文要突出的特色内容。

2. 在“特载”“大事纪要”“人物”“附录”等中补充强化主题，是为不同文献形式之间的“互见”。如2015年扬州市委、市政府将关注民生、提高人民群众的社会保障水平作为要事来抓，《扬州年鉴》除了在“人力资源”“人民生活”“社会保障”“社会事务管理”4个类目中以栏目、条目形式作重点记述外，还在“特载”“大事纪要”中以报告、大事记等形式有所涉及，更在“文件选编”“重要文件目录”“题录”中收录了相关的文件、文章、规定、实施细则等，从不同的角度和层面来突出和强化这一主题。同样，“历史文化名城保护”“旅游业”这些特色主题也分别在多个栏目、条目中有所反映，不同的文献形式互相补充但并不重复，强化特色且各有侧重。

当然，我们在编制《扬州年鉴》框架时，也遇到不少困惑，需要在今后工作中作不断探索和改进。比如，随着科学技术的飞速发展，跨行业、专业的新兴产业不断涌现，这些新兴产业的合理定位和归属成为难题；再如，当一些阶段性重要决策和重点工作的内涵和外延与年鉴框架设置原则发生矛盾时，如何处理好反映年度特色与遵循年鉴规范的关系等。

（作者系扬州市地方志办公室年鉴编辑部科员）

试谈地方综合年鉴框架设计的思路

孙中文

内容提要： 本文从门类齐全、内容全面、推陈创新及突出特色等 4 个方面介绍了《镇海年鉴》框架设计的思路。

关键词： 综合年鉴；框架设计

地方综合年鉴的通常工作程序是：框架设计（篇目设计）—征集稿件—编纂出版三部曲。框架设计列在首位，其重要作用不言而喻。“框架”，源自工程建筑学，指房屋建筑的结构，运用到年鉴的编纂，是指把全书的各个基本组成部分有机地联结而成的整体。框架是年鉴内容和编排形式的总体设计，是年鉴的基本结构。要编纂好一部地方年鉴，首先要设计好年鉴框架，确定全书的选材方向和内容范围，这直接关系到年鉴的质量。《镇海年鉴》2011 年创刊，至今走过 5 个年头，已出版 2012 年卷，2015 年卷即将出版，2013 年卷、2014 年卷、2016 年卷正在编纂中。从《镇海年鉴》5 年来的探索与实践看，地方综合年鉴框架设计应有明确的思路。

一、门类齐全，归属得当

地方综合年鉴的框架设计，总体是横排门类，纵列同类事物。从横的方面看，基本上按同级事物进行排列。大致由专栏、特载、大事记、概况、百科类、地方文献，索引等构成，其中百科类（即栏目）是框架结构中的主体部分，包括社会生活中各项事业、各方面事物的发展演进状况和有价值的资料、知识、信息。从纵的方面看，地方综合年鉴的框架按同类事物逐层排列，呈现出层次性，一般不采用大篇结构，多数采用中篇结构，个别年鉴框架结构小篇化，设栏目、分目、条目 3 个层次或栏目、分目、子分目、条目 4

个层次，其中栏目是各门类事物的集中载体，条目是框架结构中的最基本的单元。首先，地方综合年鉴框架设计要确定百科类的大类，即设置栏目。栏目确定后，再根据资料来源、具体内容等情况，进一步确定小类，即分目，分目下结合各部门各行业特点设置条目。《镇海年鉴》从创办伊始，总体上按照科学分类与现代社会分工特点来设计框架，构筑卷首、百科和卷尾3个基本组成部分以及栏目、分目和条目3个层次的框架结构，2012年卷共设立35个类目，216个分目，970个条目。另有图表形式的彩页、表格、插图等，以灵活多样的形式全面反映镇海区情，实现年鉴的编纂目的。其次，地方综合年鉴框架设计应打破以往通常按政府管理部门设置类目的做法，按事物属性分类。如，餐饮服务业，过去归商业部门管理，但餐饮服务不属于商品流通，归入商业不妥，现在餐饮服务业走向市场化、产业化和社会化，《镇海年鉴》在“商贸服务业”栏目中设立“住宿餐饮”分目。此外，对社会的不同行业，地方综合年鉴框架设计需根据依事分类的原则，将相关行业有机地组合起来。如《镇海年鉴》在“综合经济管理”栏目中，将工商、质检、物价、审计、统计、国有资产、国土资源等行业管理工作归纳为一体，分别单独设立分目，既合情理，又为类目的设置提供较大的空间。

二、内容全面，信息完整

地方综合年鉴的框架力求做到内容全面，信息完整，成为本地区的“百科全书”，是由地方综合年鉴的综合性决定的。第一，地方综合年鉴框架应当顾及本地区全社会各行各业和各个领域，无论行业大小也不论其地位如何，都要在年鉴中占有一席之地。当然，年鉴的框架不可能把本地区一年内发生的所有事情都收录进去，而是要抓住年鉴的实用价值，反映出各行业、各领域的时代特征和发展趋势，做到大事不漏，特事不漏，新事不漏。《镇海年鉴》2012年卷设立的35个类目是：特载、大事记、镇海概貌、专记、中国共产党宁波市镇海区委员会、宁波市镇海区人民代表大会、宁波市镇海区人民政府、中国人民政治协商会议宁波市镇海区委员会、人民武装、治安司法、民主党派与人民团体、农业、工业、产业园区、驻镇海省部属单位、建筑业房地产业、商贸业、外向型经济、交通运输邮政业、信息业和信息服务、旅游业、金融业、综合经济管理、城乡建设与管理、生态环保、科学技术、教育、高等教育、文化体育、医疗卫生、公共管理与社会服务、居民生活、机构、镇街道、先进名录。这些内容反映了镇海各行业各领域的时代特征和发展趋势，构成完整的信息体系。第二，要注意减少类目及条目内容遗漏。一些部门归属于一个类目，如“综合经济管理”栏目中，包含财政、税务、质量技术监督等许多单位，内容繁杂，容易遗漏。在《镇海年鉴》2012 年卷框架结构设计中，漏掉“口岸管理”，发现问题后，及时进行增补，把它立为“综合经济管理”栏目的二级分目。第三，要避免条目内容的重复。由于地方综合年鉴采用横分门类纵排事物的编排方式，不可避免会出现一些内容交叉重复。总体上说，允许内容适度交叉，但要防止过多交叉，尤其要避免大段文字的重复。如，对大事记与有关条目的交叉，《镇海年鉴》采用“侧重法”处理：大事记从全区角度记事始末，侧重于简明扼要，从略，有关条目从事件本身角度记述整体，侧重于全面实用，从详；又如，综述、概况综合性条目与有关条目的交叉，《镇海年鉴》采用“详略法”处理：综合性条目偏略，点到为止，记事性条目重详，全面记述。此外，各单位、各系统会议条目，避免和区委、区政府的专业会议条目内容重复；行政执法部门之间的条目内容应避免重复等。如《镇海年鉴》2012 年卷“中国防空博览园落成”内容，分别在“人民武装”“旅游业”“镇街道”条目中有所反映，同一内容不能重复反映，必须定其取舍，我们采用“人民防空”条目。

三、稳中求变，推陈创新

地方综合年鉴总体结构一般分为 4 个部分，一是综述部分，对上年全面情况或者某些局部情况的综合性介绍，如特载、大事记等。二是动态信息（或叫百科知识）部分，对上年度各地区、各行业、各部门动态情况的介绍，是年鉴的主体部分。三是辅助资料，对主体内容的补充和发展，如统计资料、文件汇编、调研报告等。四是检索部分，如目录、索引等，是读者查阅内容的主要途径。框架大体设置特载、大事记、概况、政治、军事、农业、工业、交通、旅游、建设、环保、金融、经济管理、教育、科学、文化、卫生、体育、附录等栏目。为保持基本资料的连续性，年鉴是连续出版的资料性文献，框架一经确定，应保持其基本稳定，设置的栏目不能断线，便于逐年反映，使读者能看出事物发展的过程和传承，否则将导致所载资料信息前后脱节，杂乱无序，影响年鉴作为资料性文献功能的发挥，但长期沿用这种结构导致各地年鉴风格雷同，“千鉴一面”。因此，框架设计应在继承传统的基础上，根据当年本地经济和社会变化的新情况、新特点，不断调整、优化篇目，忠实地反映本地面貌、时代特点，改变年鉴框架多年一成不变的局面。在《镇海年鉴》编辑过程中，我们对框架结构进行反复的调整与修改：2011年是“十一五”结束之年又是“十二五”开局之年，2012年卷设立“专记”栏目，下设“‘十一五’规划执行情况回顾”“‘十二五’规划摘要”2个分目，2013年卷、2014年卷、2015年卷则取消该栏目。根据社会治安特点，2012年卷将传统“政法”栏目改为“治安司法”栏目，2013年卷、2014年卷、2015年卷则改回“政法”栏目。2011年是《镇海年鉴》创刊年，为全面反映镇海区的各行各业基本情况，2012年卷要求有关职能部门、各镇（街道）及人民团体在“概况”中简介单位基本情况，同时在“教育”栏目中设立“学校”分目，2013年卷、2014年卷、2015年卷则取消这些内容。2013年卷、2014年卷、2015年卷将“农业”栏目中的“水利”分目移到“渔业”分目后，以突出“水利”的重要性。2015年卷在“医疗卫生”栏目中增设“智慧健康”分目，反映镇海医疗卫生的新成果。2014年，郑氏十七房旅游景区管委会机构撤销，2015年卷在“旅游业”栏目中取消“郑氏十七房旅游景区”分目。此外，将“外事及港澳台事务”“八大专业市场”“外来务工人口服务与管理”等分目名称分别改为“外事工作”“专业市场”“流动人口服务与管理”。通过上述调整与修改，使《镇海年鉴》框架结构显得更加合理。此外，地方综合年鉴应控制总量，优化结构，避免年鉴陷入越编越长的怪圈。《镇海年鉴》的总字数控制在60万字内。事实证明，这样的规模不仅可以全面反映镇海区情，促使撰稿员认真筛选资料，精练文字，压缩篇幅，有效提高信息含量，也有利于降低印刷成本、降低价格、扩大发行，促进结构优化。从综合情况、动态信息、辅助资料、检索系统四部分的比例关系看，动态信息的地位最为突出，约占全书的70%，各部门的动态情况得到优先保证。2015年卷对非经济类资料做了适当压缩，增加经济类的内容，使其占到动态信息的一半左右，进一步突出以经济建设为中心的指导思想。

四、立足实际，突出特色

地方综合年鉴要有地方特色，关键在于编纂者要善于抓住地方的独特之处，合理设计篇目，适当安排版面，使年鉴的框架彰显地方特色。一是通过大事记突出地方特色。大事记是年鉴中的重要栏目之一，是一种特殊形式的“纲”，在年鉴中起到提纲挈领的作用。《镇海年鉴》2015年卷大事记中有一条记载：“2月，镇海区首批低丘缓坡荒滩等未利用地开发利用国家级试点获省人民政府批准”，这样一件大事国土部门材料中没有提到，我们督促他们补写了该条目。二是通过设置一些类目和分目凸显地方特色。如，2011年驻镇海省部属企业多达23家，行业分类有石油化工、电力等工业，建筑、安装等建筑业，港口、海陆运输以及大宗商品贸易、仓储等服务业，当年驻镇省部属企业工业总产值1 442.5亿元，占镇海区全社会工业总产值60%。为反映镇海工业这一特征，《镇海年鉴》2012年卷将省部属企业从“工业”栏目中独立出来，单列一个“驻镇海省部属单位”一级栏目，并对其中的镇海炼化、镇电公司、联合发电公司等国有大型骨干企业单列分目，详细反映，既突出省部属企业的重要地位，又突出镇海的工业特色。又如，随着全域城市化的推进，镇海的传统农业逐渐萎缩，现代都市农业快速发展，葡萄、草莓、蔬果、花卉种植形成产业优势，带动生态农业旅游发展。为反映这一特色，《镇海年鉴》2012 年卷在“农业”栏目中设立“农业经营方式”分目，用较大篇幅详细记述。同时，在“种植业”分目中，单列【“菜篮子”应急保障基地建设】【精品蔬菜种植面积达 120 公顷】【葡萄种植形成产业优势】【草莓成为果用瓜种植的主要品种】等条目，展现镇海现代都市农业特色。三是通过彩页编排和增加图表数量来强化地方特色。图片能够形象、直观地表达信息，弥补文字信息的不足，提高一地的知名度。图表能够直接、全面地反映地方年度各个方面、各行各业的发展变化，使人看了一目了然，节省大量的文字记述，既可提高有效信息的收入量，又可以限制年鉴篇幅不断扩大的趋势，收到事半功倍的效果。挑选图片要从年度性、代表性、地域性出发，做到图片与条目配合。图片内容要全面，主题突出，要有层次感、空间感，激发读者的阅读兴趣。

参考资料：

①鲁孟河：《地方综合年鉴框架设计的原则与方法》，《中国地方志》2010 年第 6 期。

②邸亚贤：《县级综合年鉴框架设计应注意几个问题》，《黑龙江史志》2007 年第 7 期。

③李娜：《试谈地方综合年鉴的框架设计》，《新疆地方志》2014 年第 4 期。

④董忠：《综合年鉴框架创新的思考与实践》，《年鉴信息与研究》，2009 年第 1 期。

（作者单位：宁波市镇海区地方志办公室）

地方年鉴装帧设计的探索与创新

沈立平

内容提要：本文从封面设计、彩页设置、版式设计、装帧印刷、年鉴信息化等方面的创新，探索如何使年鉴突出时代特色，凸显地方特色，贴近读者需要。

关键词：地方年鉴编纂；装帧设计

地方综合年鉴作为年度性地方政府公报，不仅在文字编纂上要求越来越高，在装帧设计上也与时俱进。装帧设计不仅要体现官方主流要求，更要顺应时代潮流，符合市场需求，吸引受众阅读。

一、年鉴封面构图新颖，展示地方名片

封面是年鉴的门面。年鉴装帧设计中，封面是重中之重。除少量年鉴的封面追求朴实，没有构图外，大部分年鉴的封面设计有两种趋势，一是追求现代感，而与之相反的，另一种是体现历史感。很多年鉴会把现代化城市风貌作为封面主题展示给读者，例如城市地标性建筑、作为城市会客厅的城市广场、流过城市的主要河流、城市主要景点、新城区建设等①。问题是，中国城市的景观建设日新月异，但城市个性与特色逐步消亡，“千城一面”也体现在年鉴封面上。例如《广州年鉴》《张家港年鉴》《太仓年鉴》《滨海年鉴》等港口城市年鉴，都曾采用港口码头作为封面主题，构图大同小异。《深圳年鉴》2012年卷至2014年卷封面设计形成系列，最具有现代感，大气而富有活力，反映深圳作为中国改革开放的窗口，建设成为现代化、国际化、创新型城市的定位。

追求历史厚重感，首推《苏州年鉴》，历年来以端庄、素雅、古朴的装帧风格展示着苏州古典园林的城市风貌。这也得到了很多

具有深厚历史文化底蕴的城市年鉴的效仿，例如《奉贤年鉴》《昆山年鉴》《锡山年鉴》《大丰年鉴》《常州年鉴》。但是年鉴不是志书，年鉴要体现时代感，而不是偏向历史感，需要对地方历史文化元素做现代的艺术表述。《江苏年鉴》封面一直沿用江苏简称“苏”的繁体字“蘇”，代表鱼米之乡。《江阴年鉴》2011 年卷至 2014 年卷封面上都设计 1 个石头雕塑，主题分别是“江尾海头”“延陵古邑”“春申旧封”“吴韵楚风”，勾勒出江阴的人文地理特色。

封面既要有写意，又要有设计，最能体现出当地特色。成都市武侯区因境内武侯祠而得名，《武侯年鉴》2014 年卷封面设置“三国蜀汉城”雕塑，反映武侯区打造的三国蜀汉历史文化特色。《金湖年鉴》2014 年卷封面设置写意荷花造型，反映金湖作为“中国荷花之都”的荷文化特色。《安徽年鉴》历年封面设计元素有徽派建筑、黄山云海等，体现安徽省特点。《广西年鉴》历年封面书名上方设置壮锦图案，代表广西民族文化瑰宝；底纹印制广西铜鼓上的纹饰，这是壮族的图腾；封面颜色以红色为主基调，无不体现着广西的民族风情。

打开年鉴封面，即是前环衬。大部分年鉴环衬不做设计，只采用艺术纸张，符合年鉴朴素品质；少量年鉴在环衬上做单位彩页宣传推广，也不符合年鉴公益性质；部分年鉴精心设计前环衬，推广城市名片，具有很强的视觉冲击力。《镇江年鉴》的环衬设计题为“中国镇江·长江运河相约的地方”，点明镇江地理位置，并设置 4 个部分的内容，即城市坐标、城市数字、城市荣誉和风景名胜，展示镇江最基本的地情和精华部分。很多年鉴的环衬设计也效仿《镇江年鉴》，做了改良，符合地方特色。但是需注意的是，城市名片与年鉴彩页、概况、统计资料中相关内容的重复。如何用精炼优美的语言描述一个城市，《江阴年鉴》做了有益的尝试，每年环衬主题不同，陆续设置“科学发展的先行者”“幸福江阴”“现代化滨江花园城市”“江阴，教我如何不想她”等主题。除了前环衬，后环衬的设计应是与其前后呼应的。《张家港年鉴》2014 年卷环衬设置“美丽镇村”主题，前环衬主题是“千年古镇，美丽凤凰”，后环衬主题是“千年古村，美丽金村”，展示张家港历史文化名镇、名村风貌。

二、年鉴彩页主题突出，体现年度特色

年鉴公共彩页应围绕城市年度中心工作，设置主题，并分类设置栏目。主题一般是地方确立的发展战略目标、城市精神等。栏目体现年度特色，可设置领导视察（领导关怀）、年度数字、年度荣誉、年度大事、年度人物等，常规设置经济发展、城市建设、文化事业、人民生活等。彩页反映的是城市年度的精华内容，很多年鉴在领导视察、数据、荣誉上花费了大量版面，这些内容在年鉴正文中都有具体阐述，应减少或不设版面。《张家港年鉴》2014 年卷围绕“全面推进现代化建设”中心主题，彩页图片设“现代化印迹”“年度聚焦”两条纵线和“实力张家港”“美丽张家港”“幸福张家港”3 块分项内容，以及“实事工程”“友好往来”“真心英雄”等特色栏目，结构清晰完整。很多年鉴围绕年度性重大事项设置彩页专题，最能体现年度特色，例如《广西年鉴》2014 年卷设置的“第十届中国—东盟博览会”“第十五届南宁国际民歌艺术节”“柳州汽车城”“美丽广西·清洁乡村”等专题。年鉴也在特定年份设置阶段性总结专题，这是对地方发展历程的全方面回顾，要选择个性突出的照片，表现当地特色。

彩页的版面设计也不是照片的罗列，需要创新理念。根据内容的需要，可采用“一版一图”“一版多图”“双版一图”等版式。每通版中的每张照片排列时，通过改变照片间的留白或排列形状，达到活跃版面的目的[②]。彩页总版面数，一般应设计 20～40 版、4 的倍数的彩页版数为宜。涉及每张照片时，要做到该大则大，该小则小。对意义重大的照片，必须做大做精。特别是采用城市全貌、地方名片照片时，可采用通版、跨页设计，增强照片的冲击力和视觉效果，使人印象深刻。

在单位彩页的设置上，很多年鉴为保持公益性质，不设置或少量设置单位彩页。虽然年鉴有公共彩页集中展示全市性图片，文中

插图反映年度大事，但是单位彩页集中展示了各行业工作，保存了大量具有存史价值的图片，设置是有必要的。《张家港年鉴》的单位彩页分为文明机关、文明行业、文明区镇3个部分，体现全市各部门、各条线年度事业发展情况。《江阴年鉴》2014年卷卷末彩页设"江阴板块"栏目，介绍主业突出、业绩优良、增长迅猛、潜力巨大的上市公司群体[③]。单位彩页应与公共彩页一样，精心编辑图片与文字，设计风格统一，符合年鉴整体要求。单位彩页的图片选取上，应尽量不放领导视察单位、单位负责人肖像、单位大门、单位日常开会活动等照片[④]。需注意的是，单位彩页不宜放在公共彩页之后，宜单独设置在卷中或卷后，与公共彩页区别开来。

三、年鉴版式美观大方，版面布局合理

一本地方年鉴字数都在几十万字至上百万字规模，篇幅容量大，一般采用大16开本或是16开本。年鉴作为资料工具书，每页纸包含大容量信息，版心幅面尺寸尽量扩大，减小四周白边的尺寸。版面缜密，留白要尽量少，很多年鉴都做到不留空白。年鉴层次较多，字体、字号选择要既能区别结构层次，又有较好的视觉效果。年鉴多沿用5号或小5号宋体作为正文字体、字号。大16开本的年鉴应适当分栏编排，正文可三栏编排，附属性资料如大事记、文献等可两栏编排。版面的偶数页页眉是年鉴名称，奇数页页眉是篇目名称。页码可放在页眉处，也可单独放置在页脚。页眉设计上也可创新，加入地方标志或是写意设计。

年鉴正文类目之间可设置章节页，或在类目首页上方设置题图。章节页一般包括类目名称、分目提示和相关图片，题图主要是底图加类目名称。在图片的选择上，有的年鉴因为没有合适的图片能反映各个篇目情况，全书用一张或是几张图片作为底图，也有选用和类目没有关系的风景照片作为底图。章节页和题图的照片选择相当重要，应尽量选用与类目内容对应的照片，真正体现图片的存史价值。章节页、题图设计应简洁协调，提高年鉴整体层次感。

年鉴正文采用图文并茂的形式，版面美观大方。一方面做到版

面布局合理，疏密得当。图表排在年鉴文字的版面之中，紧扣文字，左右不串文。正文通版一般放一张至两张图表，两张图片应对角线放置，有题图的版面也不应放置照片。图表占用版面合理剪裁，与文字在审美意识上有着缜密的统一性、协调性。另一方面注重图表运用价值，信息丰富。选择的照片具有新闻价值、资料价值和艺术美感，尽量少放视察调研、会议活动等日常事务性照片。图片作为文字的补充，图随文走，图文相依。设置的表格应全面反映事物各方面情况，比文字叙述节省大量版面，符合年鉴提供密集信息的需要⑤。

四、年鉴装帧简洁实用，易于保存翻阅

地方年鉴是地方逐年编纂连续出版的资料性工具书，其装帧理所当然要突出严谨、缜密、简洁、实用的风格。首先，把好印刷工艺关。年鉴质量要求高，页数较多，需要反复翻阅和长时间保存，一般采用硬精装工艺。书脊方面，如果年鉴较厚，采用圆脊；年鉴较薄，则采用方脊。印刷纸张一般有铜版纸、艺术纸、胶版纸等，且有不同的厚度和质感。部分全彩印刷的年鉴，封面及彩页使用效果清晰的铜版纸，正文也用无光泽的哑粉铜版纸。环衬一般使用质感丰富的艺术纸张，也有年鉴彩页及正文使用艺术纸，利用纸张的纹路色彩，达到较好的艺术效果⑥。精装书的封面工艺尤为重要，书名运用烫金、烫银或烫红，图案运用 UV 上光油，采用覆膜压纹等印刷技术。其次，把好印刷质量关，紧盯印刷的每道环节，仔细校对印刷前的数码样、蓝图，关键是验收印刷后制成的样书，要求是：印刷色相符合要求，主要图画色差小；文字、图案清晰，光泽层次感强；网点饱满，大点光洁不糊；无墨杠、水杠、崩字、糊版、蹭脏、重影；无多余角线胶片痕，版面干净无污渍、无粉迹；正反面印刷对正，套印准确等。最后，把好装订质量关，包括书芯的制作、书籍封面的加工（书壳）、上书壳。年鉴是放置在书架上长期收藏的工具书，装订质量尤为重要，避免出现折页八字皱褶，配页错帖、串帖、多帖、少帖，胶粘订掉页，覆膜开胶、起皱，精

装书壳翘曲等问题。

五、年鉴装帧设计中要体现信息化元素，加强年鉴资源利用

随着现代信息技术的高速发展，信息化已经渗透到国民经济各个领域，发展数字化年鉴，构建数字化网络平台刻不容缓。光盘是文化载体，能融文本、图像、声音于一体，图文声像并茂，且容量大，携带方便；网络是传播媒体，能跨越时空，实现资源共享，且传输快捷，传播范围广。年鉴出版光盘版，登载网络版，具有纸型版年鉴无法比拟的优势。很多年鉴早在十几年前就开始发行光盘版年鉴，光盘版内除有年鉴全文内容，还可增设具有地方特色的视频、音频资料。需要注意是，有些年鉴在书中夹送光盘，这样很容易遗失。在年鉴设计中，一般是后环衬，需有专门放置光盘的地方。网络版年鉴可从以下 3 个途径入手。

一是借助政府信息化建设，年鉴内容全文上网。许多地方都建立地情网站，加快年鉴数字化速度，将历年年鉴上传到地情网站，供社会各界查阅使用。另外，地方门户网站收录当地最全资讯，一般都设有地情介绍。地方年鉴作为年度性地方百科全书，应加入地方门户网站链接，例如“中国杭州网”下设《走进杭州》栏目收录历年出版的《杭州年鉴》。

二是加入年鉴数据库，传播年鉴知识。全国有两个大规模年鉴全文数据库，分别是方正“中国年鉴资源全文数据库”和中国知网“中国年鉴网络出版总库”。各个地方年鉴可加入这两个年鉴数据库。有些年鉴在设计中还加入此元素，例如《苏州年鉴》《张家港年鉴》在书脊上方位置加入“中国年鉴资源全文数据库核心年鉴”标志。

三是利用社交网络平台，向公众传送年鉴信息。现在很多单位设置微信公众号，年鉴装帧设计中也可加入维信二维码。封面因为相关出版规定，不能设置二维码，《深圳年鉴》《宁波年鉴》《张家港年鉴》在书名页、版权页等显要位置设置公众微信号二维码，方

便读者手机随手一扫。年鉴编纂部门通过微信平台，适时推送年鉴内容，扩大年鉴受众面与影响力。

在年鉴的装帧设计中，艺术化设计和漂亮的图片至关重要。艺术化设计需要年鉴编辑人员具有设计感，还需要专业的美术编辑参与⑦。图片征集需要有专人负责，投入大量精力和时间，除了联系媒体获得新闻图片和联系部门获得工作图片外，还需要有敏锐的眼光，看到有好的图片，就要搜集过来。还可以举办图片展，向社会公开征集质量高的图片；或是主动联系摄影师，有针对性获得照片。各地方年鉴在装帧设计上继承自身原有的成功经验，借鉴和学习其他地区年鉴装帧的好做法，在实践中不断探索创新，使得年鉴突出时代特色，彰显地方特色，贴近读者需要，年鉴质量逐年提高。

参考资料：

①石忙刚：《试论城市年鉴综合彩页的策划、选题和实施》，《中国地方志》2014 年第 3 期。

②吴筱霞：《对图片入志的思考》，《中国地方志》2006 年第 9 期。

③吴海英：《彰显时代特征，体现地方特色》，《江苏地方志》2015 年第 4 期。

④肖东发等：《年鉴学》，方志出版社，2014。

⑤许家康：《年鉴编纂入门与创新》，线装书局，2006 。

⑥黄文婷：《浅谈年鉴的装帧设计》，《年鉴信息与研究》2009 年第 1 期。

⑦丁曦，丁惠义：《读图时代与年鉴的艺术化设计》，《年鉴论坛（第六辑）》，长城出版社，2015。

（作者系张家港市委党史地方志办公室年鉴编辑部副主任）

年 鉴 发 展 史

王守亚

内容提要：本文从年鉴的多源性与多样化、年鉴形态变化、中国年鉴的产生与发展等专题论述了年鉴发展的历史。

关键词：年鉴；发展史

认识年鉴须从它的基本特征开始，而年鉴基本特征的形成有一个漫长的历史过程。认识和了解年鉴发展历史，有利于把握年鉴发展规律和发展趋势，做好当下的年鉴工作，把年鉴编纂提高到新的水平。

一、年鉴的多源性与多样化

（一）多源性

1. 第一个源头：历书（almanac，calendar）。

（1）两本书的名称：

A.《穷理查年鉴》《穷理查历书》（Poor Richard's Almanac）（图 1）。

该书的 7 种译法：一是上海远东出版社出版的《穷理查年鉴》，二是哈尔滨出版社和中国妇女出版社分别出版的《穷理查历书》，三是肖东发等著的《年鉴学》中译为《贫穷的理查德年鉴》，四是李国新等著的《外国年鉴编纂出版概览》中译为《普尔·李查德年鉴》，五是 1932 年商务印书馆出版的熊式一译《富兰克林自传》中译为《可怜之理查历书》，六是俄国伊凡诺夫著、商务印书馆出版的《富兰克林传》中译为《“贫穷理查”丛书》，七是李继宏翻译、

图 1 《穷理查历书》和《穷理查年鉴》

天津人民出版社 2013 年版《瓦尔登湖》导读中译为《穷理查年历》。这说明，大家对富兰克林在 1732—1757 年编写的书是历书还是年鉴看法的迥异。

B.《牛津教区年鉴》（The Diocese of Oxford Year Book）（The Diocese of Oxford Calendar）（图 2）。该年鉴 1935 年创刊，在 1957 年前用 Calendar 即历法单词，1957 年开始使用 Year Book，即年鉴合成词至今，内容并没有明显的变化。这说明，英国人现在也没有把年鉴、历书截然分开。

前者是一书名多译，后者是两书名一译。

这里不得不说明一下年鉴译名的来历：almanac 一词，在 1822 年 Robert Morrison（罗伯特·马礼逊）编纂的历史上第一部英汉词典中译为“通书”（实际上是历书，因避清帝乾隆“弘历”名译作官方所定的通书），以后百余年词典延用。直到 20 世纪三四十年代，《英汉四用词典》才在译为“历书”的同时，出现“年鉴”的

图2　牛津教区年鉴

译名（此时“年鉴”名词已盛行）。原因是以前，中国没有西方年鉴出版物而只有类似的历书，无参照物不好对译。Yearbook 则是年鉴的对应之书，但在 1879 年（清光绪五年）杨勋所著《英字指南》中译作“每年之书”。在 1901 年该书扩充为《增广英字指南》后，就将 Yearbook 译作“每年之书，年鉴”，但时人也常常译作年报。日本人最早使用“年鉴”一词，如明治九年（1876 年）出版的《万国年鉴》等。19 世纪末期，中国从日本引进“年鉴”名词。

（2）中国历书：

A. 中国上古六历：黄帝历、颛顼历、夏历、殷历、周历、鲁历。有的历书已分一年十二个月为 365 加 1/4 天，并分别记述每月的天象、物候及农事、政事。

B. 历法演变。

秦承颛顼历，十月为岁首。

汉武帝定《太初历》（公元前 104 年），承夏历，定正月为岁首，一年为 365.2502 日，确定二十四节气。

唐开元十五年（727 年）定《大衍历》，以数学计算确定夏至、冬至、春分、秋分的节气位置。

南宋（1199 年）《统天历》将一年定为 365.2425 日，与公历完全一致，但比公历颁行早383年。

明崇祯年间（1634年），徐光启编出了中国历史上第一部以西方天文数学体系为基础的历书，清初颁行。

C. 黄历、夏历、皇历、农历（阴历）。

黄历，即黄帝历，是上古六历的开端历法。

夏历，即夏朝历法，是上古六历之一，以正月为岁首。

皇历，即黄帝历，源于公元835年即唐文宗大和九年。唐代雕版印刷术盛行，《宣明历》是我国第一部雕版印刷历书，朝廷为防滥印，下令历书必须由皇帝本人审定、钦天监颁布、官方印刷，因此称为“皇历”。在清乾隆时为避帝名（弘历）改为《时宪书》或《通书》。清朝后，历书一直由官方颁行，民间仍称历书为皇历。

农历，即阴历，相对于公历或阳历的历法。农历日期是以月的圆缺为计称单位，朔为初一，望为十五（大月为十六），晦为二十九（大月为三十）。

（3）外国的历书：

公元前13世纪古埃及历书（现存大英博物馆）。

1475年德国数学家、天文学家雷乔蒙塔努斯编纂的《天体位置表》①，有人译作年鉴（第一部印刷年鉴），实则为历书，主要是推算1474—1506年32年的天体位置变化。作者还编一部《大众历书》（Popular Almanac）。

1956年以前的英国牛津教区历书（见上述）。

2. 第二个源头：年书、年刊（Yearbook或Year Book）。

法国历史学家康敏斯（Cominess）16世纪初编写的回忆录《历史年鉴——1464—1498年大事记》，是编年体的年书。德国学者谢德尔（1440—1514）1493年出版《世界年鉴》*，有123幅城

* 注：谢德尔著《世界年鉴》（Liber Chronicarum），拉丁文版和德文版分别在1493年7月12日、12月23日出版，拉丁文版326页，德文版286页，共有1 809幅木刻插图。印制时，每天有100名工人在24台印刷机上工作。全书95%内容出自拉丁文文献，以及引自《圣经》、古代作家与早期人文主义者作品。书中没有书名页，后来学者称之为《年鉴》，但一般人称为《世界年鉴》。

市景观图（木刻），大部分章节为拉丁文献（引自《世界志》，德国君特·维瑟尔著，刘兴华译，金城出版社 2012 年版）。英国 16 世纪开始出现 Yearbook ，如《英国法院年鉴》（The English Legal Yearbook），1543 年出版，是 240 多年的法院案例汇编。现在用 Yearbook 的比较多，如《牛津教区年鉴》。这类年鉴起源于 12～14 世纪的寺院编年史和 14～15 世纪的城市编年史[②]，如理查·亚诺尔德在 15 世纪末写的《伦敦编年史》，16 世纪中期伊丽莎白时代的《荷棱施德编年史》，德国 15 世纪亨利撰写的《马格德堡编年史》等。因为都不是、当时也不可能是年年编辑出版，虽有年鉴的某些形式，但还不能称作年鉴。

3. 第三个源头：年报、大事记录（annual）。

英国 1759 年出版的《记录年鉴》（Annual Register）。

4. 还有编年史（annals、chronicle）、时间线（timeline）等，现在也可译作年鉴。

（二）多样化

1. 年鉴大家园。从品种上看，年鉴有综合性的、专业性的、专科性的、图表性的等。从范围上看，年鉴有世界性的、跨国性的、区域性的、地区性的、企事业单位性的。大的如《联合国年鉴》，小的如乡镇、幼儿园年鉴。从内容上看，有针对机关企事业单位工作人员的，有针对普通百姓的，还有的是针对特殊人群的。从出版形式看，有纸质版年鉴、电子版年鉴、网络版年鉴。

2. 年鉴多样化来自它的多源性。年鉴的多源性带来年鉴品种的多样化。就世界范围看，almanac 多是综合性年鉴、大众性年鉴、以统计数据资料和回溯性内容为主的年鉴，如美国的《世界年鉴》、英国的《惠特克年鉴》以及《美国年鉴》（The American Almanac）、《老农夫年鉴》（The Old Farmers Almanac）、《沙乡年鉴》（A Sand County Almanac）等。Yearbook、annual 多为专业性年鉴，如《世界大事年鉴》（The Annual Register，a Record of World Events）、《联合国统计年鉴》（United Nations Statistical Yearbook）等。

因为年鉴是舶来品，国内大多省、市、县综合年鉴使用 Yearbook 作为书名，通俗易懂，不必改来改去。

二、年鉴形态变化③

历史唯物主义告诉我们，客观事物产生、发展、壮大、成熟，直至消亡，都有一个过程，有的历时很短，有的则有漫长的历史。从猿到类人猿、类猿人，再到人类，经历数百万年的历史。电报从发明到退出历史舞台仅 100 多年，BP 机从出现到消失只有 10 多年。年鉴从初始到成熟形态，这一蝶变过程有近 300 年时间。

（一）初始阶段的年鉴（16 世纪初期至 18 世纪初期）

1. 初始阶段年鉴产生的背景。

文艺复兴运动：13 世纪末至 16 世纪在欧洲盛行的一场思想文化运动。

英国资产阶级革命：1640 年开始的波及欧美等国家的社会革命。

科技革命：从 1543 年哥白尼发表《天体运行论》到 1751 年法国编纂《大百科全书》（大英百科全书 1768 年开始编，1771 年完成）的两百年间，欧洲创造的科技知识相当于人类几千年知识的总和。

工厂手工业的发展：西欧北美的纺织业已有很大规模，16 世纪英国出现千人工厂。北美的锯木厂、铁厂、玻璃厂已经很多。

印刷业的兴起：活字印刷术是我国北宋时期（12 世纪）毕昇发明的。直到 15 世纪中期印刷术传到欧洲前，西方的书籍传播大多在修道院的抄写室中传抄复制。1450 年，德国开始使用活字印刷，之后有许多印刷所设立，德国 1493 年印刷《世界年鉴》时，每天有 100 名工人在 24 台印刷机上工作，规模宏大。1638 年，美国在波士顿创立第一家印刷所。到 18 世纪初，北美有许多印刷工场，富兰克林小时候就在印刷厂当学徒，还办过印刷厂。

出版自由：1710 年世界第一部版权保护法案《英国版权法案》

颁行，很快影响到欧美。

2. 年鉴编纂出版情况。

英国：1680 年出版《老月年鉴》(Old Moon's Almanac)；

法国：1636 年出版《列日年鉴》(Almanack Liegeois)；

德国：1679 年出版《巴黎外交年鉴》；

美国：1639 年出版《新英格兰年鉴》(An Almanack for New England for the Year)。

3. 年鉴特征。

大凡 almanac 类年鉴，还都处在历书发育过程中，仍是以天文历法为主，反映农业社会的基本需求，并增加许多伴随着工业发展带来的新科技、新知识、新信息、新事物等。年鉴的年度性、资料性、工具性等基本特征初现。

（二）大变化阶段（18 世纪初期到 19 世纪初期）

1. 这一阶段的社会背景。

美国北部的崛起：北部十三州由殖民地到独立，从此走上强国之路。

工业革命的爆发：从 1870 年开始，工业革命迅速扩展到欧美，50 年诞生了五大工业部门，机器大工业体系不断完善。先是纺织工业，次为机器制造业，再为冶金，再为煤炭，后为交通运输业。

统计学的兴起：统计学作为独立的科学登上舞台，改变了各国的社会经济生活。

造纸业成本大幅度降低：随着机器大工业的出现，木浆造纸广泛采用，生产成本大幅下降，产量提高。

2. 代表年鉴。

英国：1758 年创办《世界大事年鉴》(The Annual Register, a Record of World Events)，1759 年出版《记录年鉴》(Annual Register)。

美国：1725 年创办《阿米斯年鉴》(Ames Almanac)；

1728 年创办《罗德岛年鉴》(Rhode Island Almanac)；

1732 年创办《穷理查年鉴》（Poor Richard's Almanac）；

1793 年创办《老农夫年鉴》（The Old Farmers Almanac）。

德国：1763 年创办《哥达年鉴》（Alrmanac de Gothe）。

日本：1757 年创办《古今净琉璃剧目年鉴》。

3. 年鉴特征。

个人编著，个性化突显：如《穷理查年鉴》的新科技知识、格言谚语、预测、提倡节俭等内容，《老农夫年鉴》围绕“农”字扩展种管收藏及气象、林牧渔、制种等。

历书底色，年鉴形式：我们可以从《穷理查年鉴》的两种译本和富兰克林自传中的两种说法中找到答案（图 3）。每年几页纸，仅售 0.02 英镑。虽然做到了年年编纂出版，但内容单薄，仍然像历书。

图 3 《穷理查年鉴》

范围扩大，影响深远：《穷理查年鉴》的发行，影响到人们的日常生活和对外贸易，因在书中提倡节俭，致使洋货滞销。《老农夫年鉴》从 1793 年创刊，到现在还在年年出版发行，是现行的最古老的年鉴，已发展到一年出版若干分册。创办年鉴的范围遍及欧美和日本。

（三）成熟阶段（19世纪初期以后）

1. 这一阶段时代背景。

（1）工业革命促进经济的快速发展，科技日益繁荣，社会的严重分化，阶级斗争的此起彼伏，大事要闻的不断发生，使年鉴扩充内容有了可能。机器大工业应用到印刷、造纸行业，年鉴等类书籍的规模生产和广泛发行成为可能。

（2）统计学的诞生促进了统计部门的设立、统计制度的建立和调查统计的社会化、经常化，资料收集整理简单化、年鉴内容数据化。统计学概念1749年开始使用，但来源于配第的《政治算术》，17—18世纪是统计学的创立时期。19世纪初期，学者把概率论引入统计学，得到飞速发展。统计是动态的历史，历史是静态的统计。可见统计学的产生与发展是和生产的发展、社会的进步紧密相连的。

（3）社会对事实资料的渴求，促进了年鉴事业的发展。政治家、思想家要寻找事实根据，统治阶级需要经济发展、社会进步的实事材料。

工业革命是历书向年鉴转化的催化剂，而统计学的形成和统计制度的建立则是完成转化的主要条件。

2. 代表年鉴（图4）。

美国：1830年创刊《美国年鉴》（The American Almanac and Repository of Useful Knowledge，全称为《美国年鉴与知识宝库》）；

1868年创建《世界年鉴》（全名为《世界年鉴与事实手册》）。

英国：1864年创刊《政治家年鉴》（Stateman's Yearbook）；

1869年创刊《惠特克年鉴》（Whituicer's Almanack）；

1898年创办简式系列年鉴；

1926年创刊《欧罗巴年鉴》（The Europa World Yearbook）。

日本：1876年创刊《万国年鉴》；

1924年创刊《朝日年鉴》。

联合国：1947年创办《联合国年鉴》，1948年创刊《联合国统计年鉴》（United Nations Statistical Yearbook）及系列化统计年鉴。

3种年鉴的区别：Yearbook类年鉴，主要以描述与统计的方式提供前一年动态性资料和各项最新信息及连续统计数字，一般只收当前资料而不收回溯性资料。Annual类年鉴，一般都逐年综合评述某个领域的进展状况，多为专科性年鉴。Almanac的含义是以历法知识为经，以记录生产知识、社会生活为纬的年鉴，有回溯性资料，具有大众性。

成熟阶段的年鉴，已脱离了历书的主要内容。以almanac为例，在初始阶段，以天文历法为主，到成熟阶段，天文历法只占其中很小部分*。

图4　代表年鉴

3. 阶段特征。年鉴以事实和统计数据为主：工业革命带动经济社会的快速发展，产生丰富的信息资料。年鉴已突破了为农业社会服务的宗旨，转变为以服务工业社会为主。

综合年鉴成为主流：从联合国到县区，数量和影响力都居前列。

专业年鉴尤其是统计年鉴成批出现：19世纪中期以后，各国

---

* 美国《世界年鉴》1995年卷共56个篇目，仅有“天文学和年历”一篇为历书内容（见李国新等著《外国年鉴编纂出版概览》，中国旅游出版社1998年版）。

都先后建立统计部门，为年鉴发展提供了支撑。

年鉴出现多元化趋势：五光十色的品种，丰富多彩的形式，如《沙乡年鉴》等。《沙乡年鉴》是一部自然文学著作（图 5），记载和描写一个农场一年 12 个月的大自然的变化，其中“大雁归来”“像山那样思考”曾入我国中小学生语文教材。

图 5　《沙乡年鉴》

4. 两点说明。

（1）马克思与年鉴。马克思 1841 年 23 岁哲学博士毕业，1841 年 10 月至 1843 年 3 月在《莱茵报》任编辑、主编。报纸倒闭后到法国，与卢格等一起编《德法年鉴》。《德法年鉴》是双月刊杂志，第一期双月刊《德法年鉴》也是它的最后一期。因宣传社会主义思想，主张彻底改造社会，被当局查封，马克思被迫离开巴黎。恩格斯在《德法年鉴》上发表《国民经济大纲》，引起了马克思对经济学的兴趣，为撰写《资本论》奠定了基础。但遗憾的是，笔者翻遍《资本论》第一卷，看到马克思引用资料书籍 800 余部，没有一部是年鉴书籍。

（2）法国年鉴学派。其实是法国的历史学派，具有跨学科的宏观特征，强调分析性而淡化叙述性。1928年布洛克等人创办《经济与社会史研究年鉴》，1946年改为《经济·社会·文明年鉴》，是史学杂志。在国际上具有权威性，法国史学领域1961年有41%的博士论文是以年鉴学派范式的经济社会史为研究题目。年鉴学派已逐渐被“新史学”派所代替，已失去昔日的辉煌。1994年，杂志更名为《历史与社会科学年鉴》[④]。

（四）年鉴产生的基础和条件（内因和外因、可能性与必然性）

1. 历书是年鉴的初级形态，年鉴是历书的发展形态。年鉴与历书一脉相承，基因相传。有了共同的基因，遇到合适的外在条件，才能落花结果，化蛹成蝶。因译者的学识和认识不同，也因almanac同时具有两种译法，往往产生混乱，以至于在《穷理查年鉴》中多处出现“历书”二字，在《穷理查历书》中，又多处有“年鉴”字样。只有搞清楚从历书到年鉴变化的内在原因和促成变化的外在条件，才能理解变化的必然结果。

年度性是历书、年鉴的第一位特征，也就是说，它们都姓年（表1）。那些17世纪以前的其他类“年鉴”，大多为资料汇编，编辑出版一卷了之，与年鉴相去甚远。能不能年年编纂出版，是区别年鉴与编年史的主要标准。资料性是历书、年鉴二者的重要区别，年鉴之所以成为年鉴，最主要的特征是资料的强化。新志旧志的区别也在于此。随着年鉴内容的膨胀和检索系统的完善，工具性在增强。但多媒体、互联网出现后，年鉴的实用性、大众性都在下降，以至于发达国家年鉴大面积停办，数量急剧下滑。

2. 经济发展是历书变为年鉴的最重要的条件。历书是农业社会的产物，年鉴在工业革命的大潮中发展完善，适应工业社会的生存状态。工业社会中产生的经济、科技、文化、教育、政党、政府管理等丰富的信息资料，薄薄的历书已无法承载，只有年鉴这种大部头的载体才能容纳。随着后工业社会和信息社会的到来，年鉴数量下降不可避免，优胜劣汰。靠政府的权力去维持和推动可能会出现年鉴事业的繁荣，但不是长久之计。

表1 历书与年鉴特性比较

历书	年鉴
年度性	年度性
实用性	资料性
权威性	工具性
大众性	权威性
工具性	大众性
资料性	实用性

3. 统计制度的建立是从历书到年鉴变化的必要条件。19世纪前50年，被马克思称为统计的狂热时期。统计学方面，把概率论引入统计范畴，使统计学得到完善，成为一门独立的学科（现为国家一级学科）。统计学为收集、处理、分析、解释数据，并从数据中得出结论的科学。在统计机构方面，19世纪上半期，各发达国家纷纷建立相应的统计机构，日本明治维新后很快成立统计寮。在统计制度方面，第一次工业革命完成的国家制定了一系列统计调查、普查等统计法规、政策、制度、标准和准则，以及统计数据发布的制度政策。统计体系的建立，使年鉴内容有了坚实的基础。但在第二次世界大战之前，英国的官方统计工作都是分散在政府各个部门，政府没有中央统计机构，1941年，英国首相丘吉尔提议设立中央统计办公室。

4. 出版言论的自由，是年鉴发展繁荣的前提。1695年，英国废止许可制，实行出版登记制，1710年《英国版权法案》颁布，规定出版不受检查，滥用出版自由的行为不受特别法庭审判，即便出版者、印刷者、发行者和作者由于出版物触犯了普通法或有关制定法，只在事后由法院的法官根据陪审团的裁决，适用有关法律所应承担的责任。英国近100多年来，对出版物实行零增值税制度，而一般商品征税20%左右。

1789年，美国国会通过了宪法前十条修正案，第一条就规定：国会不得制定“……剥夺言论自由或出版自由”等事项的法律。虽然美国一直没有新闻出版法，但出版有宪法保护，不受审查和限制。

法国从1791年开始，新闻出版自由反反复复，直到1881年，新闻出版自由法正式通过实施。

德国的新闻出版法1871年才颁布，但在实施过程中时松时紧，反复无常。

年鉴是出版物，需要思想解放和言论自由做保障。否则，像19世纪前期的德国那样不断的检查、查封，是产生不了传世的优质年鉴的，而英美出版环境宽松，留下了许多至今仍在出版的大牌年鉴。

5. 印刷和造纸业技术的突破是历书成为年鉴的关键环节。印刷术发明以前，知识的传播和传承靠手工抄写，传播的范围、速度受到限制。在中国隋唐时期，随着科举制度的兴起，社会需要大量的图书，于是就发明了雕版印刷，到宋代又发明了活字印刷术。中国的印刷术大约在14世纪经波斯传到埃及，由埃及传到欧洲。1450年，德国人古登堡受中国活字印刷的影响，用铅合金制成了活字，用来印刷书籍，他成为现代印刷术的创始人。在短短20多年，这种印刷术已传遍欧洲。古登堡的铸字、排字、印刷方法以及他首创的螺旋式手板印刷机，在世界各国沿用400多年。1845年，德国生产出第一台快速印刷机，开印刷业机械化先河。1860年，美国生产出第一台轮转机。之后，德国先后发明双色、四色、六色快速印刷机。印刷业促进了教育的普及和知识的传播，既满足了人们的需求，又创造了新的需求。

造纸术的突破——机制纸的出现，使纸张成本大幅度降低，从而促进了印刷业的发展。造纸术是我国汉代发明的，后传到西方。12世纪欧洲西班牙、法国最先设立造纸厂，13世纪德国和意大利也先后设厂造纸，16世纪流行于全欧洲，取代了传统的羊皮纸。18世纪末期，随着工业革命高潮的来临，造纸业也进入机器大工业时代，原料由以麻、皮、竹等为主变为以木材为主，产量成倍增长，纸张成本大幅度下降。在1740年，一本书的纸张成本要占

20%以上，到1910年下降至7%。

相对于历书而言，年鉴在印刷装订和纸张的要求上，都要高出很多，读者对象和传播的范围也不可同日而语。在18世纪中期，一部年鉴仅有几十页、几页甚至单页，到1868年美国《世界年鉴》创办时，也才有120页，现在《世界年鉴》每年1 000多页。因此，只有印刷技术和造纸技术获得一定的突破以后，真正意义上的年鉴才能产生。18世纪出版的老牌年鉴中，《老农夫年鉴》至今仍保留着浓厚的历书风格，而19世纪中期以后创编的年鉴已看不到历书的色彩。

从历书到年鉴的发展过程看，历史的进程和逻辑的顺序完全一致，由量变到质变完全符合辩证唯物主义和历史唯物主义的原理。随着外部条件的变化，发展时缓时快，变化时大时小。在渐变的基础上，工业革命来临后有了突变，因此，年鉴也深深地打上了工业社会的烙印。

三、中国年鉴的产生与发展

(一) 中国年鉴的产生

1. 中国的历书缺乏变成年鉴的外部条件。

或问，中国古代有丰富的历书，历朝历代都比较重视天文历法，已经具备了良好的年鉴基础，为何就演变不成年鉴?

(1) 从经济发展看，小农经济的汪洋大海，缓慢发展的农业社会，是历书生存的条件，而中国没有经历工业革命阶段。

(2) 从政治环境看，封建专制的极端化，闭封保守的思想占据统治地位；历书为朝廷颁行，而不允许个人出版；文字狱盛行，知识阶层只好走考据之路。

(3) 从国际环境看，经过工业革命的西方国家，成为掠夺瓜分世界的巨头，使中国一步步走向半殖民地半封建社会，经济发展受到限制。

(4) 中国一接触年鉴，就是成熟形态的体裁，远离了历书形式，与中国的历书有本质的区别。

2. 中国年鉴产生的过程。

（1）编年体古已有之：从《春秋》到《资治通鉴》，以及历代史书的大事年表，都是编年体的体裁。

（2）《宋史·艺文志》中有“年鉴”二字。据考证，古代《年历》一书“通志艺术略”的目录里有“选日阴阳月鉴”，年鉴、月鉴都说明中国人对“鉴”的尊崇。

（3）中国的年鉴先是外国人编：1846 年，英国人在香港创办《The Hongkong Almanac and Directory for 1846》（《香港年鉴》），已发现有 1846、1847、1848、1849 等四卷存世。1852 年，在上海开埠不到 10 年，就有英国人编纂的《Shanghae Almanac for 1852, and Miscellany》（《上海年鉴》）出版，至少连续出版 10 卷（图 6）。1864 年，中国海关总税务司署和英国人赫德等把各海关的贸易统计资料汇编成《海关中外贸易年刊》。此年刊实际上是统计年报，带有年鉴性质。1879 年，外国传教士在澳门创办了《澳门年鉴》，1891 年，港英政府编辑出版了《香港年报》（英文版，Hong Kong Annual Report）。

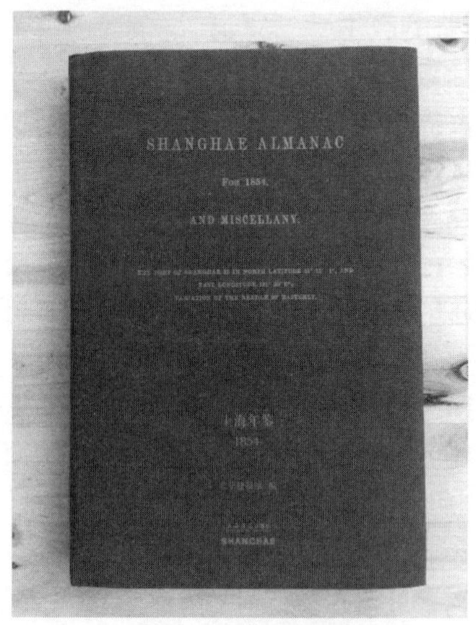

图 6　《上海年鉴》

（4）首部中国人译编的年鉴：1909 年由奉天提学司图书科谢荫昌翻译的《新译世界统计年鉴》出版。内容是 1907 年世界各国统计资料，是翻译的日本的《世界年鉴》。

（5）首部中国人编纂的年鉴：1913 年由上海神州编译社年鉴编辑部编辑的《世界年鉴》出版。

（6）首部反映中国国情的年鉴：1924 年商务印书馆组织编纂的《中国年鉴》出版，统计资料约占 2/3。

（二）中国年鉴的发展

1. 20 世纪 20～40 年代，短暂的发展繁荣期，出版 200 多种，但许多是昙花一现。

2. 20 世纪 50～70 年代，年鉴出版进入沉默期，从几种到仅剩 1 种。

3. 20 世纪 80 年代以后，年鉴编纂出版进入蓬勃发展时期。可划分为 4 个阶段：

（1）起步阶段：1980—1990 年。

（2）规范发展阶段：1991—2000 年。

（3）创新发展阶段：2001—2015 年。

（4）转型发展阶段：2016—

（三）中国年鉴产生和发展的基本特征

1. 西方的年鉴之种引入到中华文化的沃土，生长出有中国特色的年鉴之品（中国人的阅读习惯，中国人的分类标准，中国人对鉴的理解）。

2. 官办为主的形式，与西方出版社、公司、个人办年鉴形成鲜明的对比。

3. 经济快速发展、政治环境相对宽松、社会相对稳定，是年鉴发展繁荣的基础和条件。

发达国家已跨过工业化阶段，年鉴生存与发展的基础条件发生重大变化。年鉴数量大幅度减少，许多发达国家年鉴大国地位动摇，年鉴风光不再。中国正处在工业化时代，传统的纸质年鉴还有发展的空间。官方行政力量的强力推动，综合年鉴、专业年鉴扩面速度加快。个性化、市场化年鉴会有大发展的空间，年鉴由大国到强国应为时不远。

参考资料：

①③孙关龙：《年鉴论集》《初探中外年鉴的历史》，中国林业出版社，2015。
②④何平：《西方历史编纂学史》，商务印书馆，2010。

（作者系中国版协年鉴工作委员会常务副主任）

征 文 启 事

《年鉴论坛》为不定期学术性出版物，欢迎年鉴界同仁多投稿，投好稿。文稿要求如下：

一、内容要求

论文的内容可以涵盖年鉴编辑出版的全过程，涵盖年鉴学术理论的各方面。论文应具有真实性、科学性和实用性，要求选题新颖，论点鲜明，论据充分，论述严密，数据可靠，层次分明，文字精练。特别欢迎发现新问题、挖掘新材料、采集新数据、提出新观点、采用新方法、创建新理论的学术论文。

二、格式要求

1. 篇名：简明准确反映本文的特定内容，一般不用副标题，以不超过 20 个字为宜。

2. 作者姓名。

3. 内容提要：不超过 200 字。

4. 关键词：3～5 个，以分号相隔。

5. 文内标题：要简洁、明确，层次不宜过多，层次序号为"一、(一)、1、(1)"。

6. 文内角标。文内所引观点、事实、数据要注明出处。文内在右上角标明序号（①②③……），在文后参考文献中列出所引文献。

7. 计量单位、标点符号、数字用法等均按国家标准执行。

8. 图表：凡文字能说明的内容尽量不用图表，正文、表、图三者的数据不应抵牾。表有表题，图有图题及各自的序号。表序与表题居中置于表的上方，图序与图题居中置于图的下文。

9. 参考文献：参考文献是指文中所引的文献，列于全文之后。参考文献的序号要与文内角标的序号一致。其著录内容按 GB/T 7714—2005《文后参考文献著录规则》及《中国学术期刊（光盘版）检索与评价数据规范》规定书写。

10. 作者简介：第一作者姓名、出生年、性别（男性可省略）、籍贯（省、市或县）、现供职单位全称及职称和职务、学位。

11. 字数：以8 000字以内为宜。

三、投稿要求

交电子稿同时要交打印稿。作者发电子邮件时，论文以“附件”形式发送，“正文”务必写明作者姓名、单位、通讯地址、邮政编码、联系电话。多作者稿署名时须排好先后次序。

收稿单位：中国出版协会年鉴工作委员会

地　　址：北京市东城区东大地街 1 号院 10 号楼 207 室

邮　　编：100062

电子邮箱：njxxyyj@126. com